Léon Walras

L'Économie politique et la justice

essai

ISBN : 978-1517313593

10 9 8 7 6 5 4 3 2 1

Léon Walras

L'Économie politique et la justice

essai

Table de Matières

INTRODUCTION À L'ÉTUDE DE LA QUESTION SOCIALE

§ 1. Position de la Question sociale

M. Baudrillart, professeur d'économie politique au Collège de France, traitant généralement *des principes de l'économie politique mis en rapport avec la morale en ce qui concerne le paupérisme*, et accessoirement du travail des femmes, énonçait dans une de ses dernières leçons que la moyenne des salaires des ouvrières est, à Paris, de 1 fr. 63 par jour. Ce chiffre est donc en quelque sorte officiel. On sait d'ailleurs ce que vaut une moyenne : toute la portée de celle qui vient d'être signalée n'apparaîtra que si nous ajoutons qu'il y a, il est vrai, des salaires en fort petit nombre qui s'élèvent, pour les femmes, jusqu'à 3 francs et au-dessus ; mais qu'il y a, par contre, des salaires en assez grand nombre qui descendent au-dessous de la moyenne jusqu'à 1 franc, jusqu'à 0 fr. 60, et plus bas encore.[1] « Nous ne ferons suivre l'exposition de ces faits d'aucun commentaire, ajoutait le professeur : il n'y en aurait pas qui pussent atteindre à l'éloquence de pareils chiffres. » — Et le mal étant ainsi

---

1 112,891 ouvrières parisiennes ont été classées de la façon suivante :

> 7,108 femmes, filles ou parentes de patrons, dont le salaire n'a pas été relevé ;
>
> 4,157 payées à la semaine, au mois ou à l'année ;
>
> 101,626 ayant un salaire appréciable par journée de travail.
>
> Parmi ces dernières :
>
> 35, 085 sont payées à la journée ;
>
> 65, 541 sont payées aux pièces.
>
>> La moyenne de ces salaires est de 1 fr. 63 par jour. Il a été constaté un maximum de 20 francs et un minimum de 0 fr. 15.
>
> 950 ouvrières ont un salaire inférieur à O fr. 60 ;
>
> 100, 050 ont de 0 fr. 60 à 3 francs. Parmi ces salaires, ceux de 0 fr. 75, 1 franc, 1 fr. 25 sont les plus ordinaires ;
>
> 626 femmes ont un salaire supérieur à 3 francs.

Les salaires très-bas sont toujours exceptionnels ; ils sont gagnés, par des femmes travaillant à façon, dépourvues d'habileté, et ne donnant le plus souvent que peu de temps à l'ouvrage. Ainsi le minimum de 0 fr. 15 mentionné résulte de la déclaration de deux femmes âgées et infirmes, soutenues par la charité, et cousant cependant à l'occasion des pantalons de toile pour la troupe.

Léon Walras

constaté, il s'efforçait d'en indiquer tout à la fois la cause et le remède. Nous imiterons cette réserve aussi digne de la sensibilité d'un homme de cœur que du sang-froid d'un philosophe. Il n'y a point de médecins ni de chirurgiens qui voyant des maladies ou des blessures se prennent à pleurer et à gémir ; s'il y en a, ce ne sont pas les meilleurs. Et de même, en présence des plaies de la société, l'économiste doit savoir rester calme, faire taire ses émotions au profit du succès de ses études, enfin quitter, quand une fois il l'a parcouru dans tous les sens, le champ de la réalité impressionnante, pour s'élever jusqu'au domaine de la froide abstraction qui est aussi celui de la science.

Pour ces raisons, nous éviterons de faire un étalage emphatique de chiffres qui doivent être pour tous déplorables, mais qui ne sont, Dieu merci ! pour personne accusateurs. Nous nous contenterons d'affirmer que la moyenne des salaires des ouvrières n'est pas en province plus élevée qu'à Paris ; et que la situation des ouvriers hommes n'est guère, toute proportion gardée, beaucoup plus brillante que celle des femmes.[1] Qu'on n'oublie pas non plus que l'impôt poursuit et sait toujours atteindre, si exigus qu'ils soient, tous les salaires.

Au nombre des causes du paupérisme, du moins en ce qui concerne les ouvrières, M. Baudrillart mettait en première ligne l'*absence d'instruction élémentaire et d'instruction professionnelle.* J'accepte volontiers la démonstration qu'il a donnée de cette proposition pour ce qu'elle était, c'est-à-dire sans réplique ; et lui en laissant tout ensemble l'honneur et la responsabilité, j'en tire une conséquence qui m'est propre.

---

1 Voici des chiffres. La moyenne des salaires des ouvriers est, à Paris, de 3 fr. 80 par jour. *Maximum* : 35 francs. *Minimum* : 0 fr. 50.

27,453 hommes ont un salaire inférieur à 3 francs ;

157,216 ont de 3 francs à 5 francs ;

10,393 gagnent plus de 5 francs.

Ne sont pas compris dans ces tableaux :

16,803 jeunes garçons âgés de moins de seize ans ;

7,851 jeunes filles.

Ces chiffres et ceux cités plus haut sont empruntés à la Statistique de l'industrie à Paris en 1847.

INTRODUCTION À L'ÉTUDE DE LA QUESTION SOCIALE

Si l'exiguïté pitoyable du salaire des ouvrières provient de ce que ces ouvrières manquent tout à la fois d'instruction élémentaire et d'instruction professionnelle, le seul remède à état de choses serait qu'elles pussent acquérir cette double instruction dont elles sont privées. Or, il est évident que ce remède n'est point entre leurs mains ; que l'exiguïté même de leur salaire leur défend toute instruction ; que par conséquent, la misère les condamne, de mère en fille, à la misère.

Voilà pour ce qui concerne les ouvrières. Mais un seul fait de cette nature n'est-il pas suffisant pour ouvrir les yeux à des philosophes ? Et ne se pourrait-il pas qu'il y eût, dans la société, des classes ainsi vouées à la pauvreté de génération en génération, de telle sorte qu'il fût impossible d'attendre l'extinction du paupérisme de la seule initiative individuelle des malheureux qu'il écrase, en dehors de toute intervention de la science et de la loi, de toute action du progrès social ?

Allons au fait.—Y a-t-il, dans notre société, d'autre misère que celle qui résulte logiquement de la paresse, de l'inintelligence ou des revers de la fortune ? Y a-t-il d'autre richesse que celle qui prend légitimement sa source, à quelque degré que ce puisse être, dans le travail, dans le talent ou dans le succès, et proportionnellement à ces causes ? Sans désordre, en sauvegardant intégralement les droits naturels et sacrés de la propriété, de la famille, ne pourrions-nous approcher davantage de l'esprit de la justice sociale exprimé *poétiquement* par ce mot admirable de Platon, principe de toute égalité vraie, formule de toute démocratie rationnelle : —*N'empêchez pas les fils des esclaves de s'élever au rang des rots ; n'empêchez pas les fils des rois de tomber au rang des esclaves ?*

C'est ainsi que se pose la question sociale. On me rendra, je l'espère, cette justice d'avouer que je la présente en termes suffisamment abstraits de toute réalité brutale, pour dire le mot, en termes suffisamment scientifiques. Je fais mon possible pour fermer tout accès aux exagérations du sentiment, comme aux erreurs de l'empirisme, pour maintenir intacts les droits de la raison et de la méthode. Comme précisément je poursuis avant tout la certitude philosophique, on me permettra de m'appesantir sur la valeur de ces précautions.

Léon Walras

En présence des faits déplorables constatés par l'observation, il s'est rencontré des *socialistes* pour conclure, en termes éloquents, du paupérisme à l'anéantissement, ou, tout au moins, au renouvellement complet de la société : Rousseau le premier de tous, Rousseau le père du socialisme sentimental, Rousseau si sincère et si déraisonnable, si pathétique et si dangereux, Rousseau qu'on ne lit guère, avec un cœur chaud, à vingt ans, sans pleurer, ni plus tard, avec quelque expérience, à vingt-cinq ou trente, sans sourire ou sans frémir ; vingt autres après lui.—« De malheureuses créatures gagnent, en un jour de travail, soixante centimes ! Plus d'état social ! Ou, tout au moins, que l'état social soit réorganisé de fond en comble ! »

Ces exagérations sont puériles. Quant à ce qui serait d'abord de rompre le *pacte social* pour en revenir à l'*état de nature*, c'est une fantaisie chimérique et irréalisable, parce qu'il n'y a point eu d'état de nature et qu'il n'y a point de pacte social. La société n'a point une origine constitutionnelle, mais une origine naturelle. La première de ces deux opinions, et la plus superficielle, fut celle des philosophes du siècle dernier qui tous aimèrent à se figurer la société comme un contrat librement consenti entre tous les citoyens, et ne manquèrent pas de rapporter à ce point de vue leurs essais de morale sociale. Les sciences en enfance ont une tendance à se faire plutôt spéculatives qu'expérimentales. C'est avec raison qu'on reproche de nos jours aux théoriciens du XVIIIe siècle d'avoir émis une hypothèse aussi peu conforme à l'observation psychologique qu'à l'histoire de la civilisation.

Les publicistes de notre époque voient dans l'état social un fait naturel ; et la sociabilité, suivant eux, est un trait caractéristique, essentiel de l'espèce humaine, comme la liberté.—« L'homme hors de la société, dit M. Vacherot, est un être imaginaire, une abstraction L'homme vrai, l'homme réel est celui qui vit en société et par la société. Aussi haut que remonte l'observation historique, elle découvre des races, des nations, des peuplades, des tribus, jamais d'individus…Cela posé, l'individu n'entre pas dans la société avec la parfaite connaissance de ses droits et de ses intérêts, comme une personne libre qui stipule tout d'abord la garantie des uns et des autres, en échange des sacrifices auxquels elle s'engage ; il y entre comme un simple élément dans un *tout naturel*, selon le mot de

Bossuet. »

Il y a quelques années déjà, Bastiat avait dit : — « Pour l'homme, l'isolement, c'est la mort. Or, si hors de la société il ne peut vivre, la conclusion rigoureuse c'est que son état de nature c'est l'état social.[1] »

Maintenant, s'il est vrai que la société soit un fait naturel dans son origine, ne s'ensuit-il pas qu'elle le doit être encore dans ses développements ? C'est donc le rêve d'une imagination grossière et orgueilleuse que de dire : — « Depuis cinq mille ans l'humanité fait fausse route ; il devient urgent de la replacer aujourd'hui dans une direction contraire et meilleure. »

La civilisation s'opère logiquement, sinon tout à fait suivant les lois exactes de la logique hégélienne. Le progrès, de façon ou d'autre, est organique. Si défectueux que puisse parfois nous paraître notre état social, il faut l'accepter sans révolte parce qu'il est nécessaire, sans regrets parce qu'il renferme en lui le principe indestructible de son amélioration normale. Ah ! certes, je le sais : quinze ou dix-huit heures de travail journalier payées par un salaire de 1 fr. 63, c'est pour une femme une triste récompense de son courage et de sa vertu ! Certes, il est poignant de songer que chez tel ou tel pauvre artisan courbé sur une besogne vulgaire se fussent développés, dans l'aisance et par l'instruction, sinon le génie d'un Leibnitz ou d'un Bichat, peut-être les aptitudes administratives ou industrielles d'un Turgot ou d'un Jacquart ! Mais quoi ! si chétive que soit l'existence de ces êtres obscurs, du moins ils vivent ; et leur subsistance, c'est à la société ; c'est à la société seule qu'ils la doivent : isolés, ils périraient d'inanition. C'est là ce qu'enseigne à tout esprit sage l'étude attentive de notre organisation sociale. Cette organisation n'est donc point à détruire, ni même à refaire en entier : elle n'est simplement qu'à perfectionner d'après les indications de l'histoire, de l'économie, politique, de la philosophie, de toutes les sciences.

Dans ces données, je ne crois pas m'abuser bien lourdement en estimant qu'aujourd'hui, à part une tourbe indifférente et corrompue, à part un petit nombre de gens en place obstiné ment satisfaits et optimistes quand même, tout le monde, publicistes, gens du monde et gens du peuple, et peut-être le pouvoir lui-même

1 F. Bastiat, *Harmonies économiques*, Échange.

Léon Walras

plus que personne, s'accorde à reconnaître qu'il existe une question qui n'est point la question d'Orient, ni la question romaine, ni la question de l'alliance anglaise, une question plus importante que tout cela et qui nous touche de beaucoup plus près : c'est à savoir la question sociale. Même dans le monde savant on est plus avancé. L'on sait que la liberté du travail et de l'échange est encore entravée, au grand détriment de la production, par une foule de restrictions et de prohibitions ridicules. L'on sait aussi, quant à la distribution de la richesse, que ni M. Thiers ni M. Proudhon n'ont pu donner une théorie du domaine personnel de l'homme sur les choses qui s'imposât dans la science avec l'autorité de l'évidence, et dans la pratique avec la sanction du sens commun ; et l'on avoue que le problème de la propriété n'est point définitivement éclairci. L'on convient de bonne grâce des iniquités du fisc dont les procédés ne se justifient que par la raison de nécessité ; et l'on n'a pas lieu de s'étonner que, même après les travaux de M. E. de Girardin, l'Académie des sciences morales et politiques ait mis au concours la théorie de l'impôt. Partout enfin l'on veut bien croire que des hommes intelligents et honnêtes, estimables et laborieux, puissent se dire, dans de certaines limites, socialistes, et n'adorent point d'un fétichisme aveugle ces mots sacramentels : *ordre, propriété, famille*, sans pourtant rêver pour cela ni la permanence de la guillotine, ni le partage égal des biens, ni la communauté des femmes.

Quoi qu'il en soit, au reste, et quelque illusion que je puisse me faire sur le nombre des esprits qu'elle occupe, pour ceux qui prétendent la résoudre et pour ceux qui s'efforceraient de l'étouffer, la question sociale existe. La justice n'est pas satisfaite ; quelque dernier vestige de l'immoralité du pacte féodal souille la pureté de notre contrat révolutionnaire. Des cœurs sincères sont émus par les effets apparents du mal, des intelligences curieuses en recherchent l'origine et la portée ; -des volontés inébranlables ont résolu de le tarir dans sa source. Peut-être quelques-uns d'entre nous sont-ils avantagés ; pour sûr, d'autres sont frustrés. Trop souvent sans doute, faute de connaître la nature et l'étendue du privilège, les uns l'acceptent avec un égoïsme facile, les autres le subissent avec une pénible résignation. N'importe ! une compassion généreuse, une colère légitime, une ardeur infatigable se sont élevées chez quelques hommes au souffle des idées nouvelles ; ayant vu la

Révolution, mère déjà de l'égalité civile, enfanter l'égalité politique, ceux-là sentent confusément qu'elle cache encore dans ses entrailles, comme un autre fruit fécond, l'égalité des conditions économiques ; ils l'en veulent arracher. C'est à ces hommes que je m'adresse.

D'après ma façon de présenter les choses, mon lecteur doit évidemment supposer à la fois et que, dans ma conviction, la question sociale n'a jusqu'à présent été résolue par personne, et que j'entreprends aujourd'hui la tâche étendue et difficile de la résoudre. À cela je ne puis répondre que par deux observations : la première, c'est que la tâche que j'entreprends est singulièrement plus vaste et plus pénible encore qu'on ne peut se l'imaginer ; la seconde, c'est que je n'ai nullement l'ambition de l'accomplir à moi tout seul.

Dans un article publié il y a quelques mois, M. Courcelle Seneuil exprime cette opinion que si l'on veut arriver à des conclusions véritablement scientifiques et fécondes en solutions solides sur les rapports de l'économie politique et de la morale, il faut, en revenant à la première conception de Quesnay, établir avec une méthode rigoureuse l'ensemble de la science sociale et de l'art social, lequel comprend, outre l'économie politique, la morale, le droit et même la politique proprement dite :—« Cette entreprise, ajoute l'auteur, prématurée il y a « un siècle, a presque cessé de l'être, et si elle présente encore des difficultés qui en ajourneront probablement l'exécution, nous pouvons cependant nous former une idée assez nette de ce que devraient être la science et l'art qui ont pour objet l'ensemble de l'activité libre de l'homme vivant en société.[1] »

De telles idées sont éminemment propres à réjouir tout à la fois les amis de l'économie politique et les amis du progrès. Les premiers, en effet, ne manqueraient pas de regretter que l'économie politique tendît à se renfermer dans les bornes de la statistique plutôt qu'à s'élever au niveau d'une théorie générale de l'activité sociale ; ils peuvent croire qu'elle est assez riche d'observations de détail pour se prêter un peu aux efforts de la spéculation d'ensemble, assez mûrie par l'expérience pour n'avoir que peu à craindre d'être pervertie par le commerce de la philosophie. D'autre part, s'il est un espoir qui doive être cher aux amis du progrès, et en

1 *Journal des Économistes*, septembre 1859.

général à tous les hommes qui savent se maintenir, à l'endroit des innovations, en dehors des terreurs exagérées et des aspirations chimériques, c'est celui de voir enfin le socialisme, pour rendre à un mot que l'empirisme a compromis et déshonoré sa signification scientifique, étayé sur l'économie politique, les réformes pratiques déduites de théories méthodiques, enfin le caprice des opinions irréfléchies céder devant l'empire des convictions raisonnées. Tous ces heureux résultats seraient l'effet de l'impulsion qu'on pourrait donner à l'économie politique dans le sens indiqué par M. Courcelle Seneuil : il est donc singulièrement à désirer que les tendances nouvelles ne tardent point à se manifester. Au point de vue où je me suis placé, à l'égard de l'objet propre de cette étude, j'ajoute qu'il n'est point douteux pour moi que la réalisation de l'entreprise annoncée par M. Courcelle Seneuil ne soit aussi le triomphe de la justice, que la constitution de la science sociale et de l'art qui s'y rattache n'implique la solution de la question sociale.

Unissons donc tous nos efforts pour fonder et construire la science sociale.

§ 2. Constitution de la science sociale

Il s'agit d'*établir avec une méthode rigoureuse la science et l'art qui ont pour objet l'ensemble de l'activité libre de l'homme vivant en société* ; voilà quel est le problème, et l'on doit convenir qu'il serait difficile de l'énoncer en des termes qui fussent à la fois plus généraux et plus précis. S'il est nécessaire et suffisant, pour qu'une science existe, qu'elle porte sur un vaste ensemble de faits d'un caractère spécial, la science sociale vivra. Cette science n'étudie pas les faits purement physiques, ceux qui se manifestent au sein de la nature extérieure ou ceux qui, tout en ayant l'homme pour théâtre, prennent leur origine et suivent leur développement dans la fatalité des lois naturelles,en dehors de la volonté libre : la vie physiologique, la maladie, etc. Il semble aussi qu'elle prétende s'oc cuper non des faits moraux qui ne se rapportent qu'à l'individu, mais de ceux qui intéressent tous les individus à la fois, je veux dire des faits sociaux.

La science sociale est, en un mot, la théorie de la société. J'abandonne à M. Courcelle Seneuil le mérite de l'avoir signalée.

Quant à moi, je m'empresse, pour les besoins de ma cause, d'en préciser l'objet, d'en indiquer les divisions, d'en esquisser, si l'on veut, la philosophie en termes un peu plus explicites que M. Courcelle Seneuil n'a tenté de le faire. Et comme, en de pareilles entreprises, il importe avant tout d'agir méthodiquement, je commence par énoncer que, selon moi, pour constituer la science sociale et l'art social, il convient de s'attaquer directement au fait général de la société, d'en définir la *nature*, d'en montrer l'*origine*, d'en énumérer les *espèces*, d'en formuler la *loi*, d'en constater les *effets*. Je pense en effet que, le fait de la société étant de la sorte étudié scientifiquement dans sa généralité abstraite, tous les faits sociaux, individuels et concrets seraient connus par cela même ; c'est-à-dire qu'un phénomène social se produisant dans la réalité pourrait être immédiatement distingué, rattaché à une cause également individuelle et concrète, rapporté à un type spécial, soumis à des lois déterminées, etc., etc.

I. En conséquence, disons d'abord que le fait de la société consiste en ceci que les destinées individuelles de tous les hommes ne sont point indépendantes, mais solidaires les unes des autres. Ce n'est point à dire, ainsi que le soutient le communisme absolu, que chaque homme n'ait d'autre destinée que celle d'organe d'un tout réel, individuel et concret, nommé société. Non : les destinées humaines ne sont point aussi complètement solidaires. Mais il est certain qu'elles ne sont pas non plus complètement indépendantes, que chacune d'elles n'est point à l'instar d'une sorte de monade isolée, ainsi que l'énoncerait l'absolu individualisme. « Quoi qu'il en soit, la politique oscille « encore aujourd'hui entre l'individualisme et le communisme, exactement comme la philosophie entre l'empirisme et l'idéalisme, faisant tour à tour la part trop large ou trop étroite à l'un des deux principes dont l'équilibre fait la loi et de toute société bien organisée.[1] » C'est donc précisément l'objet le plus direct de la science sociale que de dire au plus juste en quoi les destinées de tous les hommes sont indépendantes, en quoi elles sont solidaires les unes des autres. Toujours est-il que l'idée d'une certaine solidarité déterminable et définissable des destinées humaines constitue l'essence de l'idée de société.

II. Maintenant, s'il est à croire que le fait de la société puisse tirer

---

1 Ét. **Vacherot**, *La Métaphysique et la Science*, t. II, p. 679.

son explication de quelque fait supérieur, et si l'on me demande quel est ce fait, je réponds sans hésiter : — La liberté.

S'il est un principe que les moralistes de tous les temps et les psychologues de notre époque soient parvenus à mettre en évidence, à soutenir contre les attaques de toute philosophie superficielle et dangereuse, c'est le principe de notre liberté psychologique, c'est cette vérité que, si les êtres inanimés et les animaux accomplissent fatalement et instinctivement leur destinée, l'homme, au contraire, poursuit librement la fin pour laquelle il est au monde.

Or, comme deux conséquences se rattachant au principe de liberté, apparaissent deux faits : la moralité et la société.

L'homme est une personne libre ; c'est-à-dire un être raisonnable qui se connaît et qui se possède, qui se conçoit une destination, qui se sent obligé de rechercher sa fin et de la pour suivre volontairement. Tout ce qu'il fait ainsi librement lui est imputable. Il est responsable de tous ses actes volontaires : à lui seul en revient le mérite ou le démérite. Ce que fait librement l'homme en vue de l'accomplissement de sa destinée, c'est le bien ; le mal, c'est pour l'homme l'abandon volontaire de la poursuite de sa fin. Ainsi, c'est une vérité définitivement acquise à la science que la liberté est la source de toute moralité ; que les faits individuels ou généraux, abstraits ou concrets, dont l'ensemble constitue le monde se partagent en deux classes : les uns prenant leur source dans la fatalité des forces naturelles et n'étant jamais susceptibles d'être envisagés au point de vue du bien et du mal, les autres issus de la libre volonté de l'homme et nécessairement empreints du caractère de moralité ou d'immoralité. Le fait de la gravitation universelle et le fait de la maladie sont en dehors de la morale, parce que chacun d'eux est un fait fatal. Pour la même raison, il ne saurait être bien ou mal que les loups mangent les agneaux ou que même les loups se mangent entre eux. Au contraire, il n'est point indifférent à la morale que l'homme égorge son semblable pour le dévorer, car cela est mal ; ni que l'homme tue l'animal et s'en repaisse, car cela est bien.

Mais s'il est vrai de dire que tout homme est une personne libre, il l'est aussi d'ajouter que l'homme seul est une personne libre, et, par conséquent, que *tout être qui n'est pas un homme est une chose.*

INTRODUCTION À L'ÉTUDE DE LA QUESTION SOCIALE

La chose est un être impersonnel, c'est-à-dire un être qui ne se connaît pas et qui ne se possède pas, qui n'est point responsable de sa conduite, ni susceptible de mérite ou de démérite. De par la raison, les choses sont à la discrétion des personnes. C'est tout à la fois pour celles-ci un droit et un devoir que de faire contribuer celles-là à la poursuite de leur fin, à l'accomplissement de leur destinée. C'est pourquoi nous brûlons le bois des forêts, pourquoi nous mangeons et les fruits de la terre et les animaux, pourquoi nous détournons les fleuves de leur cours. Et s'il nous était utile et possible de percer la terre de part en part, de dessécher l'océan, de rapprocher du soleil notre planète, cela nous serait permis sinon commandé, par cela seul que c'est tout à la fois un droit et un devoir pour nous que de subordonner la fin des choses à notre fin, leur destinée aveugle à notre destinée morale. Donc voilà d'un côté la nature impersonnelle ; voilà d'un côté l'*humanité*. La raison soumet l'une à l'autre… Du point où nous en sommes à montrer la solidarité de toutes les destinées humaines dans l'œuvre de leur accomplissement, il n'y a qu'un pas ; c'est affaire à la théorie de la société.

III. Si tout homme est une personne libre, *tous les hommes, en tant que personnes libres, sont égaux dans la société*. Les hommes sont inégaux à d'autres points de vue : ils le sont au point de vue du développement de leurs facultés, au point de vue du mérite et du démérite. On conçoit qu'ici l'étude préalable et attentive de la nature et de l'origine de la société permettrait d'abord de définir et de déterminer l'égalité et l'inégalité, ensuite de formuler nettement la loi supérieure de la solidarité sociale de telle sorte et en des termes tels que cette loi contînt, dans son expression même, le principe conciliateur du communisme et de l'individualisme.

Cette loi étant enfin démontrée, on pourrait considérer la science sociale comme engagée en pleine voie de constitution, et la théorie de la société sinon comme complètement édifiée, du moins comme établie déjà sur de solides fondements. Cherchons à reconnaître le nombre et l'importance des opérations qui resteraient à faire.

IV. La loi qui régit le fait de la société, considéré dans sa plus haute généralité, le doit régir aussi dans ses espèces. Après le travail préliminaire que nous avons indiqué, il resterait donc à la science sociale à énumérer ces espèces, et à leur appliquer à chacune la loi supérieure. Peut-être cette analyse des diverses catégories sociales et la détermination des lois spéciales qui s'y rapportent est-elle la portion, sinon la plus élevée et la plus noble, du moins la plus directement intéressante de la théorie delà société. Quoi qu'il en soit, il est urgent de l'élaborer.

On reconnaît assez facilement à première vue que la société peut être envisagée tour à tour sous un certain nombre de côtés différents, les côtés *civil,politique* , *économique*, par exemple ; tout comme en psychologie l'âme humaine une et indivisible peut être considérée successivement sous les rapports intellectuel, sensible et volontaire. Ou bien, si les expressions dont je viens de me servir semblaient à quelques personnes insuffisantes, ou même à d'autres dangereuses, soit parce qu'on ne les trouverait pas assez explicites, soit au contraire parce qu'on leur attribuerait un sens déjà trop déterminé, je dirais que le fait général de la société semble pouvoir se décomposer assez aisément en un certain nombre de faits spéciaux tels que ceux de la *famille*, du*gouvernement*, de l'*échange*. Ce serait encore à la théorie de la société qu'il appartiendrait de distinguer et dénumérer ces catégories. Ce que j'en dis ici suffit à faire entrevoir que peut-être on pourrait reconnaître non une théorie unique et simple de la société, mais un ensemble de sciences sociales.

Ces catégories définies, comment devrait se comporter la science à leur égard ? C'est là une question grave et la plus neuve peut-être de toutes celles dont dépend la constitution de la science sociale : car elle n'est autre que la question de la méthode en ce qui concerne les sciences morales ; or la morale et surtout la morale sociale ayant toujours été jusqu'ici plutôt affaire de sentiment qu'œuvre de raison, tout est à faire pour les philosophes qui voudront aborder scientifiquement ces problèmes de la Justice.

La première idée qui se présente à l'esprit, c'est d'examiner de quelle façon procèdent les sciences naturelles, et de rechercher si leur méthode ne pourrait pas convenir aussi bien aux sciences morales. Or les sciences naturelles sont de deux sortes : les sciences *à priori* qui, partant de définitions et d'axiomes ou d'identités, se constituent par des séries de déductions logiques, et les sciences*expérimentales* qui, de l'observation des faits s'élèvent, par induction ou par hypothèse, à la connaissance de plus en plus

INTRODUCTION À L'ÉTUDE DE LA QUESTION SOCIALE

approfondie des lois et des rapports.

La théorie de la société se rapproche évidemment de l'algèbre, de la géométrie et des sciences *à priori*, en ce qu'elle poursuit aussi la recherche d'un certain idéal rationnel, indépendant de toute réalité. Cela est vrai surtout pour la première partie de la science que nous avons déjà parcourue. Rien ne s'oppose à ce qu'on assimile le principe de liberté, le principe d'égalité aux axiomes géométriques. Rien non plus n'empêchera d'obtenir, en partant de ces principes, comme une loi inéluctable de la société, la formule platonicienne traduite ou exprimée en langage scientifique Mais tandis que les applications des vérités mathématiques se font à des nombres et à des figures que saisit immédiatement la raison, la loi de la société doit s'appliquer à des faits dont l'entendement n'obtient la notion que par le secours de l'expérience : ces faits sont ceux qui composent les diverses catégories sociales. La théorie de la société, commencée par la méthode *à priori*, ne saurait donc se compléter que par la méthode d'observation, d'induction et, s'il y a lieu, d'hypothèse.

Cette distinction peut s'établir en termes moins abstraits et plus intelligibles. En effet, d'une part, il est aisé de se figurer qu'on pourrait obtenir, par le raisonnement pur, un principe supérieur de solidarité sociale conciliant l'égalité et l'inégalité, l'individualisme et le communisme, une formule nécessaire et universelle de coordination des destinées de *personnes libres*, formule ou principe toujours applicable soit que ces personnes libres fussent des créatures de telle ou telle espèce, habitassent sous telle ou telle latitude, existassent même dans telle ou telle région de l'univers. Mais d'autre part, il est impossible de comprendre que les seules déductions théoriques fussent suffisantes à tirer d'une loi générale ainsi obtenue les lois spéciales d'une société d'*hommes* qui penseraient, sentiraient, se résoudraient et agiraient dans les conditions et le milieu où nous vivons : car la seule expérience aidée de l'induction et de l'hypothèse nous initie à la connaissance de ces conditions et de ce milieu.

Il me paraît ainsi que la théorie de la société suppose deux choses. Envisagée dans sa portion théorique, elle suppose la condition que l'activité de l'homme soit libre ; et la loi sociale suprême peut s'asseoir sur le simple fondement du principe de liberté. Envisagée dans sa partie d'application qui est l'édification des lois sociales spéciales, la théorie de la société suppose d'abord la formule sociale supérieure, élucidée à *priori*, et ensuite la connaissance expérimentale des conditions physiques, physiologiques, économiques , au milieu desquelles se déploie l'activité libre de l'homme.

Achevons d'éclairer cette question par un exemple.

Au nombre des espèces sociales, il en est une qui se distingue aisément : c'est l'espèce des faits d'*échange*. Une portion notable de notre vie sociale se passe à vendre certaines choses, à en acheter d'autres. Il y a des hommes qui vendent l'usage du sol ; il y en a qui achètent l'usage des facultés personnelles des travailleurs ; l'on vend et l'on achète mille objets de toute nature, de première et de dernière nécessité, de prix infiniment varié. Tous les faits de cette espèce, tous les faits d'échange constituent l'objet des sciences économiques. Cherchons à définir les points communs, les points distincts, les points de jonction de l'économie politique et de la théorie de la société.

Quelles que puissent être les choses échangées, naturelles ou artificielles, matérielles ou immatérielles, durables ou éphémères, elles ont toujours, au point de vue particulier de l'échange, deux qualités communes : elles ont une certaine valeur et elles sont appropriées. Ainsi l'échange implique nécessairement la*valeur* et l'*appropriation*. Ce n'est pas tout encore : quelles que puissent être les choses valables, précieuses ou viles, elles ont aussi toujours deux qualités communes : elles sont utiles et elles sont rares. Ainsi la valeur implique nécessairement l'*utilité* et la *rareté*. L'appropriation des choses par les personnes est un fait essentiellement libre, essentiellement susceptible d'être envisagé comme un fait moral. Il devient ainsi le fait de la propriété et tombe directement sous la juridiction de la loi sociale supérieure, de la formule suprême de la société. Il en est du fait delà valeur d'échange tout autrement. Le rapport d'utilité qu'il y a entre nous et les choses est un fait naturel en ce sens qu'il dépend de la nature que nos besoins soient de telle ou telle sorte, et que les choses puissent ou non les satisfaire plus ou moins. La rareté des choses est de même un fait fatal en ce sens qu'il ne dépend pas de nous que certaines choses se trouvent dans le monde en quantité limitée au lieu d'y être en quantité indéfinie, ou réciproquement. Il est vrai qu'en un autre sens, il nous est possible d'augmenter, de créer même l'utilité des choses, d'en diminuer la rareté par le travail. Mais cela est un autre point de vue que celui qui nous occupe : ce n'est ni le point de vue du vrai, ni celui du juste : c'est le point de vue de l'utile ; ce n'est plus le point de vue de la science : c'est le point de vue de l'art. Placés comme nous sommes, nous devons considérer le fait de la valeur d'échange comme un fait naturel qui échappe à la formule sociale.

Ces résultats, il me semble, sont assez clairs. Parmi les faits économiques, nous trouvons le fait de la valeur d'échange et le fait de l'échange qui sont, dans leur essence, des faits naturels tout comme les faits de la chaleur, de la maladie. Ceux-là sont l'objet primitif et direct de l'économie politique, science naturelle et tout aussi indépendante de la justice que la physique ou la pathologie. Nous trouvons ensuite le fait de l'appropriation ou de la propriété qui est un fait moral et dont la théorie spéciale, à ce titre, rentre jusqu'à un certain point dans la théorie générale de la société. La science sociale aura donc à se comporter, à l'endroit du fait de la propriété, de la façon que nous avons exposée ; c'est-à-dire que la formule sociale étant connue rationnellement, il reste à l'appliquer à la propriété telle que l'observation et l'expérience nous la révèlent ; c'est-à-dire, en d'autres termes, que les conditions purement morales de la propriété étant déterminées par le droit naturel, il reste à en énoncer les conditions sociales.

Ainsi, selon nous, devraient se déterminer les conditions sociales de la propriété. De la même façon se détermineraient les conditions sociales du gouvernement, de la famille. Ce serait affaire à des philosophes qui fussent aussi des historiens, des érudits, des philologues, des physiologistes, des psychologues, etc., etc.

V. Terminons rapidement cette esquisse de l'ensemble de la science sociale et de l'art social. L'effet le plus manifeste de la société, c'est le progrès. Placée en face de la nature impersonnelle qu'elle doit assujettir par des efforts solidaires, l'humanité la saisit par toutes les puissances de ses facultés. Elle la connaît par la science. Elle l'utilise par le travail et par les arts industriels. La société s'organise elle-même de jour en jour, et se rapproche de plus en plus du type idéal d'une société parfaite. De là l'infinie série des faits progressifs que l'on étudie dans le passé, que l'on cherche à provoquer dans le présent. Laissons ces soins pour une part à l'histoire, attribuons-

Léon Walras

les pour une autre part à l'art social. Seulement, pour compléter cette étude, voyons à reconnaître encore les limites communes à l'art social et à l'économie politique, ou, si l'on veut, la catégorie économique de l'art social.

Au nombre des faits économiques, nous avons déjà signalé le travail par lequel nous pouvons augmenter ou même créer l'utilité des choses, en diminuer la rareté. La recherche de ces moyens par lesquels une société donnée peut augmenter le plus possible son bien-être, constitue l'art de la production des richesses. C'est la précisément la catégorie économique de l'art social. L'art de la production déduit ses *règles* pratiques des lois théoriques de la valeur d'échange ; il se rattache à l'économie politique proprement dite comme l'hygiène à la physiologie, et il en ressort de la même façon. —La détermination des lois naturelles de la valeur d'échange et de l'échange n'est astreinte qu'à une seule condition : celle d'être exacte ou vraie. La détermination des conditions sociales de la propriété doit être morale ; autrement dit, la distribution de la richesse sociale entre les personnes en société doit être *équitable*. Que doit être la production de la richesse par le travail et l'industrie ? Elle doit être *abondante*. Le vrai, le juste, l'utile, tels sont les trois points de vue à chacun desquels le philosophe doit pouvoir ramener scrupuleusement chacun des faits individuels ou généraux, abstraits ou concrets qui s'offrent à lui dans l'univers. Quand on aura fait ce travail à l'égard de tous les faits sociaux, on aura fait la philosophie des sciences sociales. Je n'ai tenté de le faire ici qu'à l'égard des faits économiques. On dira si j'ai pu y réussir en quelques points.

Fausses ou vraies, mes conclusions sont simples et claires. J'ai reconnu d'abord et mis à part une *théorie de la richesse sociale*, science naturelle. Ensuite j'ai distingué dans l'ensemble de la science sociale et de l'art social, dans la théorie générale et complète de la société, comme catégories économiques, comme catégories se rapportant aux biens, pour me servir du terme consacré par le Code civil : 1° une théorie de la propriété, science morale à soumettre à la loi rationnelle de la société pour en faire sortir la théorie sociale de la distribution de la richesse ; 2° une théorie de la production de la richesse ou ensemble des règles du travail social.

Qu'il nous suffise pour l'instant d'avoir ainsi tracé très

INTRODUCTION À L'ÉTUDE DE LA QUESTION SOCIALE

sommairememt le programme complet de la théorie de la société considérée dans ce qu'elle a de plus abstrait et de plus ardu, d'avoir seulement indiqué avec un peu plus de précision le programme de la portion purement économique de cette théorie. Tel qu'il est, ce programme doit paraître assez vaste. Je dis plus : je sais qu'il est immense. Est-ce une raison qui autorise ou qui commande l'abstention ? Je suis bien éloigné de le croire. Aborder résolument une tâche longue et difficile, après qu'on l'a d'abord froidement mesurée, ce n'est pas de la témérité. Reculer devant un pareil labeur, ce serait tout autre chose que de la modestie.

Quoi qu'il en soit, je ne suis point effrayé. Mais toutefois je n'ai pas résolu de prendre dès à présent ma part d'efforts et de recherches dans la constitution de la science sociale. Je veux seulement me préparer à ce travail en me rendant compte de la valeur des essais qui ont été jusqu'ici tentés par les publicistes. Nous trouverons d'un côté les *socialistes* : ce sont des hommes que de nobles aspirations démocratiques ont conduit sur le terrain des recherches sociales, qu'un vif instinct révolutionnaire y a guidés. Mais l'enthousiasme ne supplée point la méthode, ni le sentiment la raison. Les efforts des socialistes ont été trahis en partie par leur insuffisance et leur inexpérience scientifiques. Disons tout de suite qu'il y aurait injustice à ne pas reconnaître chez eux, en même temps que beaucoup de présomption, la plus évidente sincérité. D'un autre côté nous serons en présence des *économistes*, personnages considérables, pour la plupart, par la science et l'autorité, mais timides quelquefois et se laissant troubler par les redoutables aspects de la question sociale. Nous interrogerons les uns et les autres. Que si quelques-uns avaient découvert et mis en évidence des vérités importantes, nous en ferions notre profit. Et dans le cas où, tout au contraire, nous en rencontrerions chez tous qu'utopies et contradictions, nous serions à même de trouver dans nos principe» un sûr critérium pour reconnaître, pour expliquer ces erreurs, et pour nous instruire par ces exemples.

§ 3. Le Socialisme empirique

M. Louis Blanc cherche à prouver : *que la concurrence est pour le peuple un système d'extermination ; — que la concurrence est une cause de ruine pour la bourgeoisie.* D'autre part, il s'efforce de démontrer : qu'*il n'est de salut pour les campagnes que dans l'adoption du système de la grande culture* ; — que *c'est à l'application du système de la petite culture, au morcellement excessif du sol, que doit être attribué le dépérissement de l'agriculture en France* ; — qu'*il faut établir en France le système de la grande culture, en le combinant, non pas avec le principe de l'individualisme, mais au contraire avec celui de l'association et de la propriété collective.*

En conséquence, M. Louis Blanc propose la formation d'*ateliers sociaux*commandités par l'État, et destinés à monopoliser entre les mains de l'État l'industrie et l'agriculture.

Ce n'est pas tout encore : M. Louis Blanc s'élève contre l'application du principe de la propriété individuelle aux œuvres littéraires. Il énonce aussi : que *l'intérêt des capitaux, en principe, n'est pas légitime* ; mais que *dans le régime d'individualisme et de concurrence, supprimer l'intérêt des capitaux est impossible, et que la gratuité du crédit pour tous, ou organisation démocratique du crédit, n'est réalisable que par l'association.*

Et, en conséquence, M. Louis Blanc demande qu'on substitue à la Banque de France une Banque nationale d'État.[1]

J'ai résumé tout exprès la doctrine socialiste de M. Louis Blanc, d'après le titre même des chapitres de son ouvrage. Je n'ai point agi de la sorte sans raison. Ayant en effet beaucoup moins l'intention de discuter les idées de M. Louis Blanc que de critiquer sa méthode, je tenais essentiellement à lui laisser résumer, pour ainsi dire, à lui-même l'exposition de sa doctrine.

Il m'avait toujours semblé que, dans la voie des réformes, on devait procéder de la façon suivante : 1° constater les inconvénients de la pratique actuelle ; 2° chercher la source des inconvénients de la pratique dans les vices de la théorie ; 3° substituer à la théorie défectueuse une théorie plus complète et préférable ; 4° conclure de la théorie nouvelle à une pratique différente et meilleure. M. Louis Blanc se comporte tout autrement : il conclut immédiatement des inconvénients de la pratique actuelle à l'excellence d'une pratique opposée, des inconvénients de la concurrence à l'excellence du monopole. Cette façon de procéder n'est pas nouvelle. Cette

---

1 Louis Blanc, *Organisation du Travail.*

façon de proposer hardiment des réformes sans prendre la peine de les étayer d'aucune considération théorique est connue. Cette méthode porte un nom : c'est la méthode empirique. M. Louis Blanc nierait ce que j'avance, qu'il me serait facile de prouver mon assertion ; et quiconque voudra prendre la peine d'examiner sa doctrine à ce point de vue particulier sera de mon avis, et se convaincra que le système des ateliers sociaux et de la Banque d'État manque absolument de base scientifique. En cela M. Louis Blanc est d'autant plus inexcusable que, s'il a toujours évité de discuter ses théories, il ne s'est pas fait faute de les énoncer. On connaît à ce sujet les idées de l'auteur :

« Trois grands principes se partagent le monde et l'histoire : l'autorité, l'individualisme, la fraternité…

L'autorité a été maniée par le catholicisme avec un éclat qui étonne ; elle a prévalu jusqu'à Luther.

L'individualisme, inauguré par Luther, s'est développé avec une force irrésistible ; et, dégagé de l'élément religieux, il a triomphé en France par les publicistes de la Constituante. Il régit le présent ; il est l'âme des choses.

La fraternité, annoncée par les penseurs de la Montagne, disparut alors dans une tempête, et ne nous apparaît aujourd'hui encore que dans les lointains de l'idéal ; mais tous les grands cœurs l'appellent, et déjà elle occupe et illumine la plus haute sphère des intelligences.[1] »

En s'aidant de la connaissance de ces idées, on comprend que M. Louis Blanc rattache la pratique de la concurrence à la théorie de l'individualisme. D'autre part, au delà de la pratique particulière des ateliers sociaux et de la Banque d'État, laquelle n'est qu'un acheminement à une pratique générale, on entrevoit sans trop

---

1 Louis Blanc, *Histoire de la Révolution française*, pp. 9 et 10. Il faut plus de métaphysique que n'en a M. Louis Blanc à sa disposition pour tenter, avec quelques chances de succès, l'aventure de ces grandes hypothèses historiques. Les hommes qui parlent la langue de la philosophie et qui sont au fait des efforts de l'école allemande pour expliquer l'histoire des sociétés et des religions seront quelque peu surpris de voir accolés dans leur ordre ces trois mots : autorité, individualisme, fraternité, et d'apprendre que le monde commence au catholicisme. L'autorité, que je sache, ne prévalait point dans la république démocratique d'Athènes. Voilà l'une des plus belles époques de la civilisation à rayer de l'histoire de l'humanité parce qu'elle ne s'explique point dans le système de la philosophie communiste.

Léon Walras

de difficultés : l'État entrepreneur industriel et agricole, l'État capitaliste, sans doute aussi l'État propriétaire foncier. C'est le communisme le plus complet, le plus absolu. L'État possède tous les capitaux ; il en distribue les revenus aux individus suivant la formule de fraternité : —*De chacun suivant ses moyens ; à chacun suivant ses besoins.* Travaillez tant que vous voudrez ; mangez tant que vous pourrez. Certes c'est là bel et bien une théorie : c'est celle du communisme fraternitaire.

Que devait donc faire M. Louis Blanc ? Pensant avoir constaté les mauvais effets de la concurrence, il devait en montrer l'origine au sein de ce qu'il nomme l'individualisme. Ensuite, et c'était assurément la portion capitale de son œuvre, il devait nous définir, nous développer, nous démontrer théoriquement le système du communisme fraternitaire. Et comment ? En nous en faisant apercevoir la conformité avec les lois de la nature et les axiomes de la morale. Enfin, ce travail achevé, il eût pu conclure sans inconvénient aux ateliers sociaux et à la Banque d'État.

Que répondriez-vous à quelqu'un qui vous tiendrait ce langage : — « Tous nos maux viennent de la monogamie. Essayez de la bigamie comme d'un acheminement à la polyga mie laquelle est, croyez-moi, un régime excellent ?» — « Il est possible. diriez-vous, que la polygamie soit un excellent régime. Démontrez-le en me faisant voir qu'elle s'accorde avec les lois physiologiques et morales. Jusque-là, veuillez permettre que je ne me livre point à de si dangereux essais. » Ce qu'on répondrait à M. Louis Blanc s'il avait essayé de réglementer, d'après son système, le mariage et la famille, il faut le lui répondre au sujet de ses propositions de réforme économique. La situation, dans l'un et l'autre cas, est identiquement la même.

Nulle part M. Louis Blanc ne prend la peine de nous exposer scientifiquement son communisme fraternitaire ; partout il s'évertue à nous affirmer les avantages de ses ateliers sociaux et de sa Banque d'État. Affirmer est au reste le fort des empiriques. M. Louis Blanc, par une chance qui le met au premier rang et lui donne une importance unique entre tous les socialistes, a eu le pouvoir ; il a pu réaliser ce système qu'il s'était contenté de développer imparfaitement. Il affirme que, si le succès n'a pas couronné ses essais, la faute n'en fut qu'aux circonstances ; il affirme que le système reste à l'ordre du jour de la République ; il affirme que la théorie trouvera dans la pratique une éclatante justification, etc., etc.[1]

Pour dire le fond de ma pensée, je suis aussi loin que possible de me rallier au communisme fraternitaire, non par une répugnance de sentiment, mais par suite de déductions rationnelles. J'ai quelques motifs excellents de considérer comme monstrueuse cette absorption de l'individu dans l'État par le communisme absolu, cette immolation de la réalité à l'abstraction. J'en ai quelques autres non moins excellents de douter que le principe de fraternité puisse être substitué à celui de la justice, à celui du droit et du devoir, quand il s'agit de trouver une base à la société, et que l'axiome de M. Louis Blanc se prête à l'organisation du travail. Ces motifs, je ne demande qu'à les donner. Que M. Louis Blanc développe sa thèse économiquement et philosophiquement, elle sera discutée. Quant à lui fournir souvent l'occasion de faire des expériences comme celle du Luxembourg, je désire vivement que personne plus que moine soit tenté de le lui permettre. M. Proudhon est un homme qui a au plus haut point le sentiment de sa personnalité : aussi a-t-il combattu violemment le communisme. — Alors, penserez-vous, il a défendu énergiquement le principe de la propriété individuelle. — Tout au contraire : il l'a foulé aux pieds. — Mais, direz-vous si M. Proudhon n'est partisan ni de la propriété collective, ni de la propriété individuelle, que peut-il être ? C'est ce qu'il serait assez malaisé d'expliquer.

Ce n'est pas d'aujourd'hui que je m'aperçois combien les doctrines socialistes sont difficiles, je ne dirai pas à expliquer, mais à exposer. Cela se conçoit. L'essence de l'empirisme étant de ne se baser sur aucun principe fondamental, de ne jamais déduire, mais d'affirmer toujours à *priori*, il est tout naturel que ses élucubrations soient contradictoires, vagues et rebelles à toute exposition logique et rationnelle. Que font à M. Proudhon l'individualisme et le communisme ? Ce sont des systèmes ; donc il lui convient de les ignorer. Tout au plus l'entendrez-vous agiter les lieux communs de l'égalité et de l'inégalité. Et comment alors rattacher les doctrines de M. Proudhon soit à l'un de ces systèmes, soit à l'autre, à moins de les interpréter, à moins de les traduire en quelque sorte en un

---

1 Louis Blanc, *Organisation du Travail*, p. 121.

Léon Walras

langage scientifique et philosophique ?

Si tout au moins l'empirisme était logique, la tâche du critique serait encore assez facile. Il n'aurait que la peine de rattacher lui-même à des principes rationnels les assertions des publicistes de cette école malencontreuse. Il n'en est point ainsi malheureusement. Tel empirique que vous surprenez, à certain moment, en flagrant délit de communisme vous apparaît, un peu plus loin, comme fortement imprégné, à son insu, d'individualisme. Il faut alors de toute nécessité négliger certaines contradictions, rechercher autant que possible une tendance à peu près générale, accuser cette tendance en termes techniques, tâche délicate et qui demande autant de patience que d'impartialité.

Je vais essayer d'interpréter de cette façon la doctrine de M. Proudhon. Mais que si, par hasard, l'auteur se trouvait incompris, il ne s'en prenne qu'à lui seul de cette mésaventure.

C'est M. Proudhon qui a dit : — *La propriété, c'est le vol*, phrase absurde qui dénote chez l'auteur la plus profonde ignorance de la philosophie et du droit naturel : car l'idée de M. Proudhon consiste en ceci, que l'appropriation des choses par les personnes est un phénomène en dehors de la moralité ne pouvant pas plus être légitime qu'illégitime, indifférent à la justice, tout au plus légalisable par des contrats. Quel pathos ! Enlever à la juridiction du droit l'acte le plus capital de la libre volonté de l'homme ! Vouloir légaliser par contrat ce qui serait instinctif et fatal ! La paresse la plus profonde à remonter aux principes, l'impuissance la plus honteuse se dévoilent indécemment ; l'empirisme le plus éhonté s'étale avec impudeur. Quoi qu'il en soit, M. Proudhon accepte la propriété individuelle comme un fait, sinon comme un droit.—Mais alors en quoi et pourquoi M. Proudhon se trouve-t-il en désaccord avec la pratique actuelle ?

M. Proudhon est convaincu qu'au fond, chez tous les hommes, les besoins sont égaux et les moyens équivalents ; qu'en conséquence, l'égalité absolue des biens et des fortunes est dans l'intention de la nature, et devrait se réaliser d'elle-même sous un régime économique convenable. Le régime le plus hostile à la réalisation du vœu de la nature, c'est, selon M. Proudhon, le régime de la liberté économique, le régime de la concurrence et du laissez-faire qui se déduit de ce principe que la valeur des choses se détermine par le rapport de la demande à l'offre, sur le marché. Le régime le plus favorable, selon M. Proudhon, serait un régime de taxes et de maximums qui se déduirait de ce principe que la valeur d'échange se mesure sur les frais de production ou sur le prix de revient.

En conséquence, la doctrine de M. Proudhon se résume dans une série de propositions tendant toutes au tarif des espèces diverses de la richesse, conformément aux frais de leur production. M. Proudhon tarife le prix du travail ou le salaire ; il tarife le prix des marchandises ; il tarife l'escompte ; il tarife le crédit ; il tarife les loyers ; il tarife les fermages, la rente foncière, l'impôt. Tel est le socialisme de M. Proudhon, ni plus ni moins. La concurrence est sa bête noire, comme elle est aussi celle de M. Louis Blanc. Mais alors que l'un se réfugie dans le monopole de l'État, l'autre invoque uniquement le droit de l'État à taxer la valeur des choses au prorata de leur prix de revient. Ce n'est pas plus difficile que cela.

On voit qu'il serait peut-être hasardé de signaler dans un pareil système une tendance, même inconsciente, au communisme ou à l'individualisme. Ce qu'il est aisé d'y montrer, c'est le triomphe de l'empirisme.

N'est-il pas évident, en effet, que logiquement la méthode de M. Proudhon lui devait être tracée d'avance ? Que le vœu de la nature soit ou ne soit pas l'égalité absolue des biens et des fortunes, que nous importe de le savoir dès à présent ? Que les besoins soient égaux et les moyens équivalents chez tous les hommes, que nous fait cela ? S'il est vrai que les intentions de la nature ou de la Providence soient conformes à ces principes, ces principes devront se réaliser par la force des choses sous un régime économique naturel.

Donc, quel est le régime économique le plus naturel du régime de la liberté ou du régime de l'autorité ? Voilà la question capitale. Sur quoi se mesure la valeur d'échange ? Sur le rapport de la demande à l'offre ou sur le prix de revient ? Voilà le nœud du problème tel qu'il convient à M. Proudhon lui-même de le poser.

Qu'avait donc à faire M. Proudhon ? Il avait à énoncer simplement le premier point comme un pressentiment de sa foi, et à réunir tous ses efforts pour démontrer le second point comme une conviction d'expérience. Que fait au contraire M. Proudhon ? Il s'acharne ridiculement à soutenir sa thèse de l'égalité absolue des biens et des fortunes, et néglige aussi complètement que possible d'apporter la moindre preuve à l'appui de son principe économique.

« Les jours de l'année sont égaux, les années égales ; les révolutions de la lune, variables dans une certaine limite, se ramènent toujours à l'égalité. La législation des mondes est une législation égalitaire. Descendons sur notre globe : est-ce que la quantité de pluie qui tombe chaque année de tout pays n'est pas sensiblement égale ? Quoi de plus variable que la température ? Et cependant, en hiver, en été, de jour, de nuit, l'égalité est encore sa loi. L'égalité gouverne l'Océan, dont le flux et le reflux, dans leurs moyennes, marchent avec la régularité du pendule. Considérez les animaux et les plantes, a chacun dans son espèce : partout vous retrouvez, sous des variations restreintes, *causées par des influences extérieures*, la loi d'égalité. L'inégalité, pour tout dire, ne vient pas de l'essence des choses, de leur intimité ; elle vient du dehors. Otez cette influence de hasard, et tout rentre dans l'égalité absolue. etc., etc.[1]. » Il y en a comme cela indéfiniment ; et c'est ainsi que M. Proudhon pense trouver dans la mécanique universelle la démonstration du principe de l'égalité des besoins, de l'équivalence des moyens, principe qui reste, ainsi qu'on peut voir, fort hypothétique.

Au contraire : — « Si c'est une conséquence de la Justice que le salaire soit égal au produit, c'en est une autre que, deux produits non similaires devant être échangés, l'échange doit se faire en raison des valeurs respectives ; c'est-à-dire des frais que chaque produit coûte.[2]» Voilà la base du système établie. Tous les efforts de l'auteur se réduisent à ce *c'est-à-dire*, en ce qui concerne le principe du prix de revient. Or, il se trouve malheureusement que ce principe si facilement admis est complètement erroné.

Après avoir critiqué les deux types les plus intéressants du socialisme contemporain, je ne me sens pas, je l'avoue, le courage de descendre à l'examen des doctrines de sectes accessoires ou d'individualités de second ordre : cette besogne serait d'ailleurs inutile. Par les chefs du socialisme on en peut juger les soldats : de bonnes intentions, une fâcheuse ignorance de la philosophie et de l'économie politique, l'absence la plus complète de méthode ; pour

1 P.-J. Proudhon, *De la Justice dans la Révolution et dans l'Église*, t. Ier, p. 274.
2 Idem p. 285.

tout dire, un empirisme dangereux, tel est le résumé fidèle des résultats à obtenir.[1] La plupart des sectes inférieures abandonnent plus ou moins complètement les régions économiques pour se renfermer dans le domaine d'une morale de sentiment. Là on s'occupe assez peu d'élucider le problème de la concurrence ou du monopole, le problème de la propriété individuelle ou de la propriété collective ; on veut rendre les hommes doux, laborieux, charitables, les orner de toutes les vertus domestiques. On ne s'en prend pas aux lois, mais aux mœurs : cette besogne est affaire à des prédicateurs, non à des législateurs.

Quant aux individualités indépendantes du socialisme, on les rencontre, en nombre infini, tantôt sur le terrain de la morale, tantôt sur celui de l'économie, toujours y déployant avec une assurance fâcheuse une grande ignorance et des ressources imprévues d'empirisme. Parlerai-je du dernier de ces publicistes qui ait ainsi trompé mon attente ? Je trouve d'abord qu'il demande à grands cris que l'État soit exclusivement commerçant, l'individu exclusivement industriel. Peut-être serais-je tenté d'accorder quelque attention à cette proposition tout administrative, si plus loin je ne voyais apparaître un système de crédit social basé sur ce principe que le numéraire n'a qu'une valeur conventionnelle, qu'il convient de démonétiser les métaux et de leur substituer du papier.[2] Que répondre aux inventeurs de pareilles théories ? Que leur dire, sinon qu'ils veuillent bien consentir à s'instruire des éléments de la science économique, avant d'en tirer des applications ?

Je n'ose guère exprimer de pareils dédains à l'endroit d'un publiciste aussi populaire que M. E. de Girardin ; et pourtant Dieu

---

1 Peut-être aurais-je dû discuter encore le système exposé par M. Considérant dans sa Théorie du droit de propriété et du droit au travail. Voyant dans la propriété foncière un privilège, M. Considérant réclame le droit au travail comme une compensation. Pour juger cette idée, un mot suffira. L'organisation de la propriété doit obéir aux lots morales de la science de la distribution ; l'organisation du travail ne saurait dépendre que des règles d'utilité de la production, laquelle est l'objet d'un art, et n'a rien à faire avec la justice. La théorie de la propriété et la théorie du travail sont donc deux théories différentes et par leur caractère et par leur portée. Cela posé, s'il y a, comme le croit M. Considérant, des imperfections dans le mode actuel de répartition de la richesse sociale , il faut les réformer, et non pas conclure de ces imperfections à des compensations en matière de régime industriel. Cette dernière méthode n'a point de sens philosophique ; les résultats en sont empiriques.
2 R. Venisse, De l'Économie sociale dans l'Échange et le Crédit.

sait si plus que personne il peut se reprocher d'avoir porté dans la science les habitudes relâchées et le dogmatisme superficiel du journalisme contemporain. Quoi qu'il en soit, après avoir offert à mes lecteurs un type de communiste aussi complet que M. Louis Blanc, je leur dois un échantillon d'individualiste le plus pur qu'il soit possible de se procurer.

Examinons donc en particulier les idées et le travail de M. de Girardin sur l'impôt. Tout d'abord il est facile de se convaincre que, s'il s'agit pour nous de trouver la solution de la question sociale dans la constitution de la science sociale, le problème de l'impôt est éminemment à l'ordre du jour : car il touche tout à la fois à la distribution de la richesse en déterminant le fonds de la fortune commune, les sources du revenu de l'État, et à la production de la richesse, en limitant la propriété individuelle de la rente foncière, des profits, des salaires. Comment donc M. de Girardin a-t-il essayé d'opérer cette conciliation entre les droits de la communauté et les droits de l'individu ?

M. de Girardin consacre d'abord plus de la moitié de son ouvrage[1] à critiquer l'assiette actuelle de l'impôt, ce qui, du reste, est une tâche aisée. Enfin il dit :

« Tel que nous le. comprenons, l'impôt doit être la prime d'assurance payée par ceux qui possèdent, pour s'assurer contre tous les risques de nature à les troubler dans leur possession ou leur jouissance;[2] ... »

Et pourquoi l'impôt doit-il être une prime d'assurance ? M. de Girardin ne le dit point. Pourtant son principe est assez gros de conséquences énormes. Parmi ces conséquences, on entrevoit nettement la suppression de toute initiative collective en ce qui n'est point répression de quelque désordre, et la fusion de tous les ministères, grands et petits, en un seul : le ministère de la *Sécurité*. Comment l'auteur établit-il cette définition qui fait de l'État un entrepreneur de police à bon marché, avec brevet et monopole ? L'auteur ne démontre rien, et passe immédiatement à ses conclusions.

« Cette prime doit être proportionnelle, et d'une exactitude

1 LES 52, par Émile de Girardin. XIII, *Le Socialisme et l'Impôt*.
2 Idem, p. 120.

rigoureuse.[1] »

Proportionnelle à quoi ? Non pas au revenu, suivant M. de Girardin, mais au capital. Et pour quel motif ?

En effet, cette base est la seule qui soit immuable la même pour tout et pour tous.

Partout et toujours 1,000 francs sont 1,000 francs, mais partout et toujours 1,000 francs ne produisent pas la même ce rente.

La rente varie, et selon l'emploi qui a été fait du capital, et selon le pays, et selon le temps.

La tente est relative, le capital est absolu.[2] » Voilà bien des affirmations très-hardies, mais très-gratuites. Que veut dire ceci :— *La rente est relative, le capital est absolu ?*—S'il s'agit de variations, le capital en subit autant que le revenu, et *selon le pays, et selon le temps*. Partout et toujours 1,000 francs ne produisent pas la même rente, cela est vrai. Mais partout et toujours 1,000 francs ne sont pas 1,000 francs. À qui donc serait-il besoin d'enseigner cela ?

« Dès que l'impôt se transforme en assurance, il en doit accepter la base ; or, la base de l'assurance, c'est le capital.[3] »

Cette raison vaut mieux que la précédente. Elle est même sans réplique. Toutefois, j'en reviens à ma première interrogation : — Pourquoi l'impôt doit-il se transformer en assurance ?

Seconde conclusion. Non-seulement, suivant M. de Girardin, l'impôt doit être proportionnel au capital, mais encore, —point essentiel ! — il doit être volontaire. En effet,

« Tout impôt doit être aboli[4]

Tout impôt doit être transformé en assurance. Or,

Le propre de l'impôt, c'est d'être forcé.

Le caractère de l'assurance, c'est d'être volontaire.[5] »

À merveille ! Mais encore une fois, — pour l'amour de Dieu !— pourquoi l'impôt doit-il être une prime d'assurance ?

En cherchant bien je n'ai rien, absolument rien trouvé dans

---

1 Idem, p. 120.
2 Idem, p. 129.
3 *Le Socialisme et l'Impôt*, p. 130.
4 *Idem*, p. 127.
5 *Idem*, p. 128.

l'ouvrage de M. de Girardin, qui pût passer pour une réponse à cette question. En fait de principes fondamentaux, voici tout ce que j'ai pu découvrir :

« La société est un vaste amphithéâtre où Ion est libre de ne pas entrer ; mais si l'on veut s'y asseoir, le moins qu'on lui doive, n'est-ce pas le remboursement de sa quote-part de frais[1]? »

Je me dispense de discuter cette philosophie. Je ne m'en réserve pas moins la faculté de penser que l'impôt ne saurait avoir rien de commun avec une assurance ; que la société n'est point *un amphithéâtre où l'on est libre de ne pas entrer* ; que l'impôt doit être non facultatif, mais obligatoire, non volontaire, mais forcé ; qu'enfin l'impôt ne doit pas être *proportionnel*.

Il y aurait une observation à faire en faveur du projet d'impôt de M. de Girardin : c'est qu'il cherche à épargner les facultés personnelles et le travail, et à peser de tout son poids sur la propriété foncière et sur le capital artificiel. Je ne juge pas les systèmes que j'expose : je tâche seulement d'en faire apprécier la méthode ; d'ailleurs, la question de l'impôt est beaucoup trop vaste et considérable pour qu'il me soit permis de ne l'aborder que superficiellement ; je dirai cependant que l'idée de M. de Girardin semble éminemment libérale, et même démocratique. Que répondrait pourtant l'auteur si je lui faisais remarquer que le capitaliste trouvera toujours moyen de faire payer l'impôt parle travailleur ? Mais comment le pourrait-il ? En vendant plus cher l'usage de son capital. Ainsi cet impôt, proportionnel au capital foncier ou artificiel, serait meilleur que l'impôt actuel, proportionnel au revenu ; toutefois, il ne serait pas parfaitement juste.

Cela dit, j'emprunte à M. de Girardin les éléments d'un jugement sur l'impôt tel qu'il le comprend. Il en dit lui-même, avec quelque sévérité :

« S'il n'est pas parfaitement juste, il est absolument faux.

S'il n'est que meilleur, il ne vaut rien.[2] »

§ 4. L'École économiste et la production de la richesse

Quittons, quittons les régions malsaines de l'empirisme, et

1 *Idem*, p. 134.
2 *Le Socialisme et l'Impôt*, p. 124.

courons respirer l'atmosphère salubre de la science. En présence
de la question sociale, nous ne voyons plus qu'un parti d'hommes
plus consciencieux à vrai dire que hardis, mais peu jaloux d'affecter
le fanatisme et le farouche orgueil des dictateurs en disponibilité,
la turbulence des tribuns, ou la suffisance des hommes d'État
incompris. Ce sont les économistes : M. Louis Blanc les dédaigne,
M. Proudhon les injurie ; le plus grand nombre des socialistes se
borne à les ignorer ; et ils ne sont guère connus de la foule peu
curieuse de principes en général, et ne s'inquiétant guère que
d'applications, fussent-elles utopiques. Les économistes n'en
poursuivent pas moins, malgré ces mécomptes, leurs investigations
scientifiques ; et les vérités qu'ils atteignent laborieusement les
vengent assez en ruinant les résultats douteux préconisés par tous
les empiriques.

En parlant ainsi des économistes, j'entends parler surtout de
l'économie. Il m'importe assez peu que dans l'œuvre souvent
considérable de tel ou tel auteur il se trouve, à côté de théories vastes
et profondes, quelques lacunes. Je ne suis pas non plus dérouté si je
vois, au sujet d'une question capitale, tel ou tel professeur hésiter ou
se fourvoyer. Au-dessus des savants, il y a la science elle-même qui,
de sa naissance à l'apogée de sa gloire, grandit peu à peu, suivant
sa voie, persistant dans ses tendances. L'économie politique n'est
point dans le dernier ouvrage publié sous le nom de Cours ou de
Manuel ; elle est dans la somme des vérités qui se sont imposées en
son nom, elle est dans la tradition fidèlement maintenue depuis le
jour où on l'a fondée jusqu'au moment présent. C'est là qu'elle est,
aussi fière de ses défaites passagères que de ses triomphes définitifs.
J'appelle économistes les hommes qui préfèrent l'honneur de se
rallier à cette tradition à la gloriole douteuse de paraître apporter
au monde de prophétiques révélations.

L'utilité des choses qui peuvent concourir à la satisfaction des
besoins des hommes les fait généralement demander ; la rareté
relative de ces mêmes choses ne permet de les offrir à la demande
générale qu'en quantité limitée. D'où la valeur d'échange et l'échange
nous apprend l'économie politique. La *valeur* a donc son origine
dans la limitation en quantité des utilités qui les fait rares. Il suit de
là qu'elle a sa mesure dans les circonstances respectives de l'*offre et
de la demande* qui se produisent sur le marché.

Léon Walras

Lorsque les objets marchands résultent de l'application du travail à quelque matière première, la somme de la valeur vénale de la matière première, du loyer des instruments de travail, du salaire des travailleurs, constitue le prix de revient ou les frais de production des objets. La valeur vénale de ces mêmes objets ainsi produits se déterminant ensuite naturellement sur le marché, peut être inférieure, égale, ou supérieure au prix de revient. Dans le premier cas, la différence constitue une perte ; dans le dernier, elle constitue un bénéfice, lequel s'ajoute au profit du capital d'entreprise ou au salaire du travail de l'entrepreneur.

Le système de la *liberté du travail* ou de la libre *concurrence*, est celui qui consiste à n'apporter aucune entrave soit à la demande qui se fait en vue de la consommation, soit à l'offre qui se fait par suite de la production. La liberté de la production surtout a toujours été chaudement réclamée par les adhérents à ce système dont la formule, célèbre dans l'histoire de l'économie politique, est celle-ci : — *Laissez faire, laissez passer* ; ce qui veut dire : — laissez produire et laissez échanger.

La formule du laissez-faire et du laissez-passer n'est point nouvelle. Nous la tenons des physiocrates. Le principe de la liberté du travail fut proclamé solennellement en même temps qu'appliqué par Turgot dans l'édit de 1776. Ainsi Ton peut dire que le système de la liberté de la production est né avec l'économie politique.

On peut dire aussi que la libre concurrence et la science économique ont grandi côte à côte. Aujourd'hui, dans la pratique, nous nous acheminons vers la liberté de plus en plus absolue du marché ; et cette marche nous est tracée par les économistes, fidèles, en cela du moins, aux premières inspirations des physiocrates. Cette tendance est caractéristique de l'école. Tous les économistes en renom combattent sans relâche, en tout et partout, les monopoles, les privilèges et les prohibitions. Liberté est leur devise. Il en est quelques-uns qui se défendent de vouloir étendre leur principe à la morale, à la politique, à la religion ; mais tous le soutiennent en matière de production, et tous revendiquent avec orgueil la qualification d'école *libérale* que certains démocrates leur rejettent avec colère ou avec mépris, que d'autres, il faut le dire, prétendent leur contester.

« Si l'école du *laisser faire* et du *laisser passer*, dit M. Vacherot, aboutit à la consécration de tous les privilèges et de toutes les servitudes économiques, n'est-elle pas convaincue d'être aussi contraire à la liberté qu'à la justice ? Les intentions de cette école sont excellentes : elle veut la liberté, la dignité, le bonheur de tous, et se flatte toujours que la libre concurrence amènera cet âge d'or. Mais, en attendant, ses adversaires lui font le reproche de se résigner trop facilement à la misère, à la dégradation, à la servitude actuelle des classes populaires,… L'école libérale a horreur de tout ce qui ressemble à une gêne, aune entrave, à une sujétion quelconque ; elle ne veut pas entendre parler de l'organisation du travail ; elle tient en grande défiance l'association des travailleurs. Le salariat, que le socialisme veut détruire à tout prix, est pour elle le travail libre par excellence ; et comme cet état de choses entretient la misère des masses, cette école ne voit pas que sa manière d'entendre la liberté n'engendre que servitude. »—Cette accusation est cruelle : il faut y répondre : et puisque c'est un philosophe à qui nous parlons, il nous sera bien permis de fonder notre réponse sur les prémisses que nous avons établies.

Nous avons distingué, dans l'économie politique, une science de la nature et des causes de la richesse des nations, un art des moyens par lesquels une société donnée peut augmenter le plus possible son bien-être. Conformément à cette définition, nous avons fait sortir la théorie du travail du domaine des faits naturels soumis à des lois, pour le faire entrer dans le domaine des faits actifs soumis à des règles. Faut-il, en vue de la plus grande augmentation possible de richesse, opter pour la concurrence ou pour les monopoles et les privilèges, pour les prohibitions ou pour le libre-échange ? Telle est la question qui nous est posée ; et c'est une question qui rentre dans l'art de la production.

Disons donc d'abord que nous ne sommes point ici au point de vue du juste, mais à celui de l'utile. Est-ce à dire que nous immolons la morale, à l'intérêt ? Nullement ; mais nous cherchons la richesse ; je ne dis pas le bien-être de quelques privilégiés, je dis le bien-être de tous ; et nous pensons que la justice n'aura point à s'en plaindre, car nous ne croyons point aux antinomies.

Disons ensuite que s'il est quelque chose d'assuré et d'incontestable, c'est que les règles de l'art doivent être fondées uniquement sur les lois de la science, c'est que la théorie de la production doit sortir tout entière de la théorie de la valeur d'échange, c'est que le principe soit de la concurrence, soit du monopole ne saurait avoir de base que dans l'étude et la connaissance des faits dont la richesse sociale est le théâtre. Cette méthode seule est scientifique, toute autre serait empirique. Cette méthode seule est sûre, toute autre n'aboutirait qu'à l'erreur. Si la théorie de la liberté du travail et de la concurrence est en conformité incontestable avec les faits naturels, la pratique de cette théorie est excellente, excellente au point de vue du bien-être, excellente au point de vue de la justice ; et les socialistes qui l'attaquent l'auront peu, ou point, ou mai examinée. Qui sait ? Ils auront peut-être accusé la liberté de la production et de l'échange d'une misère et d'une servitude qui sont le seul fait du privilège et du monopole ?

C'est un fait que la somme des choses utiles que nous pouvons appliquer à la satisfaction de nos divers besoins est limitée dans sa quantité. Ce fait est le premier que constatent les économistes : ils le constatent sans s'émouvoir ; des empiriques impatients et superficiels ont pu leur reprocher de ne pas en même temps le déplorer ; mais aucun philosophe ne saurait leur en vouloir d'énoncer simplement et sans regrets puérils un fait qui nous condamne au travail et au progrès.

Quoi qu'il en soit, ce fait établi, il en découle une conséquence immédiate et bien évidente : c'est que l'économie politique doit assigner pour tâche à la production d'augmenter la somme des utilités, et pour but de pourvoir aussi complètement que possible à la satisfaction des besoins des hommes. Créer intelligemment de la richesse, telle est la règle générale de la production. Cette richesse une fois produite, on s'occupera de la distribuer entre les membres de la société conformément aux principes de la morale ; mais cela est une question bien caractérisée et bien différente. Si la distribution doit être équitable, la production n'est tenue qu'à être : 1° *abondante*, et 2° *proportionnée* : abondante de telle sorte que chaque besoin particulier soit amplement satisfait, proportionnée afin que tels ou tels besoins ne demeurent pas totalement inassouvis, tandis que tels ou tels autres seraient comblés outre mesure.

Si les hommes vivaient isolés, il n'y aurait évidemment qu'à s'en remettre à chacun d'eux du soin de pourvoir individuellement

INTRODUCTION À L'ÉTUDE DE LA QUESTION SOCIALE

à ses besoins. Mais les hommes ont l'instinct social, et d'ailleurs l'observation démontre qu'en s'associant, et en se divisant entre eux le travail, ils obtiennent des résultats incomparablement plus féconds ; par où l'on voit comment concordent la nécessité des faits naturels et notre intérêt d'utilité. Pour deux raisons dont une au moins est une nécessité, il convient donc que la théorie de la production parte du fait de la société et du principe de la division du travail. Reste à déduire les règles particulières de ce principe général :—Qu'il faut que les hommes en société, se divisant le travail, poursuivent une production de richesse abondante et proportionnée.

Quant à ce qui est de la première condition, celle de l'abondance, il est certain que les faits de la société et de la division du travail n'en compliquent nullement l'exécution. Car pour remplir cette condition, il n'y a qu'à s'en rapporter, à l'état social avancé comme à l'état censé naturel et primitif, à l'intérêt privé des hommes qui leur commande de travailler d'autant plus qu'ils veulent jouir davantage ; et il suffit seulement que la société, en imposant à chacun la division du travail, lui assure, par l'équité des lois de la propriété et de la distribution, l'entier bénéfice des résultats de sa peine. Par où l'on voit comment la justice vient à l'appui du bien-être.

Passons à la seconde condition, celle de la proportion dans la production. Celle-là semble surtout d'intérêt général, et l'exécution en paraît plus difficile à poursuivre avec la seule ressource de l'intérêt individuel.

Il s'agit d'arriver à ce but que tel ou tel objet de consommation venant relativement à manquer, tandis que tel ou tel autre abonde relativement, la production se détourne de celui-ci pour se porter sur celui-là. La première idée et la plus simple, mais, il faut le dire, la plus superficielle en même temps que la plus facile, c'est de faire intervenir l'autorité. Les souliers abondent, le pain manque. Vite ! un édit pour enrôler des boulangers, en les allant chercher parmi les cordonniers. Cette pratique qui répond à la théorie des politiques à courte vue et des réformateurs ignorants de notre temps fut celle de notre société à son bas âge. L'expérience l'a condamnée en démontrant que l'autorité était incapable non-seulement de prévoir, mais de terminer même, quand elles se produisaient, les crises de la production.

À défaut de l'autorité, nous adresserons-nous à la fraternité ? Cène serait guère que tomber de Charybde en Scylla ; car c'est en de pareilles circonstances que le socialisme fraternitaire aime à produire, comme un *deus ex machina*, quelque dictateur, quelque père suprême, ou quelque pontife.

Récusant l'autorité sous toutes ses formes, invoquerons nous la liberté politique ? L'expérience qui a condamné l'inter vention de l'autorité en matière d'économie, l'a, me dit-on, condamnée aussi sur bien d'autres chefs. On la considère en général aujourd'hui comme un principe tutélaire pour les peuples adolescents, funeste aux peuples mûrs. On reconnaît, paraît-il, qu'il est un grand nombre de questions où l'action d'un pouvoir central quelque peu despotique est avantageusement remplacée par l'initiative des majorités locales. Soumettons en conséquence les questions de production à la libre discussion de la presse et de l'opinion ; confions-en la solution à la commune agissant par elle-même ou par ses fondés de pouvoirs.

Non ; tout cela serait inutile : il y a beaucoup mieux. Il ne suffit pas, par le fait, d'empêcher toute intervention de l'autorité politique en matière d'économie ; il convient aussi de soustraire la production à toute espèce d'action administrative, ou plutôt il est parfaitement superflu de l'y soumettre. Les difficultés politiques fussent-elles même remises à l'autorité, les questions économiques y échapperaient encore ; ici en effet l'intérêt privé concourt naturellement et de lui-même à la satisfaction de l'intérêt général. Et, pour tout dire, la proportion dans la production s'établit, comme on va voir, à la seule condition qu'on veuille bien seulement prendre la peine de ne rien faire. Tant il est vrai que nous sommes, en traitant de la production, aux seuls points de vue harmoniques de la vérité et de l'utilité, et que nous avons eu pleine raison d'écarter le point de vue moral.

La valeur d'échange des choses utiles a son origine dans leur limitation en quantité, elle a sa mesure dans leur rareté relative, ou dans le rapport de la demande à l'offre. C'est là le second fait énoncé par la science économique. Par conséquent les choses qui sont relativement le plus demandées et le moins offertes seront aussi celles qui auront, sur le marché, la valeur la plus haute ; et réciproquement, celles qui seront relativement le plus offertes et le moins demandées auront, sur le marché, la valeur la plus basse. Que les souliers abondent et que manque le pain, le prix vénal du pain augmentera, le prix vénal des souliers diminuera dans le rapport de leur rareté respective.[1] D'autre part, il est certain que, dans une société où le principe de la division du travail est appliqué, chacun travaillant en vue de l'échange de ses produits, l'intérêt privé du travailleur ne lui commande pas seulement de produire beaucoup, mais qu'il lui commande aussi de produire les objets marchands qui sont relativement très-demandes et peu offerts ; car la vente de ces objets se faisant à un prix vénal fort élevé, il restera pour le producteur, déduction faite du prix de sa matière première et du loyer de ses instruments, une part considérable représentant le salaire de son travail.

Ainsi, d'une part, les objets acquièrent une valeur plus ou moins haute ou basse suivant qu'il manquent ou qu'ils abondent : et d'autre part, l'intérêt privé des producteurs les pousse à produire les objets qui ont la plus grande valeur d'échange. Il se trouve donc en définitive qu'ils s'empresseront de produire les objets dont le besoin se fait sentir, et de combler les vides dont peut souffrir et se plaindre la consommation. Leur intérêt privé est donc en conformité parfaite avec l'intérêt général.

La production des souliers va diminuer, et elle ne diminuera pas au delà des limites convenables, sans quoi elle augmenterait bien vite. La production du pain augmentera, et elle augmentera d'une façon raisonnable, sans quoi elle viendrait bientôt à diminuer. Ce que nous disons ici du pain et des souliers pouvant s'appliquer à toute espèce d'objets de consommation, il en résulte que la fatalité providentielle des lois naturelles suffit à réglementer la production sous le rapport de la condition de proportion.

De quoi il ressort que la division du travail étant pratiquée, et que la théorie de la distribution étant constituée de façon à satisfaire intégralement aux droits individuels de propriété du travailleur

1 « La valeur du blé monte au double du moment où la quantité livrable est affaiblie d'un cinquième, et au triple quand cette quantité est affaiblie d'un quart. » (H. Passt, Valeur. Dictionnaire de l'Économie politique, T. II, p. 811.) Le rapport dont nous parlons n'est donc pas simple ; il n'en est pas moins mathématique.

Léon Walras

sur le fruit de son travail, le principe de la liberté absolue du travail et de l'échange, ou le principe du *laissez faire, laissez passer*, est le principe souverain de la production, vu qu'il est tout à la fois nécessaire et suffisant à l'existence d'une production, de richesse abondante et proportionnée. Qu'opposent à ces raisonnements nos adversaires ?

« La question est donc celle-ci : La concurrence est-elle un moyen d'assurer du travail au pauvre ? Mais poser la question de la sorte, c'est la résoudre.[1] »

C'est la résoudre empiriquement ; car c'est la poser en la mutilant. Nous discutons des principes ; c'est-à-dire que nous devons opérer rationnellement. Or, au point de vue d'une société idéale, le mot de pauvre n'a point de sens économique : car un homme, dans une pareille société, est toujours riche au moins de ses facultés personnelles, lesquelles constituent un capital dont le travail est le revenu. Il n'y a de pauvres que les malades, les infirmes, les paresseux ; et tous ces gens sont sous la juridiction de la charité, en dehors du droit économique. La société n'a pas à leur assurer du travail plus particulièrement qu'à personne. La question véritable est donc celle-ci : — La concurrence est-elle un moyen d'empêcher le travailleur de jouir intégralement du revenu de ses facultés ?

« Qu'est-ce que la concurrence relativement aux travailleurs ? C'est le travail mis en enchères. »

Évidemment ! c'est-à-dire que c'est l'assimilation du travail, revenu d'un capital, aux autres revenus des autres capitaux. La concurrence, c'est la détermination de la valeur d'échange du travail sur le marché, où se déterminent également la valeur d'échange de la rente foncière, du loyer des capitaux ; c'est l'uniformité régulière dans la fixation du salaire, du fermage, du profit.

« Un entrepreneur a besoin d'un ouvrier : trois se présentent. — Combien pour votre travail ? — Trois francs : j'ai une femme et des enfants. — Bien. Et vous ? — Deux francs et demi : je n'ai pas d'enfants, mais j'ai une femme. — À merveille. Et vous ? — : Deux francs me suffiront : je suis seul.— A vous donc la préférence. C'en est fait : le marché est conclu. Que deviendront les deux prolétaires exclus ? Ils se laisseront mourir de faim, il faut l'espérer. Mais

---

1 Louis Blanc, *Organisation du Travail*, p. 26.

INTRODUCTION À L'ÉTUDE DE LA QUESTION SOCIALE

s'ils allaient se faire voleurs ? Ne craignez rien, nous avons des gendarmes. Et assassins ? Nous avons le bourreau. Quant au plus heureux des trois, son triomphe n'est que provisoire. Vienne un quatrième travailleur, assez robuste pour jeûner de deux jours l'un, la pente du rabais sera descendue jusqu'au bout : nouveau paria, nouvelle recrue pour le baigne, peut-être ! »

Voilà pourtant comme on se jette parfois dans une question avec toute la furie du sentiment, au lieu d'y pénétrer avec le calme de la raison. Au nom de la démocratie, et dans l'intérêt de la question sociale, je proteste contre une pareille méthode qui ne peut avoir pour résultats que d'obscurcir la vue des publicistes et de troubler l'âme des lecteurs. Encore une fois, abordons la science froidement, et surtout maintenons-nous toujours dans des régions qui soient inaccessibles aux passions populaires.

Écartons donc ce cortège fantasmagorique de femmes et d'enfants, de voleurs et d'assassins, de gendarmes et de bourreaux ; et voyons ce qu'il peut y avoir d'arguments économiques derrière les excès d'empirisme de M. Louis Blanc.

L'auteur met en scène trois ouvriers et un entrepreneur. Qu'est-ce qu'un entrepreneur ? Que sont des ouvriers ? Pour produire la plupart des objets marchands, il faut, comme nous l'avons dit, trois choses : 1° de la matière première, 2° des instruments de travail, 3° du travail. Un entrepreneur est un capitaliste qui possède les deux premiers de ces éléments ; les ouvriers disposent seuls du troisième.

Que l'entrepreneur ait une tendance à restreindre les salaires, cela est évident. Il l'aura dans un double but : et pour grossir d'autant le loyer de son capital, et pour diminuer ses prix de revient et de vente et s'attirer la clientèle. Il est encore évident que c'est la concurrence qui lui inspire cette tendance, au moins pour le second motif. Mais la concurrence qui le pousse à diminuer les salaires lui permet-elle de les abaisser indéfiniment ? voilà la question. Or si la passion superficielle tranche le problème affirmativement, le raisonnement approfondi le résout par la négative. La science impartiale constate une tendance des ouvriers à élever les salaires, tendance favorisée par la concurrence des entrepreneurs, et capable de balancer la première et de maintenir le taux des salaires à l'équilibre normal de leur valeur naturelle. Pour mettre ce fait en lumière, il nous suffira de compléter la peinture du marché, et d'achever le tableau dont M. Louis Blanc n'a reproduit que la moitié. « Un ouvrier cherche un entrepreneur : trois se présentent. —Combien pour mon travail ?— Deux francs : je désire abaisser mes prix de revient et de vente, et grossir le profit de mon capital.—Bien. Et vous ?—Deux francs et demi : les produits sont demandés par les consommateurs ; en abaissant mes prix de vente et en vendant beaucoup, je trouverai encore moyen de réaliser de beaux bénéfices.—À merveille. Et vous ?—Trois francs : j'abaisserai mes prix de vente, je vendrai beaucoup, et je me contenterai d'un moindre profit de mon capital.—À vous donc la préférence, etc., etc. »

Interrogez la réalité. Vous apprendrez qu'en effet, par l'application du principe de la concurrence, les prix de vente baissent à l'avantage de tous les consommateurs, travailleurs et autres, le chiffre des affaires s'élève, et le profit des capitaux se réduit. C'est l'intérêt privé qui pousse les entrepreneurs à diminuer les salaires ; c'est l'intérêt privé qui pousse les ouvriers à les faire augmenter. C'est la concurrence des ouvriers qui soutient les entrepreneurs ; c'est la concurrence des entrepreneurs qui protège les ouvriers. La concurrence fait l'équilibre. Et pour troubler cet équilibre dans le sens accusé par M. Louis Blanc, que faudrait-il ? Une coalition d'entrepreneurs que la loi peut réprimer ou qu'elle peut rendre inoffensive en ne défendant pas les coalitions d'ouvriers.

« Dira-t-on que ces tristes résultats sont exagérés ; qu'ils ne sont possibles, dans tous les cas, que lorsque l'emploi ne suffit pas aux bras qui veulent être employés ? Je demanderai, à mon tour, si la concurrence porte par aventure en elle même de quoi empêcher cette disproportion homicide ? »

Demandez, et l'on vous répondra que non-seulement la concurrence porte en elle-même de quoi prévenir les crises dont vous parlez, mais qu'il n'y a même que le seul système de la liberté du travail et de la production qui puisse empêcher cette disproportion homicide, et cela non par aventure, niais par nécessité de nature et de logique.

Si telle industrie manque de bras, qui m'assure que, dans cette immense confusion créée par une compétition universelle, telle

INTRODUCTION À L'ÉTUDE DE LA QUESTION SOCIALE

autre n'en regorgera pas ? »

Qui vous en assure ? L'harmonie tout à la fois fatale et providentielle des lois naturelles, et la certitude des principes et, des déductions, si vous vouliez bien consentir à les exa miner. Vous sauriez alors que ce qu'il vous plaît de nommer une immense confusion est un ordre immense.

« Or, n'y eût-il, sur trente-quatre millions d'hommes, que vingt individus réduits à voler pour vivre, cela suffit pour la condamnation du principe. »

Oui, s'il est bien établi que c'est l'application du principe qui pousse au vol ces individus. Mais aussi, sur trente-quatre millions d'individus, y eût-il trente-trois millions de voleurs, cela ne suffirait pas pour la condamnation d'un principe, si le principe est bon, parce qu'alors il serait impossible que ce principe pût être considéré comme étant la cause du désordre. Or le principe de la concurrence repose logiquement sur des faits inattaquables ; sur ce fait que la somme des choses utiles est limitée dans sa quantité ; sur cet autre fait que la valeur d'échange a son origine dans cette limitation et sa mesure dans les circonstances comparatives de la somme des besoins à la somme des provisions, dans le rapport de la demande à l'offre. Le principe de la concurrence repose encore sur le fait de la division du travail. Pour ces raisons, le principe de la concurrence est absolu. Si donc il y a dans notre société *misère des masses, privilège, servitude* ; s'il y a désordre, en un mot, ce que je ne songe point à nier, il est également vrai qu'il faut chercher la cause de ce désordre dans un autre principe que celui de la liberté du travail et de la production. Et même il la faudrait voir peut-être avant tout dans ce fait que nous sommes loin d'en avoir encore fini avec tous les règlements plus ou moins autoritaires, avec les systèmes dits : *mercantile, protecteur, colonial* ; avec les lois des pauvres, la limitation du travail ; avec les lois de maximum, les lois sur l'usure ; avec les altérations des monnaies, le travail des prisonniers, l'organisation de certaines industries en monopole, etc., etc.

§ 5. L'école économiste et la distribution de la richesse.

« Une révolution sociale ! suffit-il de la vouloir pour l'accomplir ?...

Léon Walras

Ah ! vous êtes jaloux de la gloire d'accomplir une révolution sociale, eh bien ! il fallait naître soixante ans plus tôt, et entrer dans la carrière en 1789... Dans ce temps- là en effet tout le monde ne payait pas l'impôt. La noblesse n'en supportait qu'une partie, le clergé aucune,...[1]»

Qui parle ainsi ? C'est M. Thiers s'exprimant dans son *langage libre, véhément, sincère, comme il a toujours été, comme il sera toujours.*[2]

« ...Ce qui est fait n'est plus à faire... Y a-t-il, en effet, quelque part un four ou un moulin banal à supprimer ? Y a-t-il du gibier qu'on ne puisse tuer quand il vient sur votre terre ?... Y a-t-il d'autre inégalité que celle de l'esprit, qui n'est pas imputable à la loi, ou celle de la fortune, qui dérive du droit de propriété[3] ? »

Eh ! mon Dieu, peut-être bien, monsieur Thiers. Et si cette inégalité existe, nous la voulons découvrir ; et si tout au contraire elle n'existe pas, nous voulons nous en convaincre. Et si les socialistes se sont trompés, nous le leur ferons voir. Pourquoi tant de *véhémence* ? — Mais laissons M. Thiers voler à la défense de la propriété : car aussi bien son impétuosité naturelle est si grande qu'on a de la peine à le contenir.

Comment procède M. Thiers ? Il ne cherche, croyez-le bien, l'origine et le fondement de la propriété ni dans le droit divin, ni dans le droit du plus fort, ni dans le droit du premier occupant. Non ; mais où donc le cherche-t-il ? Dans l'*instinct* ! Ainsi, dès le premier pas qu'il fait, voilà M. Thiers embourbé, côte à côte avec M. Proudhon, dans les marais de l'empirisme. Tous deux de concert confondent la propriété qui est un droit avec l'appropriation qui est un fait. La propriété n'est plus ni pour l'un ni pour l'autre un pouvoir moral, apanage exclusif des personnes raisonnables et libres ; la propriété est un fait instinctif. Mais, à ce compte, les animaux sont aussi susceptibles d'être propriétaires que l'homme ? — Évidemment, selon M. Thiers.

« Les naturalistes en voyant un animal qui, comme le castor ou l'abeille, construit des demeures, déclarent sans hésiter que l'abeille, le castor sont des animaux constructeurs. Avec le même fondement, les philosophes, qui sont les naturalistes de l'espèce

1 M. A. Thiers, *De la Propriété*, p. 11.
2 Idem, p.6.
3 Idem, p.13.

humaine, ne peuvent-ils pas dire que la propriété est une loi de l'homme, qu'il est fait pour la propriété, qu'elle est une loi de son espèce ! Et ce n'est pas dire assez que de prétendre qu'elle est une loi de son espèce, elle est celle de toutes les espèces vivantes. Est-ce que le lapin n'a pas son terrier, le castor sa cabane, l'abeille sa ruche ? Est-ce que l'hirondelle, joie de nos climats… etc., etc.[1] ?»

Oui, monsieur Thiers, le lapin a son terrier ; mais, faut-il donc vous l'apprendre ? il en est possesseur et non propriétaire. Le castor a sa cabane ; mais il n'a pas sur elle un droit de propriété. L'abeille a sa ruche ; mais elle en est si peu propriétaire que vous avez, vous, sans le savoir et sans savoir pourquoi, le droit de la lui ravir, et que vous la lui ravissez. Que répondriez-vous donc à l'abeille si, quand vous vous emparez tout à la fois de sa ruche et de son miel, elle vous traitait de voleur ou de socialiste ? Sauriez-vous lui dire qu'elle n'est qu'un animal dominé par l'instinct, et que vous êtes un homme raisonnable et libre ? qu'elle est une *chose* et que vous êtes une *personne* ? qu'elle n'a ni droits ni devoirs, que vous avez, vous, le droit et le devoir d'accomplir votre destinée, de l'accomplissement duquel votre liberté vous fait responsable ? Le sauriez-vous ? J'ai tout lieu d'en douter. Mais heureusement les abeilles ne lisent point M. Thiers ; et elles ignorent ses doctrines subversives et plus que démagogiques.

Telle est la philosophie de M. Thiers ; nous aurons occasion de juger tout à l'heure son économie politique ; l'une et l'autre se valent. Toutefois, pour être juste, il faut bien reconnaître que l'auteur, malgré sa médiocrité scientifique, et tout en n'unissant à une grande pauvreté d'idées qu'une platitude assez remarquable de style, parvient à constituer une apparence de théorie de la propriété. Nous avons constaté par avance que la base en était tout empirique ; constatons aussi que cette théorie, par elle-même, n'est rien moins que philosophique.

M. Thiers établit : — *Que l'homme a dans ses facultés personnelles une première propriété incontestable, origine de toutes les autres.* (Chapitre IV.)

Cette première propriété est incontestable, je le veux bien. Le fait est pourtant qu'elle a été contestée. M. Thiers le nie ; je l'affirme.

---

1 *De la Propriété*, p. 27.

Léon Walras

« Ces pieds, ces bras, ces mains sont à moi, incontestablement à moi… Si quelqu'un y touchait, si quelqu'un marchait méchamment sur f un de mes pieds, je m'irriterais, et si j'étais assez fort je me jetterais sur l'offenseur pour me venger…

C'est là une première propriété incontestable,…pour laquelle on peut m'envier, me haïr ; mais dont on ne songera jamais à m'enlever une partie pour la donnera d'autres,…[1]

Et qu'était-ce un peu que l'esclavage dans l'antiquité ? qu'est-ce encore que l'esclavage dans les temps modernes, sinon l'appropriation légale des facultés de certains hommes par d'autres hommes ? Et d'où vient donc qu'en ce chapitre IV si favorable, il n'y a pas un traître mot, dans le livre de M. Thiers, au sujet de l'esclavage ? Est-ce faiblesse de raison, impuissance de logique pour le condamner ? Est-ce manque de cœur, absence de foi pour le flétrir ?

M. Thiers établit encore : — *Que de l'exercice des facultés de l'homme, il nait une seconde propriété, qui a le travail pour origine, et que la société consacre dans l'intérêt universel.* (Chapitre V.)

Et ici encore quelques lignes touchant le servage n'eussent-elles point fait un bon effet ? Dans un ouvrage de la propriété réellement scientifique , l'historique de la question n'en eût-il pas merveilleusement complété l'élaboration rationnelle ? Mais ces deux éléments, chez M. Thiers, font absolument défaut l'un et l'autre.

M. Thiers s'occupe ensuite, en plusieurs chapitres, de définir très-imparfaitement le droit de propriété ; puis il conclut : —*Qu'il résulte de tout ce qui précède, que le travail est le vrai fondement du droit de propriété.* (Chapitre XXI.)

Arrêtons - nous ici ; et laissons l'auteur foudroyer tour à tour le communisme et le socialisme, puis enfin élaborer l'impôt. 11 ne se peut rien imaginer de plus superficiel, de plus incohérent, de plus faible que cette seconde partie du livre sinon la première. Mais que nous servirait-il de réfuter ces déductions, si nous parvenons à dévoiler la complète nullité des principes ?

N'ayant point épargné les socialistes, je ne ménagerai pas M. Thiers. Aussi bien, dans leur empirisme, les socialistes sont-ils cent

1 *De la Propriété*, pp. 31, 33.

INTRODUCTION À L'ÉTUDE DE LA QUESTION SOCIALE

fois plus excusables que M. Thiers dans le sien.

S'égarer quand seul et sans guide on s'aventure dans l'obscurité d'une science pressentie , mais à peine entrevue, cela est après tout, peut-être honorable. Mais promettre de *démontrer l'évidence, entreprendre une démonstration lente, méthodique des vérités jusqu'ici les plus reconnues*[1] ; puis n'aboutir qu'à compromettre ces vérités, qu'à obscurcir cette évidence, cela serait infiniment ridicule si ce n'était encore plus dangereux.

L'exemplaire du livre : De la propriété, par M. A. Thiers. que j'ai sous les yeux, est un exemplaire d'une *édition populaire à un franc, publiée sous les auspices du Comité central de l'Association pour la Défense du Travail national.* La couverture invite le lecteur par un N. B. *à voir, à la première page, la circulaire de l'Association.* Pénétrons-nous des intentions de cette circulaire.

« Un livre, y est-il dit, qui vient de paraître, nous a semblé éminemment propre à remplir le but que nous poursuivons, c'est celui que M. Thiers a publié sous le titre : *De la Propriété.* Ce livre, déjà traduit et tiré en Angleterre à cent mille exemplaires, que l'Allemagne et l'Espagne se sont également empressées de traduire, et dont la Belgique a fait une édition populaire, a été considéré partout comme la meilleure réponse à ces attaques systématiques dirigées par différentes sectes contre l'ordre social.

L'œuvre de M. Thiers ne laisse en effet subsister aucun des paradoxes à l'aide desquels on a essayé de pervertir le bon sens des masses :…

« …Il importe que cet ouvrage reçoive la plus grande publicité, qu'il se répande dans les écoles et dans les ateliers, et que des lectures publiques habilement ménagées fassent descendre de l'instituteur à l'élève, du contre-maître à l'ouvrier, les excellentes doctrines du livre de M. Thiers. Ce sera le meilleur moyen de dissiper les funestes impressions qu'ont pu laisser les prédications du Luxembourg, et nous raffermirons ainsi nos populations laborieuses dans la pratique du bon et du juste. »

Puis donc que M. Thiers se pose en défenseur de l'ordre social et se fait accepter pour tel, c'est à lui seul qu'il faut s'attaquer. Et il faut faire voir combien cet Achille conservateur a compromis l'Ilion

---

[1] *De la Propriété*, p. 3.

Léon Walras

qu'il s'était chargé de défendre. Le travail est le vrai fondement du droit de propriété.— Soit ! L'idée que M. Thiers s'efforce ainsi d'exprimer est aussi la mienne. J'admets donc ce principe, sauf à protester encore une fois contre la démonstration matérialiste, *par le besoin*, qu'en a donnée l'auteur, sauf à faire encore une observation très-importante.

Le droit de propriété est un ; mais l'exercice de ce droit est complexe. La propriété est *individuelle* ou *collective*. D'où vient donc qu'il n'y a pas non plus, chez M. Thiers, la moindre trace de cette distinction ?

M. Thiers ne connaît absolument et uniquement qu'une forme de la propriété, la propriété individuelle. M. Thiers qui voit et qui conçoit les lapins propriétaires ne voit pas, ne conçoit pas les communautés propriétaires. N'est-ce point une lacune énorme et impardonnable ? car enfin, en fait et endroit, la propriété, collective existe. En fait, certaines congrégations, les hospices, un grand nombre de communes, des sociétés industrielles, l'État lui-même sont propriétaires. En droit, ils le peuvent être parfaitement : car il est aussi vrai que les congrégations, les hospices, les communes, les sociétés industrielles, l'État sont des personnes morales qu'il est vrai que les lapins n'en sont pas.

Où cela nous mène-t-il ? Je supplie le Comité central de l'Association pour la Défense du Travail national, si tant est que cette honorable association existe encore, de vouloir bien y réfléchir très sérieusement. Étant admise la famille, il faut la doter. Étant admis l'État, il lui faut un revenu, une fortune. Sous le régime féodal, constitué sur le modèle de la famille, le chef de l'État était propriétaire de la fortune de l'État : c'était encore la propriété individuelle, c'en était au moins la forme. De nos jours, le régime féodal étant proscrit, le droit de propriété de l'État ne peut pas être autre chose qu'un droit de propriété collective. Il faut alors de deux choses l'une : affirmer l'État ou le nier ; doter l'État ou le ruiner. Dans le premier cas, la propriété individuelle étant garantie, il faut immédiatement faire la part de la propriété collective. Dans le second cas, si l'on veut anéantir l'État et le dépouiller, il faut faire ce que fait M. Thiers.

M. Thiers constitue la propriété individuelle ; il se donne garde de souffler mot de la propriété collective. Il enfle sa voix fait les yeux ronds, appelle Croquemitaine le communisme et Croquemitaine le socialisme. Après quoi vient une soi-disant théorie de l'impôt d'un ridicule impayable. Que signifient ces malices de sophiste ? Et qui trompe-t-on ici ? Quelque niais !

Hâtons-nous d'en finir.

Le travail est le vrai fondement du droit de propriété individuelle, dirons-nous. Très-bien ; maintenant je dirai tout de suite à M. Thiers que la propriété ne porte que sur la richesse sociale, et qu'elle porte sur toute la richesse sociale. Or la richesse sociale, objet du droit de propriété, se partage en trois espèces : les facultés personnelles, le capital artificiel, la terre.

Le principe de l'auteur contient évidemment renonciation du droit de propriété des facultés personnelles.

Il contient également renonciation du droit de propriété du capital artificiel, fruit du travail et de l'épargne.

Reste la terre. Si la valeur de la terre a son origine et sa mesure dans la valeur du travail accumulé sur elle et du capital enfoui dans son sein ou réuni sur sa surface, la terre, économiquement parlant, est fille des facultés personnelles de l'homme ; et le principe de M. Thiers consacre la propriété foncière individuelle. Mais si la terre a. par elle-même, une valeur intrinsèque de capital, elle reste en dehors du principe de propriété tel que M. Thiers l'établit.

M. Thiers et M. Proudhon, toujours inséparables, se donnant la main sur le terrain de l'économie politique comme sur celui de la morale, disent : — « La terre ne vaut que par le travail et le capital artificiel. » Mais tous les économistes, Bastiat et ses disciples exceptés, répondent avec unanimité : — « Erreur ; la terre a, par elle-même, une valeur intrinsèque de capital. »

Donc : 1° le principe du droit de propriété, tel que M. Thiers l'a donné, basé sur l'instinct, est empirique ; 2° Il est incomplet, néglige la communauté, détruit l'État ; 3° Fût-il exact en partie, en tant que principe de la propriété individuelle, il n'expliquerait et ne justifierait point la propriété foncière.

N'en parlons plus.

M. Thiers n'est pas un économiste ; et ce n'est point avec lui qu'il convient de discuter la doctrine économique sur laquelle repose sa théorie de la propriété. Toute cette doctrine est contenue dans ce principe énoncé par Frédéric Bastiat : — « *Tout homme jouit gratuitement de toutes les utilités fournies ou élaborées par la nature, à la condition de prendre la peine de les recueillir ou de restituer un service équivalent à ceux qui lui rendent le service de prendre cette peine pour lui.*[1] »

En langage économique, cela veut dire :— « Il n'y a de richesse *sociale* que la richesse *produite* ; » ou bien encore ; — « *Le travail seul vaut et s'échange.* »

C'est donc à Bastiat que je dois m'adresser. Ici, je l'avoue, je me trouve dans un certain embarras. Je suis en présence d'un homme dont les intentions furent excellentes, les convictions sincères, les efforts soutenus. Cet homme a de chauds amis et des disciples nombreux. D'autre part, sa philosophie me semble mesquine, sa science fausse ; tout me commande de le dire et de le montrer. Vais-je tenter de faire descendre cet économiste convaincu et laborieux de son piédestal pour le renverser au niveau des socialistes et des conservateurs ? Quelle tâche ingrate 1 Je ne parle point des accusations de présomption et de témérité que je ne puis manquer de m'attirer : c'est un devoir facile pour moi que de braver ces légers désagréments si je crois posséder la vérité. Mais convient-il d'assimiler aux empiriques de toutes les catégories un homme qui s'est donné tant de mal pour obscurcir à ses propres yeux la lumière, qui a dépensé tant et de si douloureux efforts pour s'ériger à lui-même l'erreur en théorie raisonnée ? Honnête et malheureux Bastiat, tes idées n'ont jamais séduit qui que ce soit autant que ta candeur et ton courage me touchent ! Mais il s'agit ici de quelque chose de plus considérable que la réputation scientifique d'un homme de bien ; il s'agit des intérêts de la vérité, il s'agit de la gloire de ces harmonies providentielles que tu as pressenties et compromises ; et rien ne saurait m'empêcher de combattre ces doctrines que tu proposais à la franchise et à l'ardeur de la jeunesse française, en appelant sur elles, de tous tes vœux, un impartial examen.

Nous parlons de propriété. Où Bastiat va-t-il en chercher l'origine. Voit-il, d'une part, l'humanité tout entière avec le

---

1 F. Bastiat, *Harmonies économiques*. Propriété, Communauté.

INTRODUCTION À L'ÉTUDE DE LA QUESTION SOCIALE

couronnement supérieur de chacune de ses facultés : l'amour sympathique et esthétique, la raison, la liberté ? Voit-il, d'autre part, la nature impersonnelle ? Entrevoit-il la subordination morale de l'accomplissement des destinées aveugles et fatales à l'accomplissement des destinées clairvoyantes et libres, la réalisation du progrès économique par le travail et la propriété ? Non ; Bastiat fonde la propriété, comme M. Proudhon, comme M. Thiers, sur l'*intérêt personnel*. Il voit, d'une part, des besoins ; il voit, d'autre part, des *satisfactions* ; il constate des *efforts* ; il reconnaît de l'*utilité* ; et voilà le champ stérile et borné sur lequel il nous faut édifier la théorie de la distribution des richesses.

« Si l'on donne le nom d'*Utilité* à tout ce qui réalise la satis faction des besoins, il y a donc des utilités de deux sortes. Les unes nous ont été accordées gratuitement par la Providence ; les autres veulent être, pour ainsi parler, achetées par un *effort*.

Ainsi, l'évolution complète embrasse ou peut embrasser ces quatre idées:[1]

« Besoin { Utilité gratuite / Utilité onéreuse } Satisfaction

La théorie de la propriété va sortir de ce petit tableau.

Propriété, communauté, sont deux idées corrélatives à celles d'*onérosité* et de *gratuité* d'où elles procèdent.

Ce qui est *gratuit* est *commun*, car chacun en jouit et est admis à en jouir sans conditions.

Ce qui est *onéreux* est *approprié*, parce qu'une peine à prendre est la condition de la satisfaction, comme la satis faction est la raison de la peine prise.[2] »

Où sommes-nous ? Et quelle langue parlons-nous là ? Ai-je entre les mains l'œuvre d'un économiste, d'un savant, d'un philosophe, ou l'élucubration hâtive et superficielle de quelque médiocrité politique ? Et combien de pages me faudra-t-il pour signaler les erreurs dont fourmillent ces quelques lignes ?

Ce qui est onéreux est approprié, dit Bastiat. Certes, cela est

1 Harmonies économiques, Besoins, Efforts, Satisfactions.
2 *Idem.* Propriété, Communauté.

Léon Walras

vrai. Mais aussi ce qui est approprié est onéreux, voilà qui n'est pas moins vrai. De telle sorte qu'il serait inexact d'énoncer que l'appropriation procède de l'onérosité, ou que l'onérosité procède de l'appropriation. Ce qu'il serait exact de dire, c'est que l'appropriation et l'onérosité procèdent l'une et l'autre d'un même fait antérieur. Ce fait, que Bastiat ignore aussi complètement qu'il est possible, c'est la limitation dans la quantité des utilités, limitation qui rend du même coup les choses utiles : 1° valables et échangeables, 2° appropriables.

C'est là une première erreur. Elle est de peu d'importance à la rigueur. Mais que dire de la confusion que fait Bastiat entre l'appropriation et la propriété ? La propriété n'est point l'appropriation, c'est l'appropriation légitimée par la raison, par la justice. En confondant ces deux faits si différents, Bastiat anéantit d'un mot l'élément moral de la propriété, c'est-à-dire son élément essentiel, constitutif. En énonçant que la propriété procède de l'onérosité, il supprime le droit, foule aux pieds la personnalité, dégrade l'homme, avec M. Thiers, pour le rejeter au rang des brutes. Non, malgré M. Proudhon, malgré M. Thiers, malgré Bastiat, la propriété ne procède point de la nécessité, de l'instinct ; elle procède de la liberté.

Enfin, pense-t-on que j'aie oublié ma langue maternelle, pour venir me dire que l'utilité gratuite est le domaine de la communauté ? J'avais pensé jusqu'ici que le droit de propriété, simple dans son principe, s'exerçait sous deux modes : sous le mode de la propriété individuelle, et sous le mode de la propriété collective ou de la communauté. Je savais bien que des héritiers sont propriétaires en commun de meubles et d'immeubles avant licitation ; que des congrégations, que les hospices, que les communes, que certaines sociétés industrielles possèdent en commun des biens d'espèces diverses. Je n'ignorais point que tous les Français possèdent en commun des routes, canaux, édifices publics, etc., etc. L'on vient aujourd'hui m'apprendre que nous sommes propriétaires en communauté de l'air atmosphérique, que nous ne saurions posséder collectivement que de la richesse ainsi gratuite. Quelle ignorance profonde de la nature et du fondement du droit de propriété !

La propriété, dit Bastiat, *c'est le droit de s'appliquer à soi' ^même*

INTRODUCTION À L'ÉTUDE DE LA QUESTION SOCIALE

ses propres efforts, ou de ne les céder que moyennant la cession en retour d'efforts équivalents[1].—Voilà donc ce qu'est, pour Bastiat, le principe de la propriété ! Mais passons ; ce n'est point la question morale qui nous occupe ici, c'est le problème économique. Tout mutilé qu'il est, ce principe s'applique-t-il à l'ensemble de toute la richesse sociale ? Voilà ce qu'il s'agit d'éclaircir.

Selon Bastiat, —la valeur, c'est le rapport de deux services échangés.[2] L'invention de cette phrase avec celle du mot de *services* est, au dire des élèves de Bastiat, son plus beau titre de gloire. Reste à savoir ce que signifient le mot et la phrase.

S'il est un don que l'auteur n'ait point, c'est celui du style scientifique ; s'il est un talent qui lui manque, c'est celui d'énoncer une fois pour toutes son idée en termes suffisamment clairs et précis. Pour résumer en deux lignes quelques centaines de pages, je dirai que Bastiat nomme *service* l'effort fait par un individu pour la satisfaction du besoin d'un autre individu.

Maintenant je demande :—Comment s'évaluent les services dans l'échange ? Appelons le premier de nos deux individus vendeur ; appelons *acheteur* le second. La valeur du service, tel qu'il est défini, doit se mesurer soit sur l'effort du vendeur, soit sur le besoin de l'acheteur et sur la satisfaction de ce besoin. La valeur du service se mesure-t-elle sur l'effort du vendeur ? Nous arrivons tout simplement à cette hypothèse de l'école anglaise que la valeur se fonde sur le travail, se mesure sur les frais de production et le prix de revient. L'observation des faits contredit formellement cette hypothèse, et l'idée des économistes anglais n'est point celle de Bastiat. La valeur du service se mesure-t-elle sur le besoin de l'acheteur et sur la satisfaction de ce besoin ? Nous retombons ni plus ni moins dans la théorie de J.-B. Say qui met l'origine et la mesure de la valeur dans l'utilité ; et la réalité des phénomènes économiques s'oppose encore ici radicalement à cette conclusion que d'ailleurs Bastiat n'a point admise.

Enfin, que répond Bastiat ?—C'est que la valeur des services est proportionnelle non point à l'effort fait par le vendeur, mais à l'effort évité par l'échange à l'acheteur.

Simple question. Si nous sommes quinze cents personnes

1 *Harmonies économiques*, Propriété, Communauté.
2 *Harmonies économiques*, De la Valeur.

Léon Walras

écoutant au Conservatoire, les unes moyennant 10 francs, les autres moyennant 6 francs, d'autres enfin moyennant 4 francs, la symphonie *en la* de Beethoven, quel est l'effort que nous évite à tous la société des concerts ? L'effort de construire nous-mêmes une salle disposée dans des conditions d'acoustique favorables comme celle du Conservatoire ? L'effort d'écrire nous-mêmes la partition de la symphonie *en la* ? Ou l'effort de nous l'exécuter à nous-mêmes, comme le font MM. Alard, Franchomme et autres ?

La thèse de Bastiat n'est pas soutenable. Pourtant il faudrait voir à s'entendre- Cherchons, chez l'auteur même, un exemple. Un opulent et vaniteux banquier veut faire entendre dans ses salons une grande cantatrice — « Quelles sont les limites extrêmes entre lesquelles oscillera la transaction ? Le banquier ira jusqu'au point où il préfère se priver de la satisfaction que de la payer ; la cantatrice jusqu'au point où elle préfère la rémunération offerte à n'être pas rémunérée du tout. Ce point d'équilibre déterminera la Valeur de ce service spécial, comme de tous les autres.[1] »—À merveille ! Le banquier est très-opulent et très-vaniteux : il ira jusqu'à 10,000 francs ; il aimerait mieux se priver de la satisfaction qu'il recherche que de la payer plus cher. La cantatrice est gênée d'argent : elle acceptera bien 200 francs ; mais elle préférerait n'être point payée du tout plutôt que d'être payée moins cher. La transaction va donc osciller entre un maximum de 10,000 francs et un minimum de 200 francs ? Où s'arrêtera-t-elle ? Et de quel point d'équilibre nous parle-t-on ?

Ce point ne se trouvera pas ; la transaction ne s'opérera jamais dans les seules données établies par Bastiat. Si par hasard elle s'opérait, ce serait en dehors de toutes les circonstances ordinaires de l'échange.—C'en est je pense assez pour montrer qu'avec la seule ressource de la définition donnée par Bastiat de ses *services*, toute détermination de valeur est impossible.

Dans cette étude, je me propose plutôt, ainsi qu'on l'a pu reconnaître, de constater les erreurs de mes adversaires que de les redresser. Dans le cas présent, je ne puis guère me dispenser de compléter ma critique en comblant les lacunes de la théorie de Bastiat : c'est presque le seul moyen d'achever de les montrer. Voici donc ce que Bastiat n'a point vu et ce qu'il n'a point raconté.

1 *Harmonies économiques*, De la Valeur.

INTRODUCTION À L'ÉTUDE DE LA QUESTION SOCIALE

Il n'y a point qu'une cantatrice : il y en a dix de la même force ; et il n'y a point qu'un seul banquier opulent et vaniteux : il y a cent autres personnes aussi vaniteuses, aussi opulentes. Cela dit, le service de l'artiste vaut 500 francs, ni plus ni moins -, parce que cette valeur est une *fonction algébrique des variables* qui sont : 1° le nombre des artistes, 2° le nombre des riches dilettantes. Et la transaction s'opère tout de suite au taux de 500 francs ; parce que d'une part, si la cantatrice ne veut point chanter pour ce prix, le banquier trouvera neuf autres cantatrices disposées à y consentir ; et parce que d'autre part, si le banquier refuse de donner la somme, la cantatrice trouvera quatre-vingt-dix-neuf autres personnes qui la lui donneront.

C'est tout simplement la loi de l'*offre* et de la *demande* que Bastiat a négligé de signaler, parce qu'il ne l'a jamais étudiée ni comprise. S'il n'y avait au monde qu'une seule et unique cantatrice, on la rémunérerait peut-être à raison de 20,000 francs la séance. Et s'il y avait des cantatrices en nombre indéfini, on les aurait pour rien. Dune façon générale, les services valent suivant qu'ils sont plus demandés et moins offerts, ou proportionnellement à leur rareté relative, sur le marché. Et si les services valent quelque chose, c'est que le nombre en est restreint. D'une façon plus générale encore, la valeur naît de la limitation dans la quantité des choses utiles, et elle se mesure sur leur rareté relative, c'est-à-dire sur le rapport de la demande à l'offre en fonction de l'une et de l'autre.

En possession de la loi de l'offre et de la demande, nous pouvons reconnaître combien est vide et creuse la théorie de Bastiat.

Bastiat invente le mot de *services* et le voilà dans l'enchantement. — « Une foule de circonstances extérieures influent sur la valeur sans être la valeur même : — Le mot *service* tient compte de toutes ces circonstances dans la mesure convenable.[1] »—C'est ce qu'il faut voir. *Service*, au dire de Bastiat, implique : 1° l'effort fait par un individu, 2° la satisfaction du besoin d'un autre individu, 3° l'effort évité par le vendeur à l'acheteur. Très-bien ; mais encore comment s'apprécient, s'évaluent les services ? Ce n'est ni par l'effort fait, ni par la satisfaction du besoin : ces deux théories du *prix de revient* et de l'*utilité* sont ruinées. Est-ce par l'effort évité ? Cette troisième théorie est simplement ridicule : quel effort m'est évité

---

1 *Harmonies économiques*, De la Valeur.

Léon Walras

quand j'achète un tableau de Raphaël ? Encore une fois, comment se détermine la valeur des services ? — Par la libre compassion répond enfin Bastiat.

Cette quatrième théorie n'est autre que la théorie du *jugement* de Storch. Elle est aussi erronée que les trois premières. Pour juger, il faut avoir les bases du jugement ; pour comparer, il faut avoir les éléments de la comparaison. Quelles sont ces bases ? Quels sont ces éléments ? Ce ne peut être dans tous les cas ni l'effort fait, ni l'utilité, ni l'effort évité. Mais qu'est-ce donc ? — Toutes ces considérations réunies, s'écrie Bastiat, et discutées *librement* entre les deux contractants de l'échange. — Est-ce bien là votre dernière ressource ? Elle est encore insuffisante ; car : 1° le raisonnement prouve que vous n'avez que de mauvais éléments de discussion : et 2° l'expérience démontre que la valeur ne dépend point de la liberté des échangeants, mais qu'elle s'impose, la même pour tous, à leur volonté.

Si j'achète aujourd'hui sur le marché une paire de souliers, quels que soient les efforts qu'a faits le cordonnier, quel que soit le besoin que j'aie de chaussures, quelle que pût être l'effort que j'aurais à faire pour me confectionner moi-même une paire de souliers, quelle que soit ma *vanité* mon *opulence*, etc., etc., je paye mes chaussures 20 francs, comme tout le monde, si les souliers valent 20 francs. Pourquoi ? Parce que la valeur des souliers résulte de la comparaison entre la somme des besoins et la somme des provisions, du rapport de la demande à l'offre, de la rareté relative ; et qu'en dehors de cette circonstance précise, indépendante de mon libre arbitre , toute détermination de la valeur est fausse ou impossible.

Bastiat a rencontré sur son chemin la théorie de la rareté ; il lui a fait un reproche et une concession. Examinons l'un et l'autre.

Le reproche consiste en ceci que les économistes qui voient dans la rareté des choses l'origine et la mesure de leur valeur subissent le *joug de la matérialité*. Que signifie ce barbarisme ? Au dire de l'auteur, si l'on prétend que le rapport du chiffre de la demande au chiffre de l'offre peut donner aux objets leur valeur, on se représente la valeur comme matérielle. Se plaisant alors à prêter aux économistes qui ne sont point satisfaits du *rapport des services* les idées les plus stupides, Bastiat ose affirmer que, dans leur opinion, les physiciens devront constater la rareté entre la pesanteur et l'impénétrabilité des corps, que les chimistes devront la retrouver par l'analyse… Je m'arrête : il est, je pense, inutile de réfuter cette métaphysique ; et je suis, je l'avoue, quelque peu honteux d'avoir à constater chez un auteur en renom de si tristes étourderies.

Quant à la concession, voici quelle elle est :—« *Rareté.* J'admets avec Senior que la rareté influe sur la *valeur.* Mais pourquoi ? Parce qu'elle rend le *service* d'autant plus précieux.[1] »

La rareté, telle que l'entend ici Bastiat, n'est pas la rareté ; *scientifique,* c'est la rareté que le vulgaire oppose à l'abondance, comme il oppose le froid au chaud sans connaître les limites de l'un et de l'autre, sans même vouloir accuser implicitement l'existence de limites semblables. Pour le physicien, il n'y a ni chaud ni froid, il n'y a que des températures. Aux yeux de l'économiste, la rareté vulgaire n'est qu'une moindre abondance, comme l'abondance vulgaire n'est qu'une moindre rareté. Si Bastiat eût été réellement un penseur, il ne s'en fût jamais tenu à cet aperçu sommaire. Il eût distingué scientifiquement, d'une part, l'abondance des choses utiles qui se trouvent dans le monde en quantité illimitée, et, d'autre part, la rareté des choses qui ne se trouvent dans le monde qu'en quantité limitée. Alors, en possession du sens économique du mot *rareté,* il fût convenu que la *rareté* ne rend pas seulement les choses en général et les services en particulier *plus précieux,* mais qu'elle les rend *précieux,* c'est-à-dire qu'elle leur donne leur valeur.

La concession de Bastiat est donc l'aveu de son erreur.

« L'abbé Genovesi disait, il y a cent ans, dans son cours d'économie civile, fondé pour lui à Naples par Intieri : Les seules choses qui n'aient pas de valeur sont celles qui ne satisfont pas nos besoins, ou celles qui, tout en les satisfaisant, ne manquent à personne. (*Lezioni di economia civile,* II partie, chap. 1er).[2] » Le principe économique de la rareté est tout entier dans ces mots. Ce principe a été repris par Senior ; il a été développé avec une grande rigueur philosophique en 1831 par M. Auguste Walras qui l'a victorieusement opposé à la théorie de Ri car do sur les frais de production et à celle de J.-B. Say

---

1 *Harmonies économiques,* De la Valeur.
2 Joseph Garnier, *Éléments de l'Économie politique,* 3e édit. p. 58.

Léon Walras

sur l'utilité.[1] En vertu de ce principe, toutes choses utiles, naturelles ou artificielles, matérielles ou immatérielles : matière première, travail, produits, qui se trouvent autour de nous en quantité limitée sont valables et appropriables. Nos facultés personnelles sont dans ce cas ; c'est-à-dire que les efforts, les peines, les services, comme dit Bastiat, s'y trouvent. Mais la terre y est de même ; elle a de la valeur et elle est l'objet de la propriété, individuelle ou commune.

Le principe économique commun à M. Thiers et à Bastiat est donc faux qui dit que :—Tout homme jouit gratuitement de toutes les utilités fournies ou élaborées par la nature, L'homme ne jouit gratuitement des utilités fournies ou élaborées par la nature que si ces utilités sont dans le monde en quantité indéfinie. Bastiat s'est évertué à soutenir qu'en thèse absolue nous ne payons pas les dons de Dieu. Il prouve que si nous achetons de l'eau, nous ne payons point le liquide, mais le travail du porteur d'eau. Il affirme que nous ne payons point la lumière du jour, la chaleur du soleil. Tout cela est incontestable. Mais il en conclut que nous ne saurions acheter la terre et que nous ne pouvons payer que les services des hommes qui l'ont défrichée, ensemencée, etc., etc. En cela il se trompe grossièrement, faute d'attention. La terre est utile comme l'eau, comme l'air respirable, comme la lumière et la chaleur solaires ; elle est limitée dans sa quantité comme le travail des facultés personnelles. Elle est possédée ; elle se vend et s'achète. Si donc la théorie de la propriété de M. Thiers et de Bastiat, ne justifie point la propriété foncière, c'est que cette théorie est mauvaise, insuffisante ou fausse.

Frédéric Bastiat est mort : je puis me permettre de porter sur son œuvre et sur lui un jugement général dont je me suis abstenu à l'égard des vivants. Il fut un homme de *bonne volonté* ; mais il eut le malheur de faire de la science sans génie scientifique. Il était de ces hommes dominés par une sensibilité trop vive qui ont dans l'esprit deux catégories d'idées : les unes qu'ils abandonnent à la discussion et qu'ils ne craignent point d'examiner librement eux-mêmes, les autres auxquelles ils se sont pris par la foi et qu'ils ne songent point à éprouver. La science est une jalouse maîtresse qui ne souffre point de tels partages.

Bastiat avait d'avance donné son intelligence en même temps que

1 M. Auguste Walras, *De la nature de la Richesse et de l'origine de la Valeur.*

INTRODUCTION À L'ÉTUDE DE LA QUESTION SOCIALE

son cœur à quelques convictions arrêtées et définies touchant la société, touchant la famille, touchant la propriété. Sa religion et sa philosophie ne lui interdisaient point formellement de les mettre en doute et de les scruter : ce fut son génie borné qui le lui défendit ; le coup de balai de Descartes était au-dessus de ses forces. Au lieu de refaire la théorie de la propriété pour la théorie de la valeur, il voulut refaire la théorie de la valeur pour la théorie de la propriété. Il fit de la science de parti pris en vue d'une morale de sentiment.

Quand on exécute un pareil travail dans un iritërfct de fortune ou d'amour-propre, on mérite les plus cruelles, les plus impitoyables rigueurs de la critique. Bastiat fut sincère, et paya sa tentative de sa santé et de sa vie. Paix donc à sa mémoire ! Mais pourtant qu'il soit permis de regretter pour lui, qu'il ait dépensé tant d'efforts à poursuivre une besogne aride et funeste. Qu'il soit permis surtout de regretter pour la science qu'il l'ait entravée, et qu'en rompant la grande tradition économique, il ait peut-être retardé l'avènement de la science sociale.[1]

Je ne me dissimule point qu'un jugement aussi sévère porté sur la valeur et le rôle scientifiques de l'auteur des Harmonies économiques pourra froisser quelques personnes. J'aurai du moins la satisfaction de penser que je n'ai rien négligé pour motiver mon arrêt. Maintenant l'on doit avouer que, si le principe de la rareté est le principe fondamental de la théorie de la valeur d'échange ou de l'économie politique, la tendance de Bastiat et de ses disciples n'est qu'une dissidence dans l'école économiste. C'est ce qu'il était, je crois, très-important d'établir nettement à l'heure qu'il est.

Le principe de la rareté se formule ainsi : — La valeur d'échange est un fait naturel qui a son origine dans la limitation en quantité des utilités, et sa mesure dans les circonstances comparatives de l'offre et de la demande.

Et si l'on appelle *richesse sociale* l'ensemble des choses qui sont tout à la fois : 1° valables, et 2° appropriables parce qu'étant utiles elles sont aussi limitées dans leur quantité, on tire du principe de la

---

1 Il convient de dire qu'à un autre point de vue que celui de la constitution de la science sociale, Bastiat est digne de sérieux éloges. Il fut un pamphlétaire brillant au service du libre-échange. Ce n'est pas tout encore : la grâce de son esprit et les charmes littéraires de son style ont singulièrement contribué a populariser l'économie politique.

Léon Walras

rareté la conséquence suivante : —La richesse sociale se divise en trois espèces : 1° La terre, 2° Les facultés personnelles des hommes, richesse naturelle ; 3° Le capital artificiel, richesse produite.

La première de ces deux propositions, aujourd'hui nettement formulée, permet de formuler immédiatement la seconde. Il faut dire à la gloire de l'école économiste que si elle a pour suivi longtemps infructueusement l'analyse philosophique du fait de la valeur et renonciation rationnelle du principe de la rareté, elle n'en a pas moins pour cela toujours trouvé dans l'observation consciencieuse, patiente et approfondie des faits une ressource suffisante pour constater la valeur d'échange de la terre et de son usage. Les physiocrates en premier lieu ; ensuite Adam Smith, David Ricardo, Scrope, Senior, MacCulloch, J.-B. Say ; MM. Auguste Walras, Blanqui, Joseph Garnier, Hippolyte Passy, se sont tous accordés à reconnaître que la fécondité productive du sol est appropriée, qu'elle se vend et s'achète ou qu'elle s'échange. La terre, richesse naturelle, don de Dieu, fait partie de la richesse sociale. Il s'agit donc enfin de constituer une théorie de la propriété qui concorde avec l'économie politique, et non de mutiler les faits naturels et de défigurer la science pour l'accommoder à l'étroitesse des principes moraux de M. Thiers.

Dans cette voie de sincérité et de courage, les économistes que je viens de mentionner, tous ceux qui, selon moi, ont su se transmettre l'un à l'autre les meilleures traditions scientifiques, nous précèdent encore.

Mac-Culloch. « Ce qu'on nomme proprement la rente, c'est la somme payée pour l'usage des forces naturelles et de la puissance inhérente au sol... *La rente est donc toujours un monopole.* »

Scrope. « La valeur de la terre et la faculté d'en tirer une rente sont dues à deux circonstances : 1° à l'appropriation de ses puissances naturelles ; 2° au travail appliqué à son amélioration... Sous le premier rapport *la rente est un monopole.* »

Senior. « Les instruments de la production sont le travail et les agents naturels. Les agents naturels ayant été appropriés, les propriétaires s'en font payer l'usage sous forme de rente, *qui n'est la récompense d'aucun sacrifice quelconque...* »

Enfin aujourd'hui, un certain nombre de publicistes s'autorisent de ces précédents :—« La terre a révélé, dit M. Dupont-White, son caractère de *monopole*.[1] »

Il serait inutile de multiplier indéfiniment ces citations. Il y en a suffisamment pour justifier une conclusion touchant la situation de l'école économiste à l'égard du problème de la distribution de la richesse sociale. Cette école s'est bornée jusqu'ici à constater scientifiquement en toute impartialité, les faits économiques. Quant aux faits moraux elle ne les a jamais abordés que très-incidemment, s'empressant toujours en quelque sorte de décliner sa compétence, et se bornant à justifier très, sommairement la propriété foncière par les raisons de *prescription, d'utilité générale, de nécessité*, etc., etc.[2]. C'est à nous à procéder méthodiquement à l'élaboration de cette question ; à voir si ces raisons sont suffisantes pour combler les lacunes de la théorie actuelle de la propriété ; si les propositions empiriques des socialistes, *communisme, association, droit au travail*, etc., etc., ont quelque fondement sérieux ; ou si plutôt, en séparant nettement la théorie de la richesse sociale de la théorie de la distribution des richesses, l'économie politique de la morale, et en cherchant dans une philosophie réellement humanitaire un plus large principe de propriété, nous n'aurions pas des chances presque certaines de rencontrer du même coup la solution de la question sociale.

§ 6. Conclusion

Cette étude n'a pour but de mettre en lumière aucune des vérités sociales qui pourraient être des plus neuves et des plus fécondes. Elle tend uniquement à convoquer quelques esprits à la recherche de ces vérités en leur indiquant autant que possible la direction

1 M. Dupont-White, *L'Individu et l'État*, 2e édit. p. 56.

2 Dans les ouvrages des publicistes tout à fait contemporains, j'entends de ceux qui jouissent d'une certaine réputation et de quelque autorité, on trouve autre chose que l'audace irréfléchie des socialistes ou la réserve exagérée des savants. Au nombre de ces économistes philosophes, je dois citer en première ligne M. Baudrillart, auteur des Études de philosophie morale et d'économie politique et d'un livre tout récent : Des rapports de la morale et de l'économie politique. M. Baudrillart fonde le droit de propriété sur la personnalité ; et généralement il porte dans l'étude des problèmes les plus grâves de la justice sociale une profondeur, une sincérité, disons même une hardiesse peu communes. La discussion de semblables idées qui sont également scientifiques et avancées est en dehors du plan de cette Introduction, et les tentatives de M. Baudrillart demeurent à examiner comme les premières qui aient été faites en vue de la constitution méthodique de la théorie de la société.

Léon Walras

générale, qu'ils auraient à suivre. Je crois pourtant que sans excéder les limites de mon programme, et sans quitter le rôle critique pour le dogmatique, je pourrais, au point où j'en suis, déduire des observations qui précèdent un certain nombre de considérations importantes sur la méthode à conserver dans l'élaboration de la question sociale. Mais peut-être, en ces matières, vaut-il mieux se contenter d'éveiller l'attention publique, sans trop prétendre à la diriger. Je me borne donc à résumer en quelques propositions les principaux résultats que je serais heureux d'avoir non pas atteints, mais approchés.

I. La solution de la question sociale dépend de la constitution de la science sociale. L'amélioration et le perfectionnement pratiques de notre état social actuel : l'extinction du paupérisme, l'assiette de l'impôt, l'organisation définitive du travail et de la propriété impliquent la connaissance théorique des conditions normales économiques d'une société idéale, et, plus généralement, l'étude rationnelle de toutes les conditions sociales : civiles, politiques, etc.

II. Le socialisme contemporain a eu sa raison d'être dans le malaise d'une société en voie d'organisation, mais encore éloignée du terme de ses efforts. Enflammés d'une ardeur hâtive par la contemplation des misères sociales, les réformateurs n'ont jamais songé à s'élever jusqu'à l'abstraction scientifique. Ignorant tout à la fois la philosophie et l'économie politique, ils n'ont demandé qu'à leur imagination des remèdes aux maux dont s'était émue leur sensibilité. Avec beaucoup de bon vouloir ils ont fait beaucoup de mal en substituant l'empirisme à la méthode.

III. Exempte d'empirisme, mais dénuée de philosophie, l'école économiste n'a jusqu'à présent résolu que le problème de la production. Quant au problème de la distribution et à toutes les questions exigeant le concours simultané de l'économie politique et de la morale, de l'expérience et de la raison, elle commence seulement à en aborder sérieusement l'examen approfondi.

De ces trois propositions, la première est capitale. Elle renouvelle et transforme le socialisme en le faisant d'empirique scientifique. Elle circonscrit l'économie politique dans ses limites naturelles, et montre à la pensée les plus vastes horizons en lui ouvrant le champ de la science et de l'art qui ont pour objet l'ensemble de l'activité libre de l'homme vivant en société.

Cela dit, je n'aurais plus à la rigueur qu'à me taire après avoir appelé sur un point si singulièrement important l'attention de mes lecteurs. Mais peut-être, après avoir demandé aux seules exigences de la vérité mes inspirations, ne me sera-t-il pas défendu de chercher, en forme de péroraison, dans des circonstances moins sévères et plus directement saisissantes, d'autres motifs de détermination et d'encouragement pour le travail que j'entreprends.

S'il est consolant de songer qu'un jour la théorie de la société sera constituée ; que la connaissance du bien et du juste arrachée au caprice du sentiment individuel sera remise à l'inflexibilité de la raison ; s'il est enivrant d'espérer que les grandes lois sociales seront établies sur un principe supérieur évident, comme déjà les lois astronomiques le sont toutes sur le principe de l'universelle gravitation, c'est assurément quand on examine dans quel chaos d'opinions superficielles, contradictoires, désordonnées, cette espèce de religion nouvelle portera l'ordre et la lumière. Et pour apprécier l'urgence qu'il y a, de nos jours, à constituer la science sociale, il suffirait peut-être d'un coup d'œil jeté rapidement sur la confusion des idées à l'endroit de la question sociale.

Interrogeons-nous à ce sujet l'esprit public, nous enquérons-nous des dispositions de la foule à l'endroit du progrès économique, nous trouvons d'abord au dernier degré de l'échelle intellectuelle et morale, une tourbe innombrable de gens aussi dénués d'aspirations généreuses que d'idées originales. Ceux-là ne se doutent pas qu'il existe une question sociale. Et comment le sauraient-ils ? Indifférents à tout ce qui ne se rapporte pas directement au train-train de leur besogne, ignorants de tout ce qui sort du cercle de leur routine, un ramassis de lieux communs suffit à leur constituer une morale à la hauteur de leurs facultés. Toute idée qui, née d'hier, n'a pour garant que le génie d'un penseur est à leur sens une utopie ; toute ineptie qui s'étaye de la pratique universelle est à leurs yeux un axiome. Ils voient le droit dans la légalité, non par calcul et par astuce, mais par insouciance et par sottise. Ils ont ouï dire qu'il y avait des philosophes et des savants ; ils ne savent point qu'il y a une science et une philosophie. Le progrès matériel les étonne et les confond ; mais ils n'en admirent que les résultats sans en rechercher les origines. Ils ignoreront toujours que la pratique industrielle naît de la théorie scientifique, que la théorie scientifique naît elle même des spéculations de la philosophie, que la locomotive et le télégraphe électrique procèdent en ligne directe du *Novum Organum* de Bacon. Ils ne se persuaderont jamais non plus que les réformes politiques et sociales sont l'accompagnement obligé du développement du bien-être. Ils ont des opinions : les uns les ont reçues en dot de leur beau-père, les autres les ont prises en même temps qu'un faux titre de noblesse.

Tels ils sont lorsque leur personnalité n'est point en jeu, lorsque les intérêts de leur fortune, de leur vanité, de leur ambition ne sont point directement froissés ou seulement mis en péril par les efforts du progrès. Supposez-les en place, influents, leur sottise insouciante devient une méchanceté tout agressive ; ils sont moins indifférents et plus égoïstes, moins ignorants.et plus sceptiques ; en somme toujours immoraux et dangereux. Une grande étroitesse d'esprit, quelque bassesse dans les sentiments, voilà ce qui les caractérise. C'est l'un d'eux sans doute qui, fatigué des agitations politiques de son temps, s'écriait avec colère : — « Ah ! çà, quand tout cela finira-t-il ? » On lui répondait : — « Jamais. » Lancés dans ce courant de mécontentement, d'aigreur et de haine, ils deviennent aisément féroces, et feraient volontiers, pour assurer leur tranquillité, quelque Saint-Barthélémy d'idéologues.

Je crois n'être que juste à l'égard des ennemis delà question sociale ; mais comme je ne veux pas être suspect de partialité ; je serai plutôt sévère qu'indulgent pour les amis qui la compromettent. Il est certain d'ailleurs qu'il existe une démocratie de mauvais aloi, née du socialisme empirique, plus funeste peut-être et plus dangereuse pour le progrès que l'apathie ou l'hostilité systématiques des conservateurs de toute espèce. S'il y a d'une part sottise et ignorance, il y a de l'autre ignorance et folie ! Lequel vaut mieux ? — « Toutes les substances de première nécessité devraient être gratuites, » me disait-on un jour. Qui donc proférait cette énormité ? Quelque manœuvre ignare ? Nullement, c'était un médecin qui passait pour instruit. L'agitation de ces prétendus démocrates est encore moins un empressement hâtif qu'une turbulence bavarde et stérile. Ils proclament la question sociale ; ils prétendent y chercher l'équilibre de tous les droits et de tous les devoirs ; mais en réalité qu'y peuvent-ils trouver ? La satisfaction, je ne dirai pas de leur cupidité, non, mais celle de leur amour-propre. En effet, le droit pour eux n'est pas la légalité, c'est l'application de leurs systèmes. Qu'il faille avant tout élaborer les principes ; que, pour être mise en pratique, la théorie doive avoir été sanctionnée par la discussion, c'est ce qu'ils ignorent. Écoutez-les : ils ne défendent point des idées, ils attaquent des personnes. Ils ne se préoccupent pas, disent-ils, de construire, ils veulent *démolir, préparer le terrain, faire la place nette*, phraséologie vide de sens, grosse de désordre et de misère. Il y en a qui vont plus loin, mais qui, pour être plus précis, n'en sont pas moins égarés. Je passe leurs propos sous silence : ils font frémir ; on entrevoit derrière ces folies en paroles des folies en actions, des luttes, des haines, des vengeances, et les cinq cent mille têtes que demandait Marat pour assurer le salut du peuple. Les conservateurs traitent ces démocrates de démagogues ; eux nomment les conservateurs réactionnaires. Ils s'expliquent les uns les autres. Les conservateurs refusent de se mêler au mouvement social ; les démocrates en question se retirent sciemment de la société ; ils s'en isolent de parti pris. Tous sont également condamnables ; tous sont également en dehors des voies du progrès.

Fort heureusement il se trouve, en dehors de ces faiblesses et de ces exagérations, à un degré supérieur de l'échelle des idées et des sentiments, un ensemble de dispositions meilleures et d'opinions plus sages. Il est un parti d'hommes intelligents et surtout généreux, ennemis du trouble, mais par cela même amis du progrès, craignant les utopies, mais conquis d'avance à toutes les réformes qui se présenteront au nom de la science, de la vérité, du bon sens. Ce parti sans doute ne constitue pas la majorité ; mais s'il n'est pas considérable par le nombre, il l'est par l'autorité morale : l'expérience de l'histoire le prouve. Je pense qu'à toutes les époques les classes supérieures de la société ont été généralement corrompues par le luxe, je pense également que dans tous les temps les classes inférieures ont été dépravées parla misère. Mais je sais aussi qu'il y a toujours eu des exceptions et que ces exceptions ont fait à elles seules l'histoire et le progrès. S'est-on demandé quelquefois chez combien d'individus s'était opéré, dans tous les siècles, le développement régulier des facultés humaines ? Chez bien peu très probablement. Que d'êtres en l'âme de qui la nature avait déposé les germes de la liberté, de la raison, de l'amour sont restés au rang des brutes ! que d'autres y sont retombés ! faute par eux d'avoir pu ou su cultiver ces germes précieux ! Ah ! certes, à qui veut y regarder de près, l'humanité apparaît comme réduite à quelque chiffre bien exigu de personnes morales voulant, pensant et sentant ! Il n'importe : ce petit nombre de privilégiés toujours grossissant a suffi de toute antiquité à maintenir la destinée humaine à la hauteur d'une destinée morale. Il y suffit encore : il y suffira toujours, même à ces heures d'affaissement des passions, d'abaissement des mœurs où la civilisation semble concentrée dans le travail industriel, où les sciences et les arts se taisent, où tout entière aux intérêts matériels, la société ne désire qu'un repos inerte, ne veut ni se souvenir ni prévoir, où comme fatigués de liberté les hommes sembleraient vouloir retourner à l'instinct.

Qui pourrait m'en vouloir d'énoncer que nous subissons une crise de cette nature ? Tout le monde le dit : je ne fais que le répéter. Qui ne s'associerait volontiers à mon espérance si j'ajoutais que, dans ma conviction, nous ne sommes pas éloignés d'en sortir ? Le moment est proche où contre le développement de l'activité purement matérielle l'esprit réagira. Depuis cent ans et plus les sciences accumulent des faits ; bientôt elles trouveront des lois et des rapports. L'immense quantité de matériaux réunie par les efforts de l'observation n'attend plus, pour être organisée, qu'un de ces élans de l'imagination qui saisit une féconde hypothèse, qu'un de ces éclairs du génie qui de tant de matériaux confus fait sortir un édifice. Que paraisse un de ces hommes en qui se trouvent réunies au même degré la patience scrupuleuse du savant et l'impétuosité du philosophe ; que vienne une génération d'érudits métaphysiciens, et les sciences seront organisées.

Enfin, agitée depuis trente ans en tous sens, pressentie, niée, affirmée, attaquée, défendue, la question sociale est mûre. Elle trouvera sa solution dans la constitution de la science sociale. Dans les rangs de ce groupe d'hommes dévoués. prudents, étrangers aux succès comme aux revers des partis, qui se transmettent les traditions du vrai, du bien, quelques esprits se rencontreront qui, se trouvant occupés des mêmes recherches, s'associeront entre eux pour le succès de ridée. Ils ne seront pas entendus de la foule ; ils le seront des hommes de leur entourage. Ceux-là recevront le dépôt

INTRODUCTION À L'ÉTUDE DE LA QUESTION SOCIALE

des vérités nouvelles, et sauront peu à peu les faire triompher de l'apathie des indifférents, du mauvais vouloir des égoïstes et de la turbulence des étourdis.

Léon Walras

L'ÉCONOMIE POLITIQUE ET LA JUSTICE

SECTION I
Rapports de coordination des lois de l'Économie politique avec les principes de la Justice.

§ 1.

La lecture des économistes, dit M. Proudhon,[1] m'eut bientôt convaincu de deux choses, pour moi d'une importance capitale :

La première que, dans la seconde moitié du dix-huitième siècle, une science avait été signalée et fondée en dehors de toute tradition chrétienne et de toute suggestion religieuse, science qui avait pour objet de déterminer, indépendamment des coutumes établies, des hypothèses légales, des préjugés et routines régissant la matière, les lois naturelles de la *production*, de la DISTRIBUTION et de la *consommation* des richesses.

J'arrête dès ici M. Proudhon. Sa définition de l'Économie politique semble rédigée sur la table des matières d'un manuel : elle n'a rien de philosophique. Il y a plus : elle est inexacte et dangereuse. Et je tiens d'autant plus à la réfuter, que je puis y faire voir la source des erreurs que j'entreprends de signaler.

L'économie politique est une science. Qu'est-ce qu'une science ?

Il y a dans le monde deux ordres de manifestations réelles de la substance : des *corps* et des *phénomènes*, ou, si l'on veut, des *êtres* et des *faits*. On fait la science non point des corps, mais des phénomènes dont les corps sont le théâtre. Des faits, des lois, des rapports, voilà l'objet de la science.

En présence d'une série de faits individuels qui se ressemblent et qui diffèrent, l'esprit scientifique élimine toutes les qualités particulières à chacun de ces faits, il recueille les qualités communes à tous ou à plusieurs, et il en forme une espèce. En opérant sur un certain nombre d'espèces comme il a déjà opéré sur un certain nombre d'individus, l'esprit scientifique s'élève au genre. Et ainsi

---

1 DE LA JUSTICE DANS LA RÉVOLUTION ET DANS L'ÉGLISE, *Nouveaux Principes de philosophie pratique*, par P.-J. PROUDHON. Troisième étude, chapitres V et VI.

de suite.

Lorsqu'on est arrivé à la notion d'un genre irréductible, on a ce qu'on appelle un *fait général*. Les phénomènes ou faits généraux sont les abstractions irréductibles desquelles les phénomènes ou faits individuels sont des manifestations réelles. Exemples : la *végétation*, fait naturel ; la *propriété*, fait moral ; la *civilisation*, fait historique.

Toute *science* est la théorie d'un fait général. Il y a des sciences *naturelles*, des sciences *morales*, des sciences *historiques*.

Le fait général est *universel* et *permanent* : il peut se manifester individuellement dans la réalité, dans tous les lieux, en tous temps. Il est *un*. À tous ces titres, il peut et doit devenir l'objet d'une science. La science sera faite quand on aura posé, puis résolu les cinq questions suivantes :

1° Quelle est la *nature* de ce fait ?

2° D'où vient ce fait ? En d'autres termes : quelle en est la *cause* ?

3° En combien d'*espèces principales* se divise-t-il ?

4° Quelles sont les *lois* suivant lesquelles il s'accomplit, soit dans sa plus haute généralité, soit dans ses principales espèces ?

5° Quelles sont les conséquences qu'il entraîne ? autrement dit : quels en sont les *effets* ?

À chacune de ces cinq questions correspondent des procédés méthodiques qui conduisent à leurs solutions. Toutes ces questions résolues, la science est faite, on possède la théorie du fait général, et l'on connaît d'avance tous les êtres de l'univers, en tant qu'ils participent de ce fait et qu'ils sont le théâtre de ses manifestations individuelles et réelles. Que l'on fasse la science de tous les faits généraux, et le monde est connu.

L'*observation*, l'*expérience*, l'*induction*, l'*hypothèse*…, tels sont les principaux procédés méthodiques qui conduisent à la solution des questions posées.[1]

---

1 Il est aisé de comprendre qu'une théorie de la science en général est indispensable pour constituer la théorie de la science sociale, la théorie de l'économie politique, ou la théorie de toute autre science particulière. En l'absence d'une *philosophie de la science* à la fois expérimentale et rationnelle qui n'existe point encore à vrai dire, il est sans doute permis d'en esquisser quelques traits dans un cas donné. Sans doute aussi l'on est en droit d'espérer du lecteur qu'il

Cela dit, cherchons à reconnaître avec précision s'il est un fait général dont la théorie puisse et doive être l'objet de l'*Économie politique* ; et quel est ce fait.

Pour peu qu'on se soit pris un jour à réfléchir sur le rôle et l'objet de la science, on se sera fort aisément aperçu qu'il y a bien des points de vue différents où l'on peut se mettre, en présence de la réalité, pour l'étudier ; c'est-à-dire, en d'autres termes plus exacts, que bien des faits généraux se partagent le champ de la réalité pour s'y manifester individuellement. Sans perdre de temps en efforts d'abstraction et de généralisation, nous pouvons dire immédiatement qu'un de ces faits généraux est l'*échange*. Je m'explique. Envisagée d'un certain point de vue parfaitement caractérisé, la vie sociale se présente comme une série d'échanges, et le monde apparaît comme un marché où s'accomplit une succession de ventes et d'achats. Le fait de l'échange se manifeste en ceci que certaines choses, en très-grand nombre, ne sont point gratuites, et ne peuvent être obtenues par ceux qui en ont besoin qu'en retour et moyennant cession d'autres choses.

Cet ensemble d'utilités non gratuites et susceptibles de participer du fait général de l'échange constitue la *richesse sociale*. D'une façon générale on pourrait donc énoncer que l'économie politique est la théorie de la richesse sociale, ou la science du fait général de l'échange : ce serait la *Chrématistique* d'Aristote. Toutefois ne nous pressons point d'être satisfaits : car une analyse judicieuse va nous convaincre que le fait général de l'échange est complexe, et qu'il implique deux autres faits généraux plus simples : le fait général de la *valeur d'échange*, et le fait général de la *propriété*.

En effet, 1° si l'on échange deux choses l'une contre l'autre, cela suppose qu'elles sont équivalentes ou qu'elles ont la même valeur. Ces choses ont donc une valeur propre, et généralement on reconnaît que certaines choses, en très-grand nombre, ont en effet une valeur d'échange qui leur est propre.

Et 2° pour que deux choses puissent être échangées l'une contre l'autre, il faut bien que chacune d'elles soit en la possession de quelqu'un. Pour échanger une chose, tout comme pour en user, il

---

voudra bien juger plutôt par ses applications que dans son principe une théorie fort incomplète et dans laquelle il était nécessaire de mettre plus de simplicité que de rigueur métaphysique.

faut l'avoir appréhendée, la détenir à part soi, se l'être appropriée.

Analysons consciencieusement les deux faits généraux de la valeur d'échange et de la propriété.

I. Analyse du fait général de la valeur d'échange. — Pour que le fait général de la valeur d'échange se manifeste dans la réalité des choses ; en termes plus accessibles, pour que les choses aient une valeur et puissent être échangées, il faut qu'il se rencontre en elles deux qualités : 1° l'*utilité*, 2° la *rareté*. Mais l'utilité et la rareté sont deux mots qu'il faut prendre ici dans une acception plus large et plus scientifique que l'acception vulgaire.

Au point de vue de la science économique, une chose est utile dès que l'on peut s'en servir (*uti*) pour n'importe quoi, et qu'elle est *généralement demandée*. Une chose est rare, dès qu'il n'y en a point dans le monde en quantité indéfinie, et qu'elle n'est *offerte à la demande générale* qu'*en quantité limitée*. Ajoutons encore qu'il ne s'agit pour nous en ce moment que de la demande et de l'offre absolues et nullement de la demande et de l'offre effectives. L'offre effective peut être inférieure, égale ou supérieure à la demande effective. La demande absolue d'une chose utile, supposée rare, est toujours supérieure à l'offre absolue.

Dans ces données, la valeur se trouve rigoureusement et philosophiquement définie par l'emploi du genre prochain et de la différence propre : le genre prochain de la valeur, c'est l'utilité ; sa différence propre, c'est la rareté. Les choses qui n'ont point de valeur et qui ne peuvent être échangées sont celles qui sont inutiles, et celles qui, tout en étant utiles, se trouvent dans le monde en quantité indéfinie, comme l'air atmosphérique, la chaleur solaire, les forces de la nature, etc., etc.

De la rareté et de l'utilité naît ainsi la valeur d'échange. À proprement parler, l'utilité est la condition de la valeur, la rareté seule en est la cause. Voici comment :

Pour qu'un fait puisse être considéré comme la cause d'un autre fait, il faut : 1° que le premier fait se produisant, le second se produise toujours infailliblement à sa suite ; 2° que le premier fait se produisant avec une certaine intensité, le second se produise toujours avec une intensité proportionnelle. Ainsi : concomitance perpétuelle des deux faits, proportionnalité constante de l'un à l'autre, telles sont les conditions d'un rapport de causalité qu'on puisse admettre.

À ces conditions l'utilité toute seule ne satisfait point : 1° Il y a des choses utiles qui n'ont point de valeur d'échange : l'air atmosphérique, la lumière solaire, etc. ; 2° Il y a des choses notoirement plus utiles que d'autres et qui ont cependant une valeur moindre. Et toutefois, sans utilité, pas de valeur possible.

Au contraire, toutes les fois qu'une chose utile, et par conséquent demandée, se trouve limitée dans la quantité offerte à la demande, et par conséquent rare, 1° elle a une valeur d'échange ; 2° elle a d'autant plus de valeur qu'elle est plus rare, c'est-à-dire plus demandée et moins offerte. Et le rapport mathématique de la demande à l'offre est l'expression, en son quotient, de la valeur.

De ces observations, il ressort avec une pleine évidence que le fait général de la valeur d'échange prend sa source dans la limitation en quantité des utilités qui les fait rares. Il y a cependant encore une remarque à faire. On pourrait analyser l'utilité, et la considérer successivement dans son *intensité*, suivant qu'elle est plus ou moins sérieuse ou médiocre ; dans son *extension*, suivant qu'elle est plus ou moins répandue ou restreinte ; dans sa *direction*, suivant qu'elle est plus ou moins médiate ou immédiate. On trouverait alors qu'à certains de ces points de vue, l'utilité influe sur la rareté, et, par suite, sur la valeur des choses. Il n'en resterait pas moins établi que la valeur d'échange a son origine dans le fait de la limitation en quantité des utilités ; sa mesure, dans le rapport de la demande à l'offre absolues ; l'une et l'autre, en un mot, dans la rareté des choses utiles.

II. ANALYSE DU FAIT GÉNÉRAL DE LA PROPRIÉTÉ. — Pour considérer d'abord le fait de la propriété dans sa nature, remarquons qu'il faut le distinguer avec soin du fait de l'*appropriation* qui n'en est que l'élément brut.

La propriété n'est pas simplement l'appropriation, c'est l'appropriation sanctionnée par la raison ou par la loi. L'appropriation est un fait simple, la propriété est un fait composé. À la rigueur, pour appréhender, détenir, s'approprier les choses, il n'y a qu'à étendre la main, et tout est dit. Pour se considérer et se faire considérer comme propriétaire des choses, pour établir qu'on a sur les choses un droit de propriété, il est nécessaire de prouver qu'on a pu les ap-préhender, les détenir, se les approprier *conformément à la justice*.

Quant à ce qui est de l'origine du fait de la propriété, s'il la faut chercher quelque part, c'est encore dans le fait de la limitation en quantité des choses utiles d'où naît déjà, comme nous l'avons vu, le fait de la valeur d'échange.

En effet, qui dit propriété, dit propriété *à l'exclusion*, et l'exclu-sion se fonde sur la limitation des choses propres. Qui dit valeur d'échange, dit *sacrifice à faire* en échange, et le sacrifice que l'on fait ne se motive que par l'impossibilité où l'on est de se procurer au-trement l'objet de ses désirs. Si tous les objets dont nous pouvons avoir besoin étaient naturellement illimités dans leur quantité, il n'y aurait pas de propriété, il n'y aurait pas de valeur ; sans proprié-té ni valeur, il n'y aurait pas d'échange. Ce n'est que par la limitation dans la quantité des choses utiles qu'on peut expliquer la propriété, la valeur d'échange, et l'échange.

Cette communauté d'origine, cette simultanéité d'apparition des deux faits généraux de la valeur d'échange et de la propriété est es-sentielle à signaler. Toutefois sans rien ôter à notre observation de son importance, il ne faut pas non plus lui en donner plus qu'elle n'en comporte. Or, à tout prendre, l'échange n'implique, et la limi-tation en quantité des utilités n'explique que la valeur d'échange et l'appropriation ; mais nullement la propriété, c'est-à-dire l'ap-propriation légitime et conforme à la justice. La question de droit reste entière. Cela n'empêche point qu'il ne puisse et doive y avoir, comme en effet il y a, matière à faire une théorie du fait de la pro-priété, en partant du fait de l'appropriation pure et simple pour le soumettre aux principes de la justice, tout aussi bien qu'il peut et doit y avoir matière à faire une théorie du fait de la valeur d'échange indépendante de la justice.

Tels sont les résultats d'une analyse sévère du phénomène de l'échange. Il demeure acquis que l'échange implique l'existence de deux faits généraux : la valeur et la propriété. La théorie de chacun de ces deux faits constitue une science ; tâchons d'assigner à cha-cune de ces deux sciences qui s'offrent à nous son caractère et ses limites.

La théorie de la valeur d'échange et la théorie de la propriété se touchent en raison de l'identité de leur objet. Ce sont les mêmes choses utiles qui, par le fait de leur limitation en quantité, deviennent : 1° valables et échangeables, 2° appropriables. Ce qui constitue la valeur d'échange constitue aussi la propriété ; ce qui constitue la propriété constitue aussi la valeur d'échange.

La théorie de la valeur d'échange et la théorie de la propriété diffèrent en raison du caractère respectif de leur point de vue. L'une est une science naturelle, parce qu'elle est la théorie d'un fait naturel ; l'autre est une science morale, parce qu'elle est la théorie d'un fait moral : c'est ce qu'il faut établir.

M. Proudhon, qui est grand ennemi de l'absolu, ne me contestera pas, je l'espère, que le fait de la *liberté* de l'homme est bien la source de toute *moralité*. De ce que l'homme délibère et se résout librement, il résulte : 1° que ses actes lui sont imputables ; 2° qu'il en est responsable, que sur lui rejaillit l'idée du mérite et du démérite ; 3° qu'il y a donc pour l'homme à se préoccuper du bien ou du mal dont il répond.

Les faits naturels se distingueront donc des faits moraux en ce que les premiers auront leur origine dans la fatalité des forces naturelles, les seconds dans la volonté libre de l'homme. Il est une troisième catégorie de faits, les faits historiques, qui s'accomplissent au sein de l'humanité exactement comme les faits naturels au sein de la nature, et qui sont empreints, comme les faits naturels, d'un caractère fatal, ou, si l'on veut, providentiel. Le fait naturel et le fait historique se distinguent autrement : le premier est toujours identique à lui-même, le second est varié et progressif. Cela posé, il est aisé de se convaincre :

1° Que le fait de la valeur d'échange est un fait naturel et fatal ; car, s'il se produit en partie par suite de la présence de l'homme sur la terre ; il se produit surtout par suite de la limitation en quantité des choses utiles, et doit être considéré comme aussi indépendant de notre liberté psychologique que le sont aussi les faits de la pesanteur, de la végétation, etc. ;

2° Que le fait de la propriété est un fait moral et libre ; car s'il se produit en partie, en tant que fait de l'appropriation, par suite de la limitation en quantité des choses utiles, il se produit surtout, en tant que fait de la propriété, comme caractère moral de l'appropriation, en considération de la double qualité de moralité ou d'immoralité dont l'appropriation peut être revêtue ou entachée.

Ainsi donc au seuil de l'étude de la richesse sociale, et derrière le phénomène de l'échange, se présentent à nous deux théories de deux faits généraux distincts, deux sciences bien caractérisées : la science naturelle de la valeur d'échange, la science morale de la propriété.

Remarquons alors qu'il n'y a pas plus d'*économie politique* pour le philosophe qu'il n'y a pour lui de *mathématiques*, de *physique*, de *médecine*. Ce sont là des expressions dont il faut tolérer l'usage chez les gens du monde sans jamais en user soi-même, pour peu qu'on prétende à l'esprit scientifique. Et même on voit qu'il ne faut pas s'avancer bien loin dans la métaphysique des faits pour s'apercevoir que, comme il y a des *sciences mathématiques* (géométrie, algèbre, etc.), des *sciences physiques* (acoustique, thermologie, optique, etc.), des *sciences médicales* (anatomie, pathologie, etc.), de même il y a des*sciences économiques* : une théorie de la valeur d'échange, et une théorie de la propriété.

Poursuivons. Il arrive que, par le fait de l'activité humaine, souvent, sinon toujours, une science se complète par un *art*. Ainsi la pathologie médicale se double de la thérapeutique ; ainsi la mécanique rationnelle se complète par la théorie de la construction des machines. L'art est l'application pratique, en vue de l'*utile*, des résultats de la spéculation scientifique qui s'attache au *vrai*. La science a des *lois*, l'art a des *règles* : cela dit tout. C'est ainsi qu'on doit naturellement faire suivre la théorie de la valeur d'échange d'une théorie de la *production*, et la théorie de la propriété, qui n'est autre que celle de la *distribution*, d'une théorie de la *consommation*.

1° Théorie de la valeur d'échange, de l'échange et de la production ; 2° théorie de la propriété, de la distribution et de la consommation, voilà, ce me semble, une division de la science économique qui ne laisse rien à désirer sous le rapport philosophique ; je ne vois pas non plus quels reproches on pourrait lui faire au point de vue pratique. Elle a été inaugurée;[1] je ne m'attache ici qu'à la justifier.

Elle n'est point celle adoptée par M. Joseph Garnier dans

1 M. WALRAS, *Théorie de la Richesse sociale ou Résumé des principes fondamentaux de l'Économie politique.*

Léon Walras

ses *Éléments de l'Économie politique* ; mais M. Garnier semble avoir appelé lui-même la discussion sur sa méthode quand il a pris soin de dire[1] :

« Il ne faut pas attacher aux divisions que nous avons adoptées plus d'importance philosophique qu'elles n'en doivent avoir. »

Il faut tenir grand compte à M. Garnier de cette réserve. Je pense néanmoins que, sentant l'insuffisance philosophique de ses divisions, il eût dû s'efforcer d'y remédier ; et je ne doute pas qu'il n'y fût arrivé.

« Les classifications scientifiques les plus commodes, les plus élémentaires, ne sont pas toujours les plus naturelles... Les sections, les partages sont donc forcés, mais ils aident l'esprit. »

J'en demande pardon à M. Garnier ; mais il me semble, quant à moi, que les sections et partages forcés, et non point naturels, sont plus propres à égarer l'esprit qu'à l'aider. J'en ai pour preuve ce qui est arrivé à M. Garnier lui-même. — « On peut admettre, dit-il, avec J.-B. Say trois grandes phases dans le rôle de la RICHESSE, à la création de laquelle tout le monde concourt, et dont chacun doit avoir une part équitable. Elle est d'abord *Produite*, ensuite *Distribuée* dans la société, et finalement *Consommée*, c'est-à-dire utilisée ou employée. »

Il m'est impossible d'admettre cela, même avec J.-B. Say. D'abord, Monsieur Garnier, je vous affirme que tout le monde ne concourt pas à la création de la richesse. Il y a, croyez-moi, des gens qui se contentent parfaitement du rôle de consommateur sans envier celui de producteur. Mais ce n'est rien encore ; et l'erreur est bien plus grave.

Il y a des richesses à la création desquelles personne ne concourt : c'est à savoir les richesses naturelles. Entre toutes les choses si diverses et si nombreuses qui ont de la valeur, les unes nous sont données par la nature sans le secours du travail de l'homme ; les autres sont le fruit du travail, ou de l'application du travail de nos facultés aux dons gratuits de la nature. Il y a donc une richesse *naturelle* et une richesse *produite*. En énonçant comme l'ont fait Adam Smith, Ricardo, J.-B. Say et M. Garnier, d'une façon générale, que la ri-

---

1 JOSEPH GARNIER, *Éléments de l'Économie politique.* — Note 1. *Sur les Divisions générales de la science.*

chesse est d'abord produite, puis distribuée, etc., on semble chasser du domaine de la science toute une catégorie de valeurs des plus importantes ; car elles sont précisément l'objet le plus direct de la théorie de la valeur et de la théorie de la propriété : je parle des richesses naturelles. M. Garnier veut-il que je lui cite un premier exemple de richesse naturelle ? En voici un : nos *facultés person-nelles*. M. Garnier en veut-il un second ? En voici un autre : la *terre*.

Il y aurait une ressource pour M. Garnier : ce serait de mécon-naître les valeurs naturelles, de nier que nos facultés personnelles, que la terre eussent une valeur intrinsèque. Mais M. Garnier ne saurait avoir recours à cette erreur. Sa théorie de la valeur est la nôtre : il en met l'origine dans la limitation en quantité des utilités, la mesure dans le rapport de la demande à l'offre. Dans ces don-nées, il ne saurait nier que la terre, que les facultés personnelles des hommes ne soient : 1° utiles, 2° limitées en quantité, que par conséquent elles ne soient demandées et offertes dans des condi-tions propres à leur donner de la valeur et une valeur précise. Elles font donc partie de la richesse sociale.

Quant à M. Proudhon, je pense qu'il n'hésitera point à nier les valeurs naturelles ; c'est ce que nous verrons plus tard, et nous le réfuterons en conséquence. Au moment de n'admettre que des ri-chesses produites, M. Proudhon ne sera certes point arrêté, comme M. Garnier, par l'heureux inconvénient d'avoir laissé derrière lui une bonne théorie de la valeur.

M. Proudhon est pleinement convaincu, lui, que la science éco-nomique a pour objet de déterminer les lois naturelles de la *pro-duction*, de la DISTRIBUTION, et de la *consommation* des richesses. La distribution surtout semble résumer, aux yeux de M. Proudhon, toute la science, si j'en juge par la façon toute particulièredont il souligne ce mot : DISTRIBUTION. De la valeur d'échange, pas un mot. On voit si j'ai eu tort ou raison de repousser avec énergie la définition que donne M. Proudhon de l'économie politique : elle est exacte à cela près que la production et la consommation obéissent à des règles et non point à des lois, et que les lois qui régissent la distribution sont des lois morales et non point naturelles.

Ce sont les lois de la valeur d'échange qui sont des lois natu-relles ; c'est la théorie de la valeur d'échange qui est une science naturelle, la première des sciences économiques. La théorie de la distribution, science morale, est la seconde. Je commence à croire que peut-être M. Proudhon n'a pas soupçonné le fait général de la valeur d'échange, ni sa théorie ; qu'il a passé à côté de l'économie politique sans en distinguer la portion la plus essentielle. Ce serait assez important à constater.

L'autre chose dont je restai également convaincu, c'est que dans l'Économie politique, telle qu'il avait été donné aux fondateurs de la concevoir, la notion du droit n'entrait pour rien…

C'est à merveille ! et me voilà fixé. Il est à présent pour moi hors de doute que M. Proudhon n'a su voir des sciences économiques que la seconde, la science morale, la théorie de la propriété ou de la distribution. La première, la science naturelle, la théorie de la valeur d'échange lui a complètement échappé ; il ne l'a pas soupçonnée. J'aime à croire que M. Proudhon ne songerait jamais à s'étonner que des mathématiciens ou des physiciens ne fussent point préoccupés de la notion du droit. L'idée ne lui viendrait jamais de combler cette lacune. Il est bon de s'inquiéter du droit ; il ne faut pas l'invoquer à tout propos. Le binôme de Newton n'a que faire d'être juste ou injuste, et l'hypothèse des deux électricités n'est pas astreinte aux règles de la morale. La théorie de la valeur d'échange non plus, croyez-le bien, Monsieur Proudhon. C'est une science naturelle et indépendante de la justice.

Cette science, M. Proudhon ne la connaît pas. Bien mieux, il en ignore l'existence. M. Proudhon est un médecin qui fait de la pratique médicale, je ne dirai pas sans savoir l'anatomie ni la pathologie, mais sans se douter même qu'il existe une science nommée anatomie, une autre appelée pathologie. M. Proudhon va tout à l'heure s'efforcer de réglementer la production, la distribution, la consommation, et il ne sait pas le premier mot de la théorie de la valeur d'échange ; il en méconnaît implicitement le caractère ; il n'en soupçonne pas l'existence.

C'est ce que je voulais démontrer. À présent, sachons au juste ce que c'est que la théorie de la valeur d'échange ; sachons les grandes divisions de cette science naturelle, la première des sciences économiques ; sachons quelles questions principales elle agite : nous saurons quelles questions ignore M. Proudhon.

L'ÉCONOMIE POLITIQUE ET LA JUSTICE

Voici les divisions et questions dont il s'agit[1] :

I. De la *nature* et de l'*origine* de la valeur.

De la *richesse* en général et de la *richesse sociale* en particulier. — De l'*utilité* et de la *valeur échangeable*.

II. De la *mesure* de la valeur.

Première fonction des *métaux précieux*.

III. Théorie de l'*échange* et de la *monnaie*.

Deuxième fonction des *métaux précieux*.

IV et V. Des *espèces principales* et des *lois* de la valeur.

Du *capital* et du *revenu*. — Différentes espèces de *capitaux*. — Rapport entre la valeur du *capital* et la valeur du *revenu*.

Triple élément de la *richesse sociale* : la *terre*, les *facultés person-nelles*, le *capital artificiel*. — Trois espèces de revenus. — Loi particulière de chaque revenu.

VI. Des *conséquences* et *effets* de la valeur.

De l'*industrie* ou de la *production*. — De la production qui *trans-forme* et de la production qui *multiplie*.

Ce programme rempli, dans un cours complet d'économie politique, on devrait aborder ensuite la théorie de la propriété et de la distribution.

Pour en revenir à M. Proudhon, qu'on me permette cette figure épique, revêtu de mon armure et sachant quelles pièces manquent à la sienne, je vais l'attaquer. Convaincu qu'il ignore la théorie de la valeur et pensant, quant à moi, la connaître, je crois être en mesure de prouver :

1° Que M. Proudhon n'a pas une intelligence vraie des rapports de coordination ou de subordination qui lient les sciences économiques et la morale ;

2° Que M. Proudhon n'a que des idées fausses sur l'origine de la valeur d'échange, et par suite, sur l'échange, sur la monnaie ;

3° Que M. Proudhon ne sait pas distinguer nettement un capital d'un revenu ; *à fortiori*, qu'il ignore les rapports qui existent entre la valeur du capital et la valeur du revenu, et les lois des différents revenus.

---

1 M. WALRAS, *Théorie de la Richesse sociale.*

Léon Walras

4° Qu'enfin, par suite de l'ignorance complète où se trouve M. Proudhon de la théorie de la valeur d'échange, ses *Balances économiques* sont, pour la plupart, des utopies impraticables.

§ 2.

L'autre chose dont je restai également convaincu, c'est que dans l'Économie politique, telle qu'il avait été donné aux fondateurs de la concevoir, la notion du droit n'entrait pour rien, les auteurs se bornant à exposer les faits de la pratique, tels qu'ils se passaient sous leurs yeux, et indépendamment de leur accord ou de leur désaccord avec la Justice.

Vous savez à présent dans quelle situation se trouve M. Proudhon. Il est dans celle d'un juge qui, sachant ou croyant savoir qu'un crime aurait été commis dans un certain endroit, persisterait à accuser de ce crime un homme dont l'alibi serait parfaitement établi. Mais encore, le crime a-t-il été commis ?

L'économie politique, ou du moins la première et la plus importante des sciences économiques, la théorie de la valeur, est une science naturelle qui n'a pas à se préoccuper de la notion du droit ; on n'en saurait dire autant de la théorie de la propriété, de la distribution et de la consommation qui est une science morale. Si les fondateurs de l'économie politique ont repoussé la notion du droit de la théorie de la valeur, ils ont eu raison ; mais s'ils l'ont également repoussée de la théorie de la propriété et de la distribution, ils ont eu tort.

En serait-il ainsi, et se seraient-ils en effet bornés *à exposer les faits de la pratique tels qu'ils se passaient sous leurs yeux, et indépendamment de leur accord ou de leur désaccord avec la justice ?* Nullement. Les économistes n'ont point commis la faute que leur reproche si carrément M. Proudhon. Les fondateurs de la science, les physiocrates ont formulé la fameuse maxime : *laissez faire, laissez passer*, ce qui n'était rien moins, au XVIIIe siècle, que l'exposition d'un fait de la pratique. Ils ont donné la théorie de l'*impôt unique*, et cette théorie n'était rien moins que l'exposition de la pratique financière du XVIIIe siècle.

Par exemple, — cette observation est de Rossi, — il est démontré, et l'objet propre de l'économie politique est de faire cette démonstration, que la *division du travail* est le procédé le plus puissant de l'industrie, et la source la plus féconde de la richesse, — mais qu'elle tend en même temps à abrutir l'ouvrier, et conséquemment à créer une classe de serfs.

À cela je réponds :

1° Qu'il est possible que cette observation soit ou ne soit pas de Rossi, mais que M. Proudhon l'accueillant librement, je l'en fais responsable ;

2° Que l'objet *propre* de l'économie politique est de faire la théorie de la valeur d'échange, et nullement de démontrer le principe de la division du travail ;

3° Qu'il y a pour l'industrie des procédés plus puissants, et pour la richesse des sources plus fécondes que la division du travail ;

4° Que la division du travail n'abrutit point l'ouvrier.

Généralisant aussitôt l'observation de Rossi, je n'eus pas de peine à me convaincre que ce qu'il avait dit de la division du travail, de l'emploi des enfants dans les manufactures, des industries insalubres, on pouvait et l'on devait le dire de la *concurrence*, du *prêt à intérêt* ou *crédit*, de la *propriété*, du *gouvernement*, en un mot de toutes les catégories économiques et par suite de toutes les institutions sociales.

Je réponds :

5° Que la propriété et le gouvernement ne sont pas à proprement parler des catégories économiques. Ce sont bien des catégories morales ;

6° Que la concurrence, le prêt à intérêt ou crédit ne sont pas plus coupables que la division du travail.

Je soutiendrai ces objections tout à l'heure. Pour le moment, je vois M. Proudhon rouler sur une pente fatale, et je ne veux pas l'arrêter dans sa course. Où pourra-t-il en arriver avec de pareilles prémisses ?

Les deux phénomènes (de l'augmentation de la richesse et de l'abrutissement de l'ouvrier par la division du travail) sont aussi certains l'un que l'autre, intimement liés, à telle enseigne que, si l'industrie devait se soumettre à la loi du respect personnel, elle devrait, ce semble, abandonner ses créations, ce qui ramènerait la société à la misère…

Léon Walras

Voilà qui est dit. Suivant M. Proudhon, si l'industrie se soumet à la loi du respect personnel, si la production se fait scrupule de violer la justice, nous tombons dans la misère. Telle est l'opinion de M. Proudhon. Mais la question se complique singulièrement ; car d'autre part les économistes, c'est M. Proudhon qui l'avoue,

…Les économistes démontrent que la Justice est elle-même une puissance économique, que partout où la Justice est violée, soit par l'esclavage, soit par le despotisme, soit par le manque de sécurité, etc., la production est atteinte, la richesse diminue, et la barbarie se rencontre.

C'est encore entendu. Au dire des économistes, si la production viole la justice, si l'industrie ne se soumet pas à la loi du respect personnel, nous tombons encore dans la misère.

…Il s'ensuit que l'économie politique, c'est-à-dire la société tout entière, est en contradiction avec elle-même, ce que Rossi n'avait point aperçu, ou que peut-être il n'avait osé dire.

Il est certain que si Rossi s'est aperçu d'une contradiction si peu consolante, il n'a pas eu tort de nous la dissimuler ; et M. Proudhon n'eût pas mal fait de suivre son exemple.

Devant cette antinomie… quel parti prend le monde savant et officiel ?

Permettez ! Et quel parti voulez-vous donc qu'il prenne ? Vous prétendez, vous, Monsieur Proudhon, qu'à moins de violer la justice, nous demeurons plongés dans la misère. D'autre part les économistes, c'est vous qui le dites, *démontrent* qu'en violant la justice nous n'en serons que plus sûrement plongés dans une misère plus profonde ; d'où il suit que la société tout entière serait, selon vous, en contradiction avec elle-même. Sans être un personnage savant ni aucunement officiel, je vous répondrai que l'alternative est triste, mais qu'il faut nous résigner.

Les uns, disciples à outrance de Malthus, se prononcent bravement contre la Justice. Avant tout, ils demandent, coûte que coûte, la richesse, dont ils espèrent avoir leur part ; ils font bon marché de la vie, de la liberté, de l'intelligence des masses. Sous prétexte que telle est la loi économique, qu'ainsi le veut la fatalité des choses, ils sacrifient, sans nul remords, l'humanité à Mammon. C'est par là que s'est signalée, dans sa lutte contre le socialisme, l'école *économiste* :

L'ÉCONOMIE POLITIQUE ET LA JUSTICE

que ce soit son crime et sa honte devant l'histoire !

Cette colère est bien ridicule ! Vous accusez les économistes d'opter pour une dépravation qui, suivant eux, les ruinerait. Vous reprochiez tout à l'heure aux fondateurs de la science d'avoir méconnu la notion du droit ; c'était un reproche sans fondement. Vous accusez leurs successeurs de l'avoir foulée aux pieds ; c'est une absurde calomnie. Les économistes modernes ont suivi l'exemple de leurs devanciers : ils ont applaudi à la moralité de certains règlements, flétri l'immoralité de certains autres ; ils ont *démontré que la justice est elle-même une puissance économique.*

Les autres reculent effrayés devant le mouvement économique, et se retournent avec angoisse vers les temps de la simplicité industrielle, de la filature domestique, et du four banal : ils se font rétrogrades.

Franchement, dans les données qui sont les vôtres, ces braves gens mériteraient d'être moins persiflés et plus encouragés. Misère pour misère, que triomphe au moins la justice ! Soyons pauvres, mais honnêtes !

Ici encore je crois être le premier qui, avec une pleine intelligence du phénomène, ait osé soutenir que la Justice et l'économie devaient, non pas se limiter l'une l'autre, se faire de vaines concessions, ce qui n'aboutirait qu'à une mutilation réciproque et n'avancerait rien, mais se pénétrer systématiquement, la première servant de formule constante à la seconde ; qu'ainsi, au lieu de restreindre les forces économiques dont l'exagération nous assassine, il fallait lesBALANCER les unes par les autres, en vertu de ce principe, peu connu et encore moins compris, que les contraires doivent, non s'entre-détruire, mais se soutenir, précisément parce qu'ils sont contraires.

Par exemple, voilà qui est du charlatanisme de haute école ! M. Proudhon interprétant à sa façon la science économique y découvre qu'elle est de tout point en contradiction avec la justice, c'est-à-dire qu'il fait nuit en plein midi. D'autre part les économistes démontrent, M. Proudhon ne se fait pas faute de le constater, que l'économie est en parfait accord avec la morale, autrement dit qu'il fait jour en plein midi. Alors, — *en vertu de ce principe, peu connu et encore moins compris, que les contraires doivent, non s'entre-dé-*

truire, mais se soutenir, précisément parce qu'ils sont contraires, — M. Proudhon s'en va, non pas *limiter*le jour par la nuit ni la nuit par le jour, ni obtenir du jour et de la nuit de *vaines concessions qui n'aboutiraient qu'à une mutilation réciproque, et n'avanceraient rien* ; mais les faire *se pénétrer systématiquement...* Bref, il va nous faire voir qu'il fait jour et nuit, tout à la fois, en plein midi.

C'est ce que j'appellerais volontiers l'application de la Justice à l'économie politique, à l'imitation de Descartes qui appelait son analyse application de l'algèbre à la géométrie. En cela, dit Rossi, consiste la Science nouvelle, la véritable Science sociale.

Quant à cette persistance de M. Proudhon à faire de Rossi son compère, je laisse au lecteur le soin de l'apprécier.

Nous en sommes là. Le problème est difficile...

Je crois même qu'il est parfaitement insoluble ; c'est ce que nous allons voir. En attendant, vous croyez peut-être M. Proudhon fort empêtré dans les difficultés qu'il se crée à plaisir. Il ne l'est point. Il reste calme ; et il plaisante agréablement.

Le problème est difficile, dit-il, la situation périlleuse ; mais avouez, Monseigneur, que la théologie chrétienne n'eût jamais trouvé de pareilles choses.

Certes non, elle ne les eût point trouvées, et je demande qu'il me soit permis de l'en féliciter. La théologie chrétienne est une œuvre qui repose logiquement sur des hypothèses simples. Ces hypothèses sont plus ou moins plausibles ; et la théologie chrétienne elle-même plus ou moins d'accord avec l'observation nouvelle ; mais elle est essentiellement métaphysique ; et jamais elle n'eût soulevé comme à plaisir de pareilles contradictions, de si extravagantes antinomies, pour se donner la satisfaction de paraître les résoudre. Il fallait pour cela le génie particulier de M. Proudhon.

M. Proudhon n'est pas un métaphysicien ; il n'est pas même un philosophe ; je veux dire par là qu'il méconnaît à tout instant l'esprit de la science et sa méthode. Les idées générales lui font absolument défaut. Il excelle à mettre en relief, pour les opposer les uns aux autres, des faits particuliers ; il ne sait pas coordonner les points de vue et les subordonner les uns aux autres. Faire naître les antinomies, tel est son but, et il y court à tout prix, dût-il se contredire cent fois lui-même. L'antinomie obtenue, *elle ne se résout pas,* dit-il, et le voilà satisfait : il en cherche une autre. Il détruit avec vigueur, avec rage ; il n'édifie rien sur les ruines qu'il accumule. Quant à moi, je préfère me rallier à ce principe de la philosophie positiviste qu'en fait de science, on détruit beaucoup, tout naturellement, en édifiant un peu.

Donc, à n'en croire que M. Proudhon, nous serions en présence du problème le plus fantastique. La société tout entière serait en contradiction avec elle-même : rien de moins que cela ! Fort heureusement, il n'y a que les nuages accumulés dans l'esprit de M. Proudhon qui se heurtent les uns contre les autres. Un rayon de saine philosophie va les dissiper.

M. Proudhon nous parle, sur un ton fort aisé, de l'application de l'algèbre à la géométrie de Descartes. J'aime à croire qu'il la connaît ; mais comme quelques-uns de mes lecteurs pourraient n'être pas d'aussi robustes mathématiciens que M. Proudhon, je demande la permission de leur exposer en quelques mots le mécanisme de cette analyse qui bien compris facilitera singulièrement mes explications.

Par l'application de l'algèbre à la géométrie, on se propose de retrouver par le calcul algébrique les démonstrations et solutions des théorèmes et problèmes de la géométrie. Je dis retrouver et non pas trouver ; voici pourquoi : c'est qu'au début même de l'analyse, on doit établir une formule algébrique laquelle résume en elle toute l'essence de la géométrie. Pour représenter sous une forme algébrique le premier des types géométriques, en termes techniques, pour obtenir l'équation algébrique de la ligne droite ($y = ax + b$), on se base sur l'application du théorème dit *des triangles semblables*. Or la démonstration particulière, en géométrie, du théorème des triangles semblables implique la démonstration générale de tous les théorèmes de la géométrie plane. C'est-à-dire que la première formule d'analyse implique la géométrie tout entière.

Il n'y aura personne alors qui ne comprenne tout de suite avec facilité que, dans ces données, l'analyse de Descartes doit nécessairement rendre en détail ce qu'on lui a donné, dès le début, tout d'une fois. En fournissant la démonstration et la solution algébriques de tous les théorèmes et problèmes de la géométrie, l'analyse remonte à sa source.

Léon Walras

Il y a, dans tous les cas, quelque chose qui est très-certain : c'est que si, par hasard, les résultats de l'analyse ne s'accordaient point avec ceux de la géométrie, ce ne serait point à la géométrie mais à la méthode de calcul algébrique qu'il faudrait s'en prendre. Et l'identité des résultats de la géométrie et de l'analyse ne confirme et ne justifie que l'excellence de la méthode de calcul algébrique, et nullement l'exactitude des faits géométriques qui sont des faits rationnels au-dessus de toute confirmation et justification postérieures.

Pour tirer de cet exemple très-heureusement choisi toute la clarté qu'il peut donner, il faut assimiler l'économie politique, science naturelle, à la géométrie, et la morale qui, dans les conditions où nous l'envisageons, n'est point une science mais bien un art, l'art de vouloir et d'agir, à la méthode de calcul algébrique.

Cela dit, suivons l'analogie.

Cherchons d'abord un principe fondamental de morale qui renferme nécessairement en lui l'essence, non pas seulement de la science économique, mais de toutes les sciences naturelles. Par exemple, admettons celui-ci ; — je le prends très-large à dessein : — *Que l'homme accomplisse librement sa destinée, sans entraver l'accomplissement libre de la destinée de ses semblables.*

Maintenant, je veux savoir, dans un cas donné, si je puis et si je dois donner des coups de bâton aux personnes qui m'entourent. Je consulte la physiologie, et elle m'apprend que les coups de bâton sont nuisibles à la santé. D'autre part la morale énonce implicitement que ce serait entraver l'accomplissement libre de la destinée de mes semblables que de les rendre malades et peut-être de les tuer. La physiologie et la morale sont donc parfaitement d'accord pour me défendre de donner des coups. Mais s'il était au contraire établi *physiologiquement* que les coups de bâton provoquent le sommeil, facilitent la digestion et guérissent les rhumatismes, la morale devrait m'encourager à frapper mes parents et mes amis ; ou, la morale aurait tort.

Et ainsi de suite. Si la science économique établit, par exemple, que la guerre est absurde, économiquement parlant, parce qu'elle n'est autre chose que l'anéantissement stérile d'une portion de la richesse sociale, l'éthique devra proscrire la guerre, en principe, comme immorale ; ou l'éthique aura tort. Et, dans tous les cas, l'identité des résultats de la morale et de l'économie ne saurait confirmer et justifier que l'excellence de la morale et nullement celle de l'économie.

Ainsi, la théorie très-ingénieuse de l'application de l'algèbre à la géométrie et les deux exemples cités ci-dessus, auxquels on en pourrait ajouter mille autres, démontrent assez que c'est à la morale qu'il appartient de se subordonner aux sciences naturelles, sinon dans son principe, au moins dans ses applications, et que toute morale qui se permettrait de contredire le théorème du carré de l'hypoténuse, les lois de la réfraction, le fait de la circulation du sang, ou les résultats de la théorie de la valeur d'échange, serait une morale ridicule et caduque. Il y en a comme cela.

Veuillez pour un instant, vous, Monsieur Proudhon, vous élever au-dessus de ces considérations de détails qui vous passionnent et vous égarent. Sachez embrasser d'un regard calme et lucide un plus large horizon ; et vous verrez que, dans l'histoire de l'humanité, ce sont les crises de la science qui déterminent les révolutions dans la morale. Dans l'incessant cortège des intelligences vigoureuses, ré-novatrices, progressives, Thalès, Leucippe, Anaxagore, précèdent Socrate, Zénon, Épicure, comme aussi Galilée, Copernic, Kepler, précèdent Voltaire, Rousseau, Condorcet.

N'est-ce pas alors le fait d'une étourderie maladroite que d'aller mettre l'éthique, une éthique logique et saine, en contradiction avec les déductions de l'économie. On dit : — « Voici des faits : la division du travail est le procédé le plus puissant de l'industrie, et la source la plus féconde de la richesse ; mais elle tend en même temps à abrutir l'ouvrier, et conséquemment à créer une classe de serfs. »

Cette assertion est doublement inexacte. Il y a pour l'industrie des procédés plus puissants et pour la richesse des sources plus fécondes que la division du travail : l'emploi des machines par exemple. Une presse d'imprimerie créera cent, deux cents, trois cents fois plus de richesse que n'en créeront ensemble mille, deux mille, trois mille copistes divisant leur travail. Et l'étude de la production démontre que la pratique du principe de la division du travail mène droit à l'emploi des machines.

Léon Walras

— « En même temps que la division du travail est le procédé le plus puissant de l'industrie et la source la plus féconde de la richesse, elle tend à abrutir l'ouvrier, et conséquemment à créer une classe de serfs. Les deux phénomènes sont aussi certains l'un que l'autre. »

Les deux phénomènes sont aussi peu certains l'un que l'autre. Comment ! Voilà par exemple un ouvrier qui dans une journée de dix heures, ne divisant point son travail, fait deux cartes a jouer. Il vit de son salaire, plus ou moins confortablement. Nous, économistes, nous lui donnons les moyens, par le principe de la division du travail, de faire en une journée de dix heures six cents cartes à jouer, ou de faire ses deux cartes à jouer en deux minutes. Et nous l'abrutissons ! Il lui reste neuf heures cinquante-huit minutes pour les employer comme il voudra, faire d'autres cartes et augmenter son salaire et son bien être, rentrer chez lui, causer avec sa femme, instruire ses enfants, s'instruire lui-même, s'initier aux intérêts de la société. Et nous l'asservissons !—« Mais, crierez vous, cela n'arrive point. Le travail se divise et l'ouvrier ne s'enrichit pas ; l'ouvrier s'exténue et il s'abrutit. » Cela est vrai, et je le déplore. Mais cela n'arrive point à cause de la division du travail ; cela arrive malgré la division du travail, et pour d'autres causes. Cherchez-les.

M. Proudhon n'a fait ici qu'abuser lourdement d'une observation de J.-B. Say, qui m'a toujours paru d'une singulière impertinence.

— « C'est un triste témoignage à se rendre, a dit quelque part J.-B. Say, que d'avoir passé sa vie à fabriquer la douzième partie d'une épingle. » Cette observation serait fondée si l'on passait effectivement sa vie à fabriquer la douzième partie d'une épingle. Personne n'y est contraint, grâce au ciel ! L'ouvrier peut avoir des moments de loisir ; après avoir exercé ses bras, il peut trouver des occasions d'exercer son intelligence et son cœur.

D'ailleurs, allons plus loin. L'observation de J.-B. Say, si elle était fondée, devrait aller atteindre jusque dans sa racine et suivre dans toutes ses applications la division du travail, ou ce qu'on appelle d'un autre nom la *spécialité des occupations*. Si c'est un triste témoignage à se rendre que d'avoir fabriqué toute sa vie des têtes d'épingles, c'en est un également que d'avoir passé sa vie à coudre des souliers, à raboter des planches, à tailler des pierres, à labourer le sol. C'est un témoignage aussi peu flatteur à se rendre que d'avoir passé sa vie à enregistrer des actes, à plaider des procès d'héritage ou de séparation de corps, à guérir des fièvres ou couper des jambes. C'est encore un triste témoignage à se rendre que d'avoir passé sa vie à appareiller des rimes, ou àraisonner de la *valeur* et de l'*échange* du *capital* et du *revenu*, de la *rente* et de l'*impôt*, comme a fait M. J.-B. Say qui peut-être ne s'est jamais soucié beaucoup de la botanique, de la médecine, de l'histoire, de la peinture, de la musique, ou de voyager en Italie.

Tout cela serait abrutissant, asservissant. Pas le moins du monde ; ce qui abrutit, ce qui asservit le travailleur, ce n'est pas la spécialité, c'est l'excès du travail spécial auquel il est propre, c'est le salaire insuffisant parce qu'il est perpétuellement écorné, rogné par l'impôt, c'est la misère que ne peut vaincre l'excès du travail.

L'idéal de l'ordre social, c'est que le travailleur, en se livrant au travail auquel il est propre, réussisse à gagner sa vie, à satisfaire aux exigences du présent en se ménageant des ressources pour l'avenir, par une journée de huit ou dix heures de travail ; et qu'il ait ensuite le loisir de cultiver son esprit, d'intéresser son cœur, soit en oubliant un peu sa spécialité, soit en tendant à l'élargir. Nous entendons tous les plaintes qui s'élèvent dans toutes les classes de la société contre un travail abrutissant et asservissant, c'est-à-dire contre un travail excessif et mal rétribué. Or la morale et l'économie politique s'accordent, ou, pour mieux dire, la morale appuyée sur une saine économie politique s'attache à poursuivre l'idéal où nous aspirons tous.

Et quant au fameux principe que *les contraires doivent se balancer et non s'entre-détruire, précisément parce qu'ils sont contraires*, peut-être sommes-nous moins incapables de le connaître et surtout de le comprendre qu'il ne plaît à M. Proudhon de l'affirmer. Par exemple, dans la question qui nous occupe, s'il fallait l'appliquer, je dirais ceci que M. Proudhon n'a pas su dire : — Dans l'état actuel des choses, le travail et l'oisiveté se détruisent, ou du moins se nuisent l'un à l'autre, les uns travaillant trop, les autres ne travaillant pas assez ; tandis que dans une société mieux ordonnée, il y aurait balance ou équilibre entre le travail et l'oisiveté, chacun ayant sa part d'occupation et de loisir.

Je me résume. Des observations qui précèdent, on doit conclure que la terrible antinomie de M. Proudhon s'écroule avec fracas. Il l'énonçait ainsi :

Ce dont il n'est pas permis de douter, c'est que sur le même phénomène l'économie semble dire oui, la Justice non.

Cette assertion n'est admissible à aucun prix. Une économie politique qui dirait obstinément : oui, alors que la justice dirait avec évidence : non, serait une détestable économie politique ; disons mieux, ce ne serait pas de l'économie politique. Et réciproquement, il n'y aurait qu'une justice inique qui pût se mettre en contradiction soit avec la géométrie, soit avec l'optique, soit avec la physiologie végétale ou animale, soit avec la véritable économie politique.

Quant à la théorie de la propriété, de la distribution et de la consommation, quant à la partie des sciences économiques à l'élaboration de laquelle doivent concourir ensemble et la théorie de la valeur d'échange, véritable économie politique, et les principes de la justice, elle doit en effet résulter de l'application de la justice à l'économie politique comme l'analyse de Descartes résulte de l'application de l'algèbre à la géométrie ; c'est-à-dire que la justice doit se subordonner à l'économie politique. Il n'est pas permis délire, comme le fait M. Proudhon, que la justice servira de formule constante à l'économie politique ; c'est au contraire l'économie politique qui doit servir de formule constante à la justice. M. Proudhon intervertit l'ordre logique des idées ; il met la charrue devant les bœufs.

Cela vient de ce qu'il n'a pas une intelligence nette du rôle de la morale, non plus que de celui de l'économie. M. Proudhon semble croire que la justice est quelque chose d'immuable, qu'avant lui personne n'avait aucune idée des principes de la justice, qu'après lui, le monde pourra s'en tenir éternellement à ceux qu'il aura proclamés. Il n'en est rien : l'art de penser, l'art de vouloir, l'art de sentir progressent et se transforment de siècle en siècle en suivant pas à pas le développement des facultés humaines. La justice doit reposer sur un principe fondamental en qui puisse se résumer l'essence non-seulement de l'économiepolitique, mais de toutes les sciences mathématiques, physiques, physiologiques, psychologiques. La morale bénéficie des découvertes de la science.

Et, la subordination des sciences morales aux sciences naturelles étant ainsi comprise, ce n'est point à faire miroiter de ridicules antinomies que le philosophe doit s'attacher, mais au contraire à faire resplendir dans leur simplicité logique des harmonies profondes, intimes, naturelles.

§ 3.

Ou je me fais illusion, ou mes lecteurs, doivent être à peu près convaincus qu'il serait inutile d'attendre M. Proudhon sur le terrain de la véritable économie politique, je veux dire de la première et de la plus importante des sciences économiques, la théorie de la valeur : il ne s'y rendra pas. Nous n'avons en conséquence qu'un parti à prendre, c'est de le suivre où il veut aller, sur le terrain de la morale. Il était indispensable d'établir que la théorie de la valeur d'échange ne pouvait consentir à se subordonner à la justice. Quant à la théorie de la distribution, elle ne saurait, elle, s'y refuser ; et toutefois, sous toute réserve dé discussion. Voyons donc quels sont les principes de justice d'après lesquels M. Proudhon se proposerait de procéder à la répartition de la richesse sociale.

Nous savons, dit-il, ce qu'est la Justice relativement aux personnes, *Respect égal et réciproque*. Mais nous ne voyons pas pour cela ce qu'elle peut devenir quant aux propriétés, fonctions, produits et échanges. Comment l'égalité *personnelle*, qui est l'essence de la Justice, deviendra-t-elle une égalité réelle ? Est-il seulement à présumer que celle-ci puisse et doive être une conséquence de celle-là ?… Tel est le problème qui se pose, comme un piège, devant les théologiens, les philosophes, les légistes, les économistes, les hommes d'État, et que tous, jusqu'à ce jour, se sont accordés à trancher négativement.

Vous comprenez que les théologiens, les philosophes, les légistes, les économistes, les hommes d'État s'étant tous accordés jusqu'à ce jour à trancher le problème négativement, M. Proudhon, qui tient à être toujours seul de son opinion, ne perdra pas une si belle occasion de se distinguer. Lui, tranche aujourd'hui le problème affirmativement, et il conclut à l'*égalité des biens et des fortunes*. Il me semble qu'il serait aisé de faire voir à M. Proudhon combien cette solution n'est point aussi originale qu'elle en a l'air. Mais je ne lé chicanerai pas pour si peu, d'autant plus qu'il va mettre ses adversaires *en contradiction avec les lois de la mécanique universelle*, qu'il va *serrer la difficulté, porter sur elle le flambeau de l'analyse.*

Les lois de l'économie, publique et domestique, sont, par leur nature objective et fatale, affranchies de tout arbitraire humain ; elles s'imposent inflexiblement à notre volonté. En elles-mêmes, ces lois sont vraies, utiles : le contraire impliquerait contradiction.

Il est difficile d'abonder plus complètement dans mon sens que ne le fait ici M. Proudhon. Pourquoi faut-il qu'il ne sache point se maintenir constamment à ce point de vue qui est le vrai ?

Elles ne nous paraissent nuisibles, ou, pour mieux dire, contrariantes, que par le rapport que nous soutenons avec elles, et qui n'est autre que l'opposition éternelle entre la nécessité et la liberté.

Elles ne paraissent telles qu'au seul M. Proudhon. Je proteste encore une fois qu'il ne m'est jamais arrivé, quant à moi, de croire que le théorème des triangles semblables, les lois de Képler ou les résultats de la théorie de la valeur pussent me nuire ou me contrarier.

Toutes les fois qu'il y a rencontre entre l'esprit libre et la fatalité de la nature, la dignité du moi en est froissée et amoindrie ; elle rencontre là quelque chose qui ne la respecte pas, qui ne lui rend pas justice pour justice et ne lui laisse que le choix entre la domination et la servitude. Le moi et le non-moi ne se font pas équilibre. Là est le principe qui fait de l'homme le régisseur de la nature, sinon son esclave et sa victime.

L'antinomie reparaît. Au reste, nous devions bien nous douter, en suivant M. Proudhon sur le terrain de la morale, que nous l'y retrouverions caracolant sur son grand dada de bataille. L'opposition entre la nécessité et la liberté n'est point aussi profonde que la fait M. Proudhon. Disons mieux : la nécessité et la liberté s'opposent moins l'une à l'autre qu'elles ne se corrigent, au contraire, qu'elles ne se font valoir l'une par l'autre, qu'elles ne s'harmonisent ensemble. Où irons-nous, grand Dieu ! s'il n'y avait dans ce monde que de la liberté et point de nécessité, si les plus fougueux élans de la volonté de l'homme ne rencontraient une infranchissable barrière dans la fatalité de la nature ! Il a pu se trouver un jour un despote capable de souhaiter que son peuple n'eût qu'une tête, pour la trancher d'un coup : De tels monstres sont rares ; mais es fous ne le sont-ils pas beaucoup moins ? Et demain peut-être il s'en trouverait un capable d'anéantir la haleur du soleil et la lumière du jour, pour le bonheur de l'humanité ! Quel déplorable esprit de sophistique ! Le moi, seul dépositaire de la liberté, de la justice et du respect, froissé, amoindri dans sa dignité parce que la nature extérieure et fatale ne le respecte pas, ne lui rend pas justice pour justice ! Une force s'indignant de ce qu'on lui fournit un point d'appui résistant ! La vapeur et le piston ne se faisant pas équilibre ! Et pour ne laisser au moi vis-à-vis de la fatalité extérieure que le choix entre la domination et la servitude, pour faire de l'homme le régisseur de la nature sinon son esclave et sa victime, fallait-il ignorer et dénaturer l'admirable formule de Bacon : *L'homme ne commande à la nature qu'en lui obéissant ?*

Ceci établi, le problème de l'accord entre la Justice et l'économie se pose en ces termes, je reprends l'exemple cité plus haut de la division dn travail :

Étant donnée une société où le travail est divisé, on demande qui subira les inconvénients de cette division.

À mon tour, je demande à M. Proudhon : — Étant donnée une société où le travail est divisé, et la division du travail ayant plus d'avantages que d'inconvénients, ou, pour mieux dire, la division du travail n'ayant que des avantages et point d'inconvénient, on demande qui profitera des avantages de cette division.

Nous voilà bien avancés ! Et il importait bien de mettre le feu aux antinomies pour ne pas éclairer, pour ne pas même poser la question. Non, la question n'est point posée, je ne l'accepte pas dans ces termes. Et tant qu'il me restera un souffle de voix, je crierai à M. Proudhon : — Je n'admets point que la division du travail abrutisse les ouvriers. Je n'admets point que les lois naturelles : mathématiques, physiques, astronomiques, physiologiques, économiques, soient entachées d'un caractère nuisible ou contrariant. Je n'admets point que nous soyons placés vis-à-vis de la nature dans l'alternative de la servitude ou de la domination : nous lui obéissons, et nous lui commandons tout ensemble ; nous ne lui commandons qu'en lui obéissant. C'est un plat de votre métier que vous me servez là : c'est le dogme du *péché originel* accommodé à une sauce hypocrite. Remportez ce plat ; je le connais, je ne l'aime point, et j'en suis bien aise,…

Et puisque vous ne pouvez venir à bout de poser tout seul la question de la distribution, je la pose moi-même :

Étant données, d'une part : 1° des valeurs naturelles ; 2° des valeurs produites dont l'ensemble constitue, en capitaux et revenus, la richesse sociale ;

Étant données, d'autre part, des personnes en société ;

On demande en vertu de quels principes de justice il sera procédé à la répartition de la richesse, dans la société, entre les personnes.

Telle est la question de la distribution des richesses ; et bien avant que M. Proudhon se fût donné la peine de l'obscurcir, il s'en était présenté deux solutions opposées :

Première solution. C'est la solution de M. Proudhon et de tous les égalitaires. Le principe qui doit présider à la répartition de la richesse sociale est le suivant :— Les hommes sont absolument et naturel lement égaux. Qu'on leur distribue donc la richesse sociale par portions égales. Égalité des conditions et des positions.

Deuxième solution. C'est la solution des inégalitaires. Les hommes sont absolument et naturellement inégaux. Qu'on leur distribue la richesse sociale par portions inégales. Inégalité des conditions et des positions.

Telles sont les deux solutions qui depuis longtemps se sont offertes à vider la question de la distribution des richesses, la seconde soutenue par tous les hommes qu'enchaîne l'habitude d'une pratique immémoriale, la première se ralliant les sympathies des esprits plus ou moins intelligemment progressifs.

Maintenant, qu'on me permette d'en proposer une troisième.

En tant qu'êtres libres et personnels, tous les hommes sont égaux. Les personnes s'opposent aux choses ; mais toute personne, en tant que personne, en vaut une autre. Ce principe sert de base à une première forme de la justice, la justice commutation qui a pour attribut une *balance*.

En tant qu'ils accomplissent librement leur destinée d'une manière plus ou moins heureuse ou plus ou moins méritoire, il se révèle chez les hommes des différences d'aptitudes, de talent, d'application, de persévérance, de succès qui les font inégaux ; et cette inégalité est le fait sur qui se fonde la justice*distributive*, laquelle a pour symbole une *couronne*.

L'ÉCONOMIE POLITIQUE ET LA JUSTICE

Les hommes sont donc égaux et inégaux à la fois, égaux en tant que personnes, inégaux en tant qu'ils prennent un rôle plus ou moins brillant ou effacé, généreux ou funeste dans la société.

Alors, qu'ils jouissent tous des mêmes conditions, c'est-à-dire qu'en débutant dans l'accomplissement de leur destinée, ils trouvent tous à leur disposition les mêmes ressources et moyens d'action ; qu'ils arrivent à des positions différentes suivant qu'ils auront fait de leurs ressources et moyens d'action un usage plus ou moins heureux ou déplorable.

Voilà quelles conclusions ressortent du principe des deux justices. L'état normal de la société ne peut être mieux défini que par une comparaison empruntée au jeu de la course. Que tous les concurrents partent du même point, qu'aucun d'eux ne prenne au début une avance sur les autres. C'est le vœu de la justice commutative. Que les plus agiles passent les premiers, arrivent au but avant les autres ; qu'ils reçoivent les prix destinés aux vainqueurs. Ainsi le réclame la justice distributive.

Égalité des conditions ; inégalité des positions, telle est alors la véritable formule sociale ; tel est le principe fondamental qui devrait présider à la répartition de la richesse sociale entre les personnes en société. Ici, nous n'avons point à tirer de ce principe ses déductions pratiques et rigoureuses, nous n'avons point à faire une théorie de la distribution et de la propriété. Nous n'avons absolument qu'à défendre le principe lui-même ; et cette défense se fait toute seule. On peut dire, en effet, des deux» théories de l'égalité absolue et de l'inégalité absolue ce qu'a si bien dit Jouffroy du matérialisme et du spiritualisme philosophiques. Il n'y a pas de meilleure réfutation de la théorie égalitaire que la théorie inégalitaire, ni de la théorie inégalitaire que la théorie égalitaire. M. Proudhon confond perpétuellement les deux formes de la justice, ou plutôt avec tous les égalitaires, il tend à faire rentrer la justice distributive dans la justice commutative. Avouons aussi qu'il n'a pas, en effet, manqué de théologiens, de philosophes, de légistes, d'économistes, d'hommes d'État disposés à faire rentrer la justice commutative dans la justice distributive. On conçoit que tous ces théoriciens ennemis se trouvent, en présence les uns des autres, dans la même position où étaient aussi les matérialistes décidés à expliquer les phénomènes de la conscience par les sens, et les spiritualistes décidés à expliquer les phénomènes des sens par la conscience.

Les égalitaires, ayant constaté l'égalité primitive et naturelle des êtres personnels, en concluent à l'égalité absolue. Les inégalitaires, observant l'inégalité résultante, éventuelle, des citoyens, en concluent à l'inégalité absolue. Alors les uns s'attachent à l'égalité, les autres se cramponnent à l'inégalité, oubliant tous que l'égalité et l'inégalité sont deux faits aussi certains, aussi nécessaires, aussi indestructibles l'un que l'autre, et méconnaissant que le problème moral consiste à leur faire la part à chacun, à leur tracer la limite hors de laquelle ils ne doivent point s'étendre. Il faut veiller à ce que l'inégalité ne pénètre pas dans le domaine de l'égalité ; il faut veiller à ce que l'égalité ne vienne point s'imposer là où doit régner l'inégalité. Il faut, en un mot, les concilier, en vertu de ce principe peu connu de M. Proudhon, et — puis-je le dire sans sourire ? — de moins en moins compris par lui :—que les contraires doivent non s'entre-détruire, mais se soutenir, précisément parce qu'ils sont contraires.

Malheureusement, la plupart des hommes sont exclusifs. Les démocrates égalitaires font sonner bien haut l'égalité des êtres personnels, et ils abondent dans le sens de la justice commutative. Les aristocrates inégalitaires relèvent à leur tour les droits de l'inégalité de mérite, et ils ne connaissent rien que la justice distributive. Encore faut-il ajouter, pour être quitte avec eux, qu'ils n'arrivent en définitive, les uns et les autres, qu'à mutiler toute espèce de justice.

Au premier abord, pour en revenir à M. Proudhon, il semble, si l'on n'est pas informé de la confusion, qu'entre lui et ses adversaires, lés ténèbres soient aussi complètes que possible. Les § § XXII, XXIII, XXIV, XXV, XXVI de sa troisième étude fatiguent l'attention en la promenant à travers un chaos d'idées confuses , d'erreurs et de contradictions. Une fois au courant de la question, il suffit de les laisser tous aller, ses adversaires et lui, pour les voir se réfuter les uns les autres le mieux du monde. L'égalité des biens et des fortunes, dit-on, n'est pas la Justice ; on va même jusqu'à dire qu'elle est contre la Justice.

Assurément, l'égalité des biens et des fortunes provoquée violemment est injuste. Nous ajouterons, par exemple, comme correctif, que l'inégalité des biens et des fortunes favorisée frauduleusement n'est pas moins injuste. Égalité des conditions ; inégalité des positions : voilà la loi du monde social. L'État pour tous, et chacun pour soi.

« C'est en rompant l'égalité que la société naquit, dit M. Blanc-Saint-Bonnet ; c'est pourquoi la charité est la dernière loi de la terre...

« Vous répétez que l'Evangile a proclamé l'égalité des hommes : c'est faux. L'égalité est un faux nom de la Justice. L'Évangile savait si bien l'inégalité qui résulte de notre liberté, qu'il institua la charité pour ce monde, la réversibilité pour l'autre. L'égalité est la loi des brutes ; le mérite est la loi de l'homme. » (*De la Restauration française*, p. 90 et 124).

Il est certain que M. Blanc-Saint-Bonnet a parfaitement raison, quand il déclare qu'il résulte une certaine inégalité de notre liberté, que le mérite est la loi de l'homme. Faute de connaître l'égalité naturelle et la justice commutative, il fait à l'Évangile le plus sanglant outrage. M. Proudhon, lui, voit bien l'égalité naturelle, mais non la loi du mérite, Chacun des deux adversaires s'enfonce dans son point de vue exclusif : le partisan de l'égalité nie impertinemment l'inégalité, le partisan de l'inégalité blasphème l'égalité.

L'année 1789 a sonné. Toutes les anciennes hypothèses légales, admises jusqu'alors comme l'expression pure de la Justice et sanctionnées par la religion, sont reprochées par le nouveau législateur : droits seigneuriaux, hiérarchie de classes, noblesse, tiers-état, vilainie, corporations, maîtrise, privilèges de fonctions, de clochers, de provinces, bancocratie et prolétariat.

M. Proudhon s'en donne à cœur-joie contre l'inégalité des conditions : il a raison, on peut lui abandonner la féodalité.

À la place de cette inégalité systématique, créée par l'orgueil et la force, la Révolution affirme, comme propositions identiques, 1. l'égalité des personnes ; 2. l'égalité politique et civile ; 3. l'égalité des fonctions, l'équivalence des services et des produits, l'identité des valeurs, l'équilibre des pouvoirs, l'unité de loi, la communauté de juridiction ; d'où résulte, sauf ce que les facultés individuelles, s'exerçant en toute liberté, peuvent y apporter de modifications. 4. l'égalité des conditions et des fortunes.

1. L'égalité des personnes, c'est très-bien. 2. L'égalité politique et

civile, c'est encore très-bien. 3. L'égalité des fonctions, l'équivalence des services et des produits, l'identité des valeurs, c'est beaucoup moins heureux. Tous les services et produits ne sont pas équivalents, toutes les valeurs ne sont pas identiques. La Révolution a-t-elle jamais affirmé cette absurdité ? Cela ne m'est point démontré. Dans tous les cas, peu m'importerait : la Révolution n'a pas soupçonné la théorie de la valeur.

Quant à 4. l'égalité des conditions et des fortunes, distinguons. L'égalité des conditions est l'idéal de la justice commutative, et cet idéal, l'humanité l'a poursuivi, le poursuit, et le poursuivra toujours avec une invincible obstination à travers toutes les iniquités de l'esclavage, du servage, du prolétariat. L'égalité des fortunes est une chimère en contradiction avec le vœu de la nature, qui est que la position de chacun soit une conséquence de son génie, de ses vertus, ou de sa nullité et de ses vices. Au reste, M. Proudhon n'a pas manqué de se contredire. Cette restriction : *sauf ce que les facultés individuelles, s'exerçant en toute liberté, peuvent y apporter de modifications*, renverse tout son échafaudage, repousse l'égalité des fortunes, consacre l'inégalité des positions et rétablit tous les droits de la justice distributive.

J'arrive à l'argument des théoriciens de, l'inégalité.

La Justice, disent-ils, est égalitaire ; la nature ne l'est pas.

C'est ici qu'interviennent les lois de la mécanique universelle. Très-inutile fantasmagorie ! Il n'y avait besoin que de dire :—La justice et la nature sont égalitaires et inégalitaires l'une et l'autre. C'est parce qu'il y a des égalités et des inégalités dans la nature, que la justice doit consacrer à la fois l'égalité et l'inégalité ; et que la tâche du philosophe consiste à tracer la limite du domaine de l'égalité et de l'inégalité, au point de vue du droit.

Les phénomènes économiques appartiennent à la fatalité objective ; prétendre les plier aux convenances de la Justice, ce serait vouloir mettre la nature sur le lit de Procuste, faire violence à la nécessité, une folie monstrueuse.

Évidemment ! et c'est précisément pour ne pas mettre la nature sur le lit de Procuste, et pour ne point faire violence à la nécessité qu'il convient de faire la part à l'égalité et à l'inégalité. Les théoriciens de l'inégalité absolue mettent la nature sur le lit de Procuste quand ils nient l'égalité des personnes et repoussent l'égalité des conditions. Les égalitaires absolus font violence à la nécessité quand ils dissimulent l'inégalité des mérites et proscrivent l'inégalité des positions. M. Jobard l'inégalitaire, et M. Proudlion l'égalitaire mettent également la nature sur le lit de Procuste et font une égale violence à la nécessité quand ils s'acharnent avec la même fureur à ne permettre à la réalité, à ne voir dans la mécanique universelle, l'un que l'inégalité, l'autre que l'égalité *en tout, partout et pour tout*. C'est insensé !

L'égalité qu'on entend nier est celle des êtres semblables.

Alors, pourquoi ne vous suffit-il pas de la défendre ?

Tous les individus dont se compose la société sont, en principe, de même essence, de même calibre, de même type, de même module…

Certes, cela est vrai : ce passage est excellent. Toutefois pour ne pas me laisser entraîner avec vous jusqu'à méconnaître les droits de la justice distributive, je veux relire encore la phrase non moins excellente de M. Blanc-Saint-Bonnet :— « L'égalité est la loi des brutes ; le mérite est la loi de l'homme. »

La Révolution…, partant du principe que l'égalité est la loi de toute la nature, suppose que l'homme par essence est égal à l'homme, et que si, à l'épreuve, il s'en trouve qui restent en arrière , c'est qu'ils n'ont pas voulu ou pas su tirer parti de leurs moyens. Elle considère l'hypothèse de l'inégalité comme une injure gratuite… C'est pour cela qu'elle déclare tous les hommes égaux en droits et devant la loi… afin de réaliser de plus en plus dans la société cette Justice égalitaire, que tous les citoyens jouissent de moyens égaux de développement et d'action.

…Cette justice égalitaire, que tous les citoyens jouissent de moyens égaux de développement et d'action, mais c'est la justice commutative ! À merveille !Égalité des conditions ! Qu'aviez-vous besoin, pour en venir là, d'invoquer sottement l'équivalence des produits, l'identité des valeurs ? Mais ce n'est pas tout ; et si vous constatez en même temps qu'un certain nombre de citoyens*restent en arrière parce qu'ils n'ont pas voulu ou pas su tirer parti de leurs moyens*, vous consacrez implicitement le principe de la justice distributive, et les droits de l'inégalité. Inégalité des positions ! Touchez-là :

Léon Walras

nous sommes d'accord !

Je crois, par exemple, que vous avez tort si vous pensez que *ce n'est pas en vertu de cette inégalité, singulièrement exagérée d'ailleurs, que la société se soutient, mais que c'est malgré cette inégalité.* Il ne serait pas difficile, je crois, de prouver à posteriori que l'inégalité des positions est favorable au maintien de la société. *A priori*, c'est encore plus aisé : si cette inégalité, exagérée ou non, a sa source dans un fait naturel, comme cela est, il ne peut y avoir que tout profit pour la société à lui faire sa part. Je ne veux plus d'antinomies.

Il y a cependant une remarque à faire tout en faveur de M. Proudhon, et que je fais avec plaisir. Je pense, en effet, que cette inégalité, dans la société telle qu'elle est aujourd'hui constituée, est exagérée, La cause de cette exagération est évidente : elle gît dans ce fait que nous n'avons pas encore conquis l'égalité des conditions. Au jeu de la course sociale, les concurrents, au début, ne sont pas en ligne, ce qui donne aux uns une avance, aux autres un retard considérables. Tous les citoyens, en entrant dans la vie, ne jouissent pas de moyens égaux de développement et d'action. À mesure que le principe de l'égalité des conditions s'inscrit peu à peu dans la loi, on voit effectivement diminuer l'inégalité des positions. Cela n'empêche pas que cette inégalité ne soit inévitable, favorable au maintien de la société et que le philosophe n'en doive tenir compte.

Autre remarque purement historique. M. Proudhon oppose le système de l'égalité absolue au système de l'inégalité absolue, et, sans restrictions, fait responsables du premier la Révolution, du second l'Église. Cette double assertion n'est-point exacte.

Le système de l'inégalité absolue est moins le système de l'Église que celui de la société féodale. Au christianisme appartiendra toujours l'honneur d'avoir proclamé hautement le principe d'égalité. En disant les hommes *frères*, l'Évangile les disait *égaux* : car la fraternité n'est que l'expression orientale et figurée de l'égalité, deux frères étant ce qu'il y a de plus égal au monde. Que, plus tard, obligé de s'implanter dans un sol ensemencé, de s'organiser en société civile et politique, le christianisme ait repoussé les instincts si profondément justes de son début pour subir les iniquités de la féodalité, qu'il soit devenu le catholicisme, je ne puis ni ne veux songer à le dissimuler ; son excuse, c'est qu'il ne pouvait faire autrement. Quoi qu'il en soit, ce n'est pas à l'Église, ce n'est pas au catholicisme, ce n'est pas surtout au christianisme qu'il faut reprocher d'avoir méconnu l'égalité des personnes : c'est à la constitution féodale. L'Église n'a pas été libre de ne pas oublier la belle maxime de Cicéron :*Una omnes continet definitio, ut nihil sit uni tant simile tam par quam nosmet inter ipsos sumus.*

En ce qui concerne la Révolution, certes je l'admire comme un grand et magnifique élan vers l'égalité. Mais mon admiration ne m'aveugle point. Les hommes qui la dirigèrent ne surent jamais distinguer nettement les droits de l'égalité des droits de l'inégalité. Il y a plus : le dogme de l'égalité des conditions une fois inscrit dans toutes les constitutions, ils n'en surent guère poursuivre la réalisation : il leur manquait surtout pour cela des connaissances économiques.

Égalité devant la loi, telle est la formule révolutionnaire ; et, dans sa généralité, elle est exacte. Mais il faut en venir à l'application, et l'on ne tarde pas à se convaincre que l'égalité devant la loi implique nécessairement :

L'égalité devant la loi *civile*.

L'égalité devant la loi *politique*.

L'égalité devant la loi *économique*.

La tâche que nous avons à poursuivre, c'est d'organiser ces diverses sortes d'égalité, de faire ainsi passer le dogme révolutionnaire dans toutes les parties de l'organisme social.

Ce travail sera long ; M. Proudhon peut y prendre, s'il le veut, une part active ; la première chose qu'il ait à faire, par exemple, c'est de renoncer complètement à sa théorie de l'égalité absolue devant ce qu'il appelle les*servitudes de la nature, à cette théorie si nette, si rationnelle, si bien fondée en fait et en droit…qui affranchit l'homme du fatalisme économique.* En premier lieu, il n'y a point, il n'y aura jamais de théorie assez nette, assez rationnelle pour affranchir l'homme du fatalisme économique, pas plus que pour l'affranchir du joug de la nécessité mathématique, physique, astronomique, physiologique. En second lieu, la servitude que nous impose la nature est aussi bien un triomphe pour nous, et l'univers n'est point peuplé d'antinomies irréconciliables ; il est constitué par un ensemble de faits harmoniques se limitant, il est vrai, les uns les autres, mais s'entr'aidant au lieu de se nuire, et concourant tous au développement de leur ensemble.

En conséquence il serait inutile, si ce n'était impossible, d'affranchir l'humanité du fatalisme économique. Il y a tout simplement à conquérir l'égalité devant la loi économique, c'est-à-dire à répartir la richesse sociale entre les personnes en société conformément aux principes de l'égalité des conditions, de l'inégalité des positions, aux lois de la justice commutative et de la justice distributive.

Je répète que je n'ai point ici à formuler une théorie de la propriété et de la distribution. Et cependant s'il fallait faire comprendre comment on peut, dans un cas donné, passer aisément d'une bonne théorie à une saine application, je dirais dès à présent, sous toute réserve d'un examen plus approfondi : En ce qui touche à la distribution de la richesse sociale entre les personnes en société,

La justice commutative, fondée sur le principe de l'égalité des conditions, réclame que tous les individus possèdent chacun une part égale des valeurs que la nature a données à tous, ou si l'on veut, que tous les individus possèdent en commun les valeurs que la nature a données à tous en commun.

La justice distributive appuyée sur le principe de l'inégalité des positions exige que chaque individu possède en propre les valeurs que la nature n'a données qu'à lui ou qu'il s'est données à lui-même par le développement libre, persévérant, heureux de ses facultés.

SECTION II
Catégorie économique : — l'Échange.

§ 1.

Mon lecteur sait-il bien où il en est ; et se rend-il un compte exact du chemin parcouru ? Pour le cas où il eût perdu de vue l'ensemble de la discussion, je la résume en quelques mots. Au début de cette étude, je me suis attaché à lui faire distinguer dans la science économique deux questions bien distinctes : 1° la question de la valeur d'échange et de l'échange, 2° la question de la propriété et de la distribution des richesses. Il n'a pas dépendu de moi de suivre l'ordre logique des choses et d'aborder en premier lieu la première de ces questions : M. Proudhon tenait à vider préalablement la seconde. Il est convenable, pour expliquer cet entêtement, de dire qu'aux yeux de M. Proudhon les deux questions n'en font qu'une, ou, mieux encore, que M. Proudhon ne soupçonne pas la question de la valeur d'échange et de l'échange. Quoi qu'il en soit, il a résolu la question de la distribution par cette formule : *Égalité des conditions et des positions* ; moi par cette autre formule : *Égalité des conditions ; inégalité des positions*. Il a donné ses raisons, moi les miennes ; que l'on juge entre nous. Et, toutefois, je tiens à ce que M. Proudhon soit déchiré par le regret d'avoir eu presque entre les mains le fil qui l'eût conduit à la vraie solution, sans avoir su le retenir.

En abordant son chapitre des *Balances économiques*, M. Proudhon juge à propos de se laisser aller à quelques récriminations contre la théorie de la justice divine, et il dit :

C'est elle qui produit ce système de privilèges, de monopoles, de concessions… où les biens du prince sont confondus avec ceux de la nation, la propriété individuelle avec la propriété collective.

…*La propriété individuelle* avec la *propriété collective*, tout est là : ces quelques mots renferment l'idée la plus nette et la plus précise du problème social tel que j'ai tenté de le poser, et, si l'on s'en souvient, de le résoudre. Mais cette idée passe comme un éclair devant les yeux de M. Proudhon, quand sa thèse est établie ; puis elle s'efface et ne renaît plus. S'il avait pu songer à s'appesantir sur cette distinction, sans doute M. Proudhon n'eût pas manqué de chercher au moins, sinon de trouver, le moyen de concilier la propriété et la communauté, l'égalité et l'inégalité, la justice commutative et la justice distributive. N'est-il pas étonnant qu'ici, pour la première fois, M. Proudhon s'avise de signaler une propriété individuelle et une propriété collective, sans songer encore à leur faire la part à chacune ? N'est-il pas triste qu'il ait passé sa vie à déblatérer contre la propriété et contre le communisme, sans jamais faire attention à ce que l'individualisme et le communisme pouvaient avoir chacun de légitime et de fondé ?

Maintenant, abandonnons la question de la distribution et de la propriété pour en venir à celle de la valeur d'échange et de l'échange. Je demande la permission d'exposer en premier lieu mes idées :

car celles de M. Proudhon sont tellement obscures qu'il me faut avoir l'intelligence la plus claire du problème, afin de compléter en quelque sorte la théorie de mon adversaire, pour la réfuter ensuite.

De l'échange. — L'échange, ai-je dit déjà, consiste en ceci que certaines choses, en très-grand nombre, n'étant point gratuites, ne peuvent être obtenues par ceux qui les désirent de ceux qui les détiennent qu'en retour et moyennant cession d'autres choses équivalentes.

C'est là ma définition, et je tiens à faire voir tout ce qu'elle comporte.

I. Ainsi défini, l'échange implique l'appropriation ; et nous laissons tout à fait de côté, pour en faire une théorie distincte, une théorie morale, la question de légitimité ou d'illégitimité de l'appropriation.

II. L'échange implique la valeur d'échange ; et nous constatons tout de suite que la théorie particulière de l'échange rentre dans la théorie générale de la valeur d'échange, théorie naturelle. En élaborant méthodiquement la question de la valeur d'échange, on est conduit à en décrire les effets et les conséquences ; par suite, à faire l'analyse des transactions sociales qui toutes se ramènent à l'échange : *entreprises, ventes et achats, circulation, escompte, prêts et emprunts, fermages, intérêts, salaires…* La théorie générale de la valeur d'échange et la théorie particulière de l'échange n'en font donc qu'une seule et unique ; et l'on doit considérer le travail de l'économiste analysant l'échange comme analogue, par exemple, à celui du chimiste qui rendrait soin de placer une nomenclature minéralogique dans un traité de chimie générale.

III. Mais pour ne retenir de la théorie générale de la valeur d'échange que ce qui se rapporte plus spécialement à l'échange, et pour tirer tout le fruit de ma définition, je ferai encore une observation fondamentale. Tel que je l'ai défini, l'échange implique l'équivalence des objets échangés ; c'est-à-dire que je n'appelle point échange l'obtention ou la cession gratuite d'objets ayant une certaine valeur, non plus que l'obtention ou la cession d'objets ayant une certaine valeur contre d'autres objets non équivalents ; c'est-à-dire que, pour moi, l'équivalence ou l'égalité de valeur entre les objets échangés est, par définition, l'essence, l'âme et la loi de l'échange.

« C'est donc par là, pour le dire en passant, que l'échange se distingue profondément de la donation et du vol, aussi bien que au jeu. Dans la donation, le donateur ne reçoit rien à la place de ce qu'il donne ; le donataire ne donne rien à la place de ce qu'il reçoit. La même chose arrive dans le vol entre le spoliateur et sa victime. Dans le jeu il n'y a que des chances échangées. Au commencement de la partie, chaque joueur court la chance de perdre et la chance de gagner ; mais lorsque la partie est terminée, un seul gagne et un seul perd. Celui qui a gagné n'a donné, en échange de son gain, que la chance qu'il a courue de perdre autant qu'il a gagné ; et celui qui a perdu n'a reçu, en retour de sa perte, que la chance qu'il a courue de gagner précisément autant qu'il a perdu. Tout cela en rejetant le cas de la friponnerie, et en admettant que le jeu ait été loyal de part et d'autre. Dans l'échange proprement dit, chaque contractant vend et achète ; chaque contractant donne et reçoit. Il y a, de part et d'autre, un sacrifice égal, et une compensation égale au sacrifice.[1] »

Cette condition d'équivalence dans l'échange est donc une loi naturelle, tout comme la théorie de la valeur d'échange est une théorie naturelle. Les échanges, sous toutes les formes que nous avons énumérées, s'opèrent au sein de la société comme sur un marché. On veut acheter, on veut vendre. On demande, et l'on offre d'échanger. La valeur effective s'établit en rapport de la demande effective à l'offre effective ; et les échanges se font en raison des valeurs, entre objets équivalents, aussi nécessairement, aussi fatalement que fatalement et nécessairement aussi se combinent, en équivalents chimiques, une base et un acide pour former un sel. L'échange est régi par la situation du marché ; autrement dit, l'echange se régit lui-même, indépendamment de tout arbitraire humain. Que la police veille à la loyauté des transactions comme elle doit veiller à ce qu'un chimiste, avec ses substances, n'empoisonne pas ses voisins, rien de mieux ; mais l'éthique n'a rien à faire ici.

Le rôle de la justice vis-à-vis de l'échange est un rôle négatif : tout ce qu'on peut lui demander c'est de s'abstenir, c'est de respecter la liberté du marché, de telle sorte que l'offre et la demande effectives se rapprochant de plus en plus de l'offre et de la demande absolues, la valeur effective se rapproche aussi de plus en plus de la valeur

1 M. Walras, *De la Richesse sociale*

absolue. Liberté d'échange ! Laissez demander, laissez offrir. Laissez produire, laissez entrer ; ou, pour en revenir à l'excellente formule des physiocrates : — *Laissez faire ; laissez passer.*

En résumé, je conclus : 1° que le fait de l'échange se produit par définition entre valeurs égales, les valeurs étant déterminées par le rapport de la somme des besoins à la somme des provisions, sur le marché ; 2° que le fait de l'échange se produit ainsi spontanément et naturellement, comme un fait naturel qui se régit lui-même ; 3° que le rôle complètement négatif de la justice vis-à-vis de l'échange consiste à s'abstenir et à respecter la liberté du marché.

Et, en conséquence, je borne mon rôle d'économiste naturaliste à tenter d'exposer, pour les analyser ensuite, le plus exactement possible, les diverses ma nifestations du fait de l'échange : entreprises, ventes et achats, etc., etc.

Cette façon d'entendre l'échange n'est point celle de M. Proudhon. Il aborde autrement la question : lui, tout au contraire, en cherche précisément les origines dans la morale.

Toute la moralité humaine, dit-il, dans la famille, dans la cité, dans l'État, dans l'éducation, dans la spéculation, dans la constitution économique, et jusque dans l'amour, dépend de ce principe unique : Respect égal et réciproque de la dignité humaine, dans toutes les relations qui ont pour objet soit les personnes, soit les intérêts.

Tout cela est assurément dit en fort mauvais termes. Peut-être est-ce très-neuf ; mais, à coup sûr, c'est très-vague. On comprend cependant que M. Proudhon pose, comme un principe de morale, le respect réciproque de la dignité de l'homme. Comment de là va-t-il passer à l'échange ? En concluant de la réciprocité du respect à la réciprocité du service.

La théorie de la Justice humaine, dans laquelle la réciprocité de respect se convertit en réciprocité de service, a pour conséquence de plus en plus approchée l'égalité en toutes choses. Elle seule produit la stabilité dans l'État, l'union dans les familles, l'éducation et le bien-être pour tous, d'après l'axiome 5, la misère nulle part.

Voyons un peu l'axiome 5. Le voici :

5. Rien ne peut être balancé par rien :—principe d'égalité et de stabilité.

L'ÉCONOMIE POLITIQUE ET LA JUSTICE

L'axiome 5 est séduisant, la perspective de voir se produire la stabilité dans l'État, l'union dans les familles, etc., plus séduisante encore, s'il est possible. Avec tout cela quel rapport philosophique ou moral, théorique ou pratique, y a-t-il du respect au service ? Et de quoi nous sert-il de conclure plutôt de la réciprocité du respect à la réciprocité du service, que de la réciprocité du service à la réciprocité du respect ou à telle autre réciprocité qu'on pourrait imaginer ? C'est ce que je ne saurais dire, en vérité.

Pourquoi changer les termes admis dans la science, quand d'ailleurs ils sont excellents et que de plus on ne sait les remplacer que par d'autres vagues et mal définis ? C'est ainsi qu'on ouvre la porte aux sophismes, aux équivoques, aux discussions interminables. La justice se fonde sur la réciprocité du droit et du devoir. N'est-ce point assez clair ? Pourquoi le respect ? Pourquoi le service ? Respect ne dit point assez ; service dit beaucoup trop, le service est un mot qui implique une foule de choses en dehors du droit et du devoir. Qu'on me permette ici de ramener encore une fois la question dans ses véritables termes.

Il y a trois ordres de services, ou trois principes différents de relations entre les hommes : 1° la justice ou le droit et le devoir ; 2° l'association ou l'assurance mutuelle ; 3° la charité ou le dévouement. À ces trois principes se rapportent trois catégories de rapports sociaux ou de services bien distincts et qu'à tout prix on ne doit jamais confondre. Le devoir qui correspond à un droit, c'est l'obligation stricte et rigoureuse, c'est ce qu'on ne peut pas ne pas faire. L'association ou l'assurance mutuelle est un fait parfaitement légitime, mais libre et qui ne peut s'imposer. La charité ou le dévouement est un fait plus libre encore et qui peut encore moins s'imposer ; car l'imposer c'est le détruire, c'est lui ravir la spontanéité qui l'explique et qui le glorifie.

La justice fondée sur la réciprocité du droit et du devoir, telle est la base de la société, la base de granit sur laquelle repose tout l'édifice social ; l'association et la charité en sont le couronnement et le faîte. L'association, l'assurance mutuelle sont des principes de relations avantageuses autant que légitimes et qu'il est bon d'encourager. Pour tous les cas que la loi n'a pas réglés, pour toutes les éventualités que l'association n'a pas pu ou pas su prévoir, reste le dévouement ou la charité qui ne procède ni d'un droit reconnu, ni d'un engagement préalablement consenti, mais qui jaillit d'un élan sympathique de l'homme pour l'homme. C'est ainsi que toutes les applications concourent au bien général ; mais il ne faut rien intervertir ; il faut laisser à chaque principe son caractère, sa portée, ne les jamais substituer l'un à l'autre.

C'est parce qu'ils ignoraient la justice que les premiers chrétiens firent de la charité une obligation, chose qui répugne essentiellement à la nature de la charité ; c'est encore par ignorance du droit et du devoir que nos modernes philanthropes préconisent si hautement l'association et l'assurance mutuelle. À Dieu ne plaise que je repousse l'association et que je méprise le dévouement ; je reconnais volontiers toute l'efficacité de l'assurance mutuelle, toute la puissance de la charité ; mais je tiens avant tout, par-dessus tout, à la justice fondée sur la réciprocité du droit et du devoir parce qu'elle ne laisse rien à l'arbitraire, parce qu'elle commande impérieusement, parce que l'association et la charité n'ont le droit d'intervenir que lorsque la justice a prononcé son dernier mot.

Est-ce bien entendu ? Eh bien donc ! je ne me soucie, Monsieur Proudhon, ni de votre respect, ni de vos services subordonnés ou réciproques. Je veux parler toujours la langue de la philosophie et de la science, et je vous demande encore une fois, mais c'est pour la dernière :—Pouvez-vous nous définir nettement, en bons termes, le rôle de la justice fondée sur la réciprocité du droit et du devoir, vis-à-vis de l'échange ? Si vous ne le pouvez point, cessez de l'essayer. Et quant à ce rôle, voici quel il est.

Je me trouve avoir entre les mains une certaine portion de richesse sociale ; et je me propose de l'échanger.

Première question. Ai-je eu, oui ou non, le droit de m'approprier ces valeurs ? En suis-je, oui ou non, le légitime propriétaire ? En vertu de quels principes généraux de justice le puis-je être ? C'est la question de propriété et de distribution.

Deuxième question. Si j'engage mes valeurs en : *entreprises, ventes et achats, circulation, escompte, prêts* et *emprunts,...* qui sont les formes variées de l'échange, suivant quelles lois générales régissant la valeur d'échange et quelles lois particulières régissant l'échange, ces phénomènes vont-ils s'accomplir ? C'est la question de la valeur d'échange et de l'échange.

L'ÉCONOMIE POLITIQUE ET LA JUSTICE

C'est la question naturelle, où la justice fondée sur la réciprocité du droit et du devoir n'a rien à faire. Les lois générales de la valeur sont des lois naturelles, la loi particulière de l'échange, la loi d'équivalence une loi naturelle. M. Proudhon ne soupçonne ni celle-ci, ni les autres. Il s'ingénie à bouleverser à la fois la morale divine et le dictionnaire français pour en arriver à conclure qu'il a le *droit* d'échanger ses valeurs contre des valeurs équivalentes. Il en a le droit, en effet, comme de tomber dans la rue s'il se jette par la fenêtre, ou, quand il respire, de respirer par le poumon. Mais M. Proudhon n'est pas un homme comme un autre : il lui faut conclure de la réciprocité du respect à la réciprocité de respiration ; c'est alors seulement qu'il est satisfait.

Vous pensez que je plaisante ? Vous vous trompez. L'économie politique de M. Proudhon est, comme vous allez voir, pleine de déductions de cette force. Quoi d'étonnant ? Il va traiter de l'échange ; il a refait, Dieu sait comme ! la théorie de la justice, et n'a rien négligé qu'une chose : c'est de s'instruire de la théorie de la valeur d'échange et de l'échange.

Ouvriers et Maîtres.

De temps immémorial la classe des producteurs s'est divisée en deux sections, les *ouvriers* et les *maîtres*.

Il n'y a plus de maîtres aujourd'hui : il n'y a que des travailleurs parmi les producteurs. La Révolution a aboli les maîtrises ; il ne faut pas parler de choses surannées. Il y a, il est vrai, des entrepreneurs et des ouvriers, mais les entrepreneurs ne sont pas des maîtres.

Égalité du produit et du salaire, telle est ici la traduction. exacte de la loi de réciprocité…

La traduction est vicieuse et ne peut que nous égarer. Entre l'entrepreneur et l'ouvrier, il y a échange d'un salaire contre un travail. *Équivalence du travail et du salaire*, voilà la traduction exacte de la loi d'égalité des valeurs dans l'échange, en même temps que l'analyse du fait spécial, du fait d'échange.

Or la valeur du travail, comme la valeur du salaire, s'établit par le rapport de la demande à l'offre, sur le marché. L'ouvrier qui donne son temps et sa peine pour un certain prix ne le fait que parce qu'il ne peut obtenir un prix plus élevé. L'entrepreneur qui donne un salaire en échange ne consent à le donner que parce qu'il n'en peut donner un moins élevé. C'est la libre concurrence qui fait la situation du marché, qui détermine toutes les valeurs, et qui fait que les échanges s'opèrent entre valeurs égales. — « C'est la concurrence qui met un juste prix aux marchandises, » a dit Montesquieu.

...Il est évident, aujourd'hui, que la Justice ne préside point à la condition de l'immense majorité des ouvriers, lesquels n'ont pas la liberté du choix, et pour qui le salaire alloué par les compagnies ou entrepreneurs est loin d'exprimer une réciprocité.

Est-ce que jamais personne peut avoir la liberté de choisir le prix qu'il retirera de sa chose ? Les ouvriers et les entrepreneurs sont placés sur le même pied : la loi du marché les domine tous tant les uns que les autres, et les compagnies ne peuvent pas plus abaisser outre mesure les salaires que les ouvriers ne pourraient le faire monter au-dessus de ce que comporte le rapport de la demande à l'offre.

L'exemple cité par M. Proudhon ne signifie absolument rien. Si l'ouvrier supporte un escompte, c'est «que la concurrence l'y oblige, c'est que, d'après la situation du marché, son travail ne vaut pas un salaire plus élevé. Mais pourquoi son travail ne vaut-il pas un salaire plus élevé ? Ah ! voilà. Et pourquoi ma maison ne vaut-elle que dix mille francs quand l'hôtel de mon voisin vaut un million ? Et pourquoi tel médecin ne gagne-t-il que mille écus, quand tel autre en gagne cinquante mille ?

Non, la justice, en effet, ne préside point aujourd'hui à la condition de l'immense majorité des ouvriers. Oui, les ouvriers sont lésés ; les entrepreneurs le sont aussi ; tous les travailleurs le sont. Je le sais ; mais à priori et à posteriori, j'affirme que l'échange est en dehors de la question, qui est une question de distribution.

Vendeurs et Acheteurs.

Si c'est une conséquence de la Justice que le salaire soit égal au produit, c'en est une autre que, deux produits non similaires devant être échangés, l'échange doit se faire en raison des valeurs respectives...

Dites-moi, Monsieur Proudhon, vous tenez donc essentiellement à ce que ce soit *une conséquence de la justice* que, deux produits non similaires devant être échangés, l'échange doive se faire *en*

L'ÉCONOMIE POLITIQUE ET LA JUSTICE

raison des valeurs respectives ? Et, s'il vous plaît, au cas où il n'y aurait jamais eu, où il ne devrait jamais y avoir de justice dans le monde, en raison de quoi pensez-vous que l'échange pourrait bien se faire, sinon *en raison de la valeur d'échange* ? — En raison du poids spécifique, sans doute, ou en raison de la température ? Et encore, je vous prie, ne consentiriez-vous pas à vous apercevoir que dire valeur, c'est dire *échange*, et dire *équivalence dans l'échange* ; car, de grâce, comment définissez-vous la *valeur d'échange*, sinon comme *une propriété qu'ont les choses de pouvoir être échangées contre d'autres choses équivalentes* ?

… Deux produits non similaires devant être échangés, l'échange doit se faire en raison des valeurs respectives, c'est-à-dire des frais que chaque produit coûte. Par *frais* de production ou *prix* de revient on entend…

Permettez, Monsieur Proudhon ! *En raison des valeurs respectives,* dites-vous, *c'est-à-dire des frais que chaque produit coûte.* Ainsi la valeur des produits vient des frais de production, selon vous, et se mesure sur eux ? Vous énoncez cela incidemment, sans explications, sans développements, sans démonstration, et comme chose aussi certaine, aussi notoire qu'il est notoire et certain que deux et deux font quatre ?

Il ne vous est pas venu à l'esprit que les frais de production pussent ne pas régler toujours la valeur vénale ? Vous n'avez point imaginé qu'on pût dépenser beaucoup pour produire une chose inutile, même nuisible, commune et sans valeur, ni qu'on pût dépenser très-peu pour produire une chose très-utile, très-recherchée, et dont la production pût être très-lucrative jusqu'à ce que la concurrence en eût diminué la valeur et fait baisser le prix ? Jamais non plus, sans doute, vous n'eûtes occasion de reconnaître qu'il n'y avait pas dans le monde que de la richesse produite, qu'il y avait aussi de la richesse naturelle ; qu'il pouvait se faire que la valeur de la richesse naturelle et la valeur de la richesse produite eussent la même origine, la même mesure, ayant la même nature ; ce qui interdisait par conséquent à la richesse produite d'avoir sa mesure comme son origine dans un fait qui ne lui fût pas commun avec la richesse naturelle, dans les frais de production, par exemple ?

Cette occasion, vous ne l'avez jamais rencontrée ? — Non ? Eh bien ! d'honneur, cela est fâcheux, parce que de généralisation en généralisation, vous fussiez arrivé peut-être à concevoir dans son abstraction scientifique le fait général de la valeur d'échange ; vous eussiez plus ou moins clairement senti la nécessité d'en étudier la nature, d'en rechercher la cause, d'en énumérer les espèces, d'en décrire les lois, d'en expliquer les effets, en un mot, d'en constituer la théorie ; — et vous eussiez eu beau jeu pour faire de l'économie politique, ce qui, je vous le jure, depuis que je vous suis pas à pas, ne vous est pas encore arrivé.

M. Proudhon prend la peine de nous informer que, sur la fin de 1838, il vint à Paris pour y suivre ses études, et qu'en feuilletant le catalogue de la Bibliothèque de l'Institut, il tomba sur cette division : économie politique. Il se mit au travail. Je suis loin de vouloir insinuer que M. Proudhon nous en impose, ou d'avancer qu'il se soit contenté de feuilleter le catalogue. Je ne doute pas qu'il n'ait lu les ouvrages des économistes, mais ce dont je suis assuré et ce que j'affirme, c'est qu'il n'a pas tiré de cette lecture tout le fruit désirable. Je ne saurais en vouloir à M. Proudhon de ce qu'il n'a pas l'esprit plus tourné vers la généralisation et l'abstraction, vers la synthèse, que vers l'analyse : cela ne dépend pas de lui. Mais je suis en droit de lui reprocher une grande inattention, et de faire ressortir ici combien de choses la lecture des économistes ne lui a pas apprises.

« La richesse sociale se compose de trois éléments. En d'autres termes, il y a trois valeurs capitales à considérer pour l'économiste ; et ici je ne fais que suivre l'opinion des écrivains les plus éminents et les plus justement renommés.

Ces trois éléments sont la terre, les facultés de l'homme et le capital artificiel ou le capital proprement dit. La terre et les facultés de l'homme forment nos richesses sociales naturelles ; les capitaux artificiels de toute nature, fruits de l'épargne et de l'économie, forment nos richesses sociales artificielles. La terre donne lieu à un revenu qu'on appelle la rente foncière ou le loyer du sol. Les facultés humaines donnent lieu à un revenu qui s'appelle le travail. Les capitaux proprement dits, les capitaux artificiels donnent lieu à un revenu qui s'appelle le profit ».[1] »

Le fait général commun à la terre, aux facultés humaines, aux ca-pitaux artificiels, comme aux trois revenus de ces trois capitaux :

1 M. Walras, *Théorie de la Richesse sociale.*

L'ÉCONOMIE POLITIQUE ET LA JUSTICE

rente foncière, salaires, profits, c'est le fait de la valeur d'échange. Rechercher la nature de la richesse sociale et l'origine de la valeur d'échange, tel a été le but constant de l'économie politique, au point de vue philosophique.

Il n'est pas donné à la science d'atteindre du premier coup la solution des questions qu'elle se pose ; il ne lui est même pas donné toujours de poser du premier coup les questions dans leur netteté scientifique. Cela est tout simple, les objets des questions ne se produisant que peu à peu dans la réalité, et la nature ne prenant point la peine de généraliser ni d'abstraire. Il vient un jour où d'observations en observations, la science en arrive à pouvoir résoudre, en même temps qu'à pouvoir énoncer philosophiquement les problèmes qui depuis longtemps la préoccupaient incessamment. Alors, on peut se rendre un compte exact des progrès lentement opérés, des incertitudes du début, des clartés du résultat, des efforts des écoles. Ce jour est venu pour la science économique ; mais ce jour-là n'éclaire pas M. Proudhon.

En résumant, au point de vue de la question de la valeur d'échange, les travaux de Quesnay, Dupont de Nemours, Letrosne, et de l'école dite des physiocrates, on, peut conclure que des trois éléments de la richesse sociale : terre, facultés personnelles, capitaux artificiels, ils en négligèrent deux ; et que pour les physiocrates, toute valeur venait de la terre. Mais comment s'expliquer leur erreur ? Par cette considération qu'ils ne comprirent point le rôle ni la puissance de l'épargne ; et que le travail leur parut n'être jamais occupé qu'à combler un vide toujours béant, la production nous rendant incessamment les richesses détruites par la consommation. C'est ainsi que tous, y compris Turgot, nommèrent *stériles* mais non pas *inutiles* toutes les classes autres que la classe agricole.

Au sein d'un peuple industriel, en Angleterre, les économistes virent au contraire dans le travail la source de toute richesse. Du travail naissaient, à leur dire, non-seulement les capitaux artificiels» mais en quelque sorte la terre elle-même qui n'avait à leurs yeux de valeur que celle qui lui était donnée par le travail. Les économistes anglais ne surent pas reconnaître que la terre possède une valeur d'instrument, une valeur de capital, et que la rente ou loyer du sol en est le revenu.[1] Au reste, cette vérité n'a été com-

---

1 Ce sont Smith et Ricardo qui ont mis dans le travail l'origine de la valeur. Mais,

plètement mise en lumière que depuis quelques années, par M. Passy,[1] et l'erreur de l'école anglaise est encore aujourd'hui celle de plusieurs économistes : celle de M. Thiers et celle de M. Proudhon. Il faut dire que, dans cette voie malheureuse, le second de ces deux publicistes a sur le premier l'avantage de la logique. Ne reconnaissant à la terre aucune valeur de capital, M. Proudhon en nie le revenu ; il ne se rend pas lui-même un compte exact de sa doctrine, mais c'est ainsi qu'on s'explique qu'il considère le fermage comme une exaction du propriétaire. M, Thiers voulant légitimer le revenu d'un capital qu'il méconnaît, n'a d'autre ressource que d'intervertir à plaisir le rôle du propriétaire et celui de l'agriculteur pour nous représenter le fermage comme un salaire de travailleur.

Les physiocrates et les économistes anglais peuvent ainsi passer pour avoir entrevu successivement l'une et l'autre moitié de la vérité touchant la question de l'origine de la valeur d'échange. Seulement on eût pu demander aux premiers : — Si toute valeur vient de la terre, d'où vient la valeur de la terre ? Et l'on pouvait aussi bien demander aux autres : — Si toute valeur vient du travail, d'où vient la valeur du travail ?

J.-B. Say s'efforça de trouver un fait commun qui pût expliquer et la valeur de la terre et la valeur du travail ; et il crut le trouver, avec Mac-Culloch, dans l'utilité. C'était encore un pas vers la vérité vraie. Le malheur est que l'utilité n'est que la condition de la valeur, et qu'il faut y joindre le fait de la limitation dans la quantité pour avoir enfin, dans le fait de la rareté, la cause et la mesure de la valeur d'échange qui constitue, dans la terre, les facultés personnelles et les capitaux artificiels, en capitaux et revenus, la richesse sociale. En 1838, ces résultats étaient obtenus déjà dans la science, et la théorie de J.-B. Say ruinée.[2] M. Proudhon eût pu s'en convaincre, et, à défaut d'en être instruit, il est inexcusable de s'en être tenu, après les travaux de J.-B. Say, à la théorie de Ricardo. M.

toutefois, ils n'ont pas conclu de ce principe à la négation de la valeur du sol. Par une inconséquence heureuse, Smith et Ricardo reconnurent que la rente foncière payait l'usage *des facultés productives de la terre*. Ce sont MM. Carey et F. Bastiat qui, plus logiques, mais moins bien inspirés, ont déduit du principe incomplet de l'école anglaise touchant l'origine de la valeur, des conséquences erronées touchant la valeur du sol. (Voir F. Bastiat, Harmonies économiques.)
1 *Dictionnaire d'Économie politique.*
2 M. Auguste Walras, *De la Nature de la Richesse et de l'origine de la Valeur.* 1831.

Thiers ne l'est pas moins.

J'abandonne les généralités de la science, et j'en reviens aux richesses produites. Elles obéissent à la loi générale. La valeur des produits vient de leur rareté relative ; leur prix vénal s'établit sur le marché par la comparaison de la somme des besoins à la somme des provisions, en quotient de la demande à l'offre. Un industriel serait mal venu à nous vouloir vendre un objet 12 francs sous prétexte qu'il lui en a coûté 12 francs pour l'établir, si le même objet se vend ailleurs 10 francs ; qu'il vise plutôt à l'établir pour 8 francs dans les mêmes conditions : il s'attirera la clientèle. Et c'est ainsi que la suppression des monopoles, la liberté de l'industrie et du commerce, la concurrence loyalement pratiquée chassent du prix vénal tous les éléments parasites, ramènent la valeur des choses au prix de revient le plus modéré, augmentent la somme des richesses sociales et font le bien-être des consommateurs, c'est-à-dire de tout le monde.

Par *frais de production* ou *prix de revient* on entend en général la dépense en outils et matières premières, la consommation personnelle du producteur, plus une prime pour les accidents et non-valeurs dont est semée sa carrière, maladies, vieillesse, paternité, chômages, etc. Soit, je veux bien qu'il y ait des frais de production, quoique M. Proudhon ne les énumère que très-inexactement. Mais je n'accorde pas que le prix de revient détermine le prix vénal : celui-ci n'obéit qu'à la loi du marché. Il faut ajouter que si le prix vénal surpasse le prix de revient, l'entrepreneur touche le profit de son capital et le salaire de son travail. S'il est au-dessous, l'entrepreneur peut fermer boutique et chercher un meilleur emploi de sa peine et de son argent.

Ici M. Proudhon se prend à crier contre toute addition au prix de revient, contre les frais parasites, contre les intermédiaires entre les producteurs et les consommateurs ; et il se lance dans une diatribe contre le commerce dont il ne connaît ni la nature ni le caractère. L'industrie agricole et manufacturière est un changement de forme ; l'industrie commerciale ou le commerce est un simple déplacement ; c'est un déplacement nécessaire et coûteux, et dont les frais doivent s'ajouter au prix de revient. L'abus du commerce c'est l'agiotage ou le déplacement stérile. Que M. Proudhon déclame, s'il le veut, contre l'agiotage, et qu'il conseille d'en réduire l'extension, c'est fort bien. Mais qu'il ne prétende point qu'ici, à Paris, ni les frais de production, ni le prix vénal du sucre de canne ou des cotons puissent être les mêmes qu'aux Antilles et à New-York ; et qu'au reste, pour ce qui est de chasser du prix de revient tous les frais parasites, il s'en remette à la concurrence.

L'égalité dans l'échange, voilà donc encore un principe hors duquel point de Justice. Or ce principe, l'Église et l'antiquité tout entière l'ont méconnu ; de nos jours les économistes conservateurs du privilège s'efforcent de l'étouffer sous la mystification de leur libre-échange.

Si l'égalité dans le commerce était réalisée, un nouveau progrès, un progrès immense serait accompli vers l'égalité des fortunes... Mais, en persévérant dans cette direction égalitaire, que deviendrait tout à l'heure la hiérarchie, le système de subordination et d'autorité ?

Oui, je vous le demande : que deviendrait-il, le système d'autorité ? N'allez pas croire que nous jouirons enfin de la liberté économique ;—non. Mais l'autorité passerait aux mains de M. Proudhon qui nous initierait aux douceurs de l'égalité des fortunes, qui sans doute aussi saurait nous imposer l'égalité des forces physiques, l'égalité des intelligences, l'égalité des tempéraments, l'égalité des longévités. Quel rêve enchanteur ! et combien n'est-il pas regrettable que les économistes *conservateurs du privilège* s'efforcent de l'étouffer sous la mystification de leur *libre-échange* !

Le reste de ce paragraphe n'offre rien d'intéressant. Il faut laisser de côté M. Delamarre et son bazar : cela n'a rien à voir avec la science. Il faut aussi négliger tout ce qui, chez M. Proudhon, n'est que déclamation pure.

§ 2. *Circulation et Escompte.*

Remarquez que toutes les opérations de l'économie roulent sur deux termes : ouvriers—patrons, vendeurs—acheteurs, créanciers—débiteurs, circulateurs—escompteurs, etc.

Il est déplorable que M. Proudhon ne puisse se résoudre à faire de la science digne et sérieuse, et qu'il se pense obligé, dès qu'il aborde une question, de se mettre en frais de charlatanisme. Il est certain que tout échange se résolvant en une double vente et un double achat suppose l'existence d'un vendeur-acheteur et d'un acheteur-vendeur. Il serait enfantin de constater cela simplement, mais il est tout à fait ridicule d'enfler les mots ou de les dénaturer pour exprimer en termes barbares une vérité de M. de la Palice, comme fait M. Proudhon. D'abord, l'échange n'est pas l'économie, et les opérations d'échange ne sont pas *toutes les opérations de l'économie.* Et puis, où M. Proudhon a-t-il rencontré l'animal inconnu qu'il appelle un *circulateur* ? La circulation n'est pas une forme particulière de l'échange : c'est plutôt l'échange sous toutes ses formes, et considéré au point de vue du mouvement général des valeurs vénales qui vont de main en main du producteur au consommateur. L'économie se borne à énoncer qu'elle doit être aussi rapide que possible pour qu'il n'y ait aucune perte de temps. Au contraire l'escompte est bien une forme de rechange ; il n'est à vrai dire qu'un cas particulier du prêt à intérêt : c'est l'évaluation au moment présent d'une valeur qui n'est payable que dans un temps donné. Il n'y a guère de collégien à qui l'arithmétique n'ait enseigné cela.

C'est un dualisme perpétuel, systématique, traînant à sa suite une équation inévitable. L'économie est par essence. par son principe, par sa méthode, par la loi de ses oscillations, par son but, la science de l'équilibre social, ce qui veut dire de l'égalité des fortunes.

L'économie est la théorie de la richesse sociale, voilà ce qu'elle est *par son objet.* Dire que *par essence, par son principe, par sa méthode, par la loi de ses oscillations* (!), l'économie est la science de l'égalité des fortunes, c'est dire une monstrueuse absurdité dans les termes d'un boniment de mauvais goût.

Cela est aussi vrai que les mathématiques sont la science des équations entre les grandeurs.

Vous ne savez point les mathématiques, Monsieur Proudhon ; ne vous donnez point les airs de savoir. Laissons de côté ces fanfaronnades, et venons au fait qui nous occupe.

Tout le monde sait que la masse de numéraire qui circula dans un pays est fort loin de représenter l'importance des échanges qui, à un jour donné, s'effectuent dans ce même pays.

De toutes les sciences naturelles, l'économie est celle assurément où l'observation est le plus pénible. Il n'y en a pas où il soit plus facile de voir des phénomènes qui n'existent point, de ne point voir des phénomènes qui existent, et de se figurer les phénomènes comme s'accomplissant précisément au rebours de la façon dont ils s'accomplissent. L'économie, plus que toute autre science naturelle, réclame donc chez ses adeptes une grande sincérité d'esprit et des principes fondamentaux solidement assis. Ces deux éléments de recherches manquent absolument à M. Proudhon qui n'y supplée que par un bon vouloir très-insuffisant.

Cette insuffisance se trahit par une fatalité persévérante qui ne permet jamais à M. Proudhon de poser nettement les questions. Il commence par invoquer des principes erronés ; il tire de là des déductions improbables ; en fin de compte, il se trouve toujours que ces tristes préliminaires n'ont aucun rapport direct ni indirect avec la question qui n'est pas plus abordée qu'elle ne l'était auparavant. Ne faut-il pas vraiment que M. Proudhon soit bien riche de sophismes pour les prodiguer en toute occasion avec une générosité si gratuite ? Les vingt lignes que je vais examiner sont un des plus remarquables échantillons de l'impuissance déplorable où se trouve M. Proudhon de présenter sous leur vrai jour les problèmes les plus simples de l'économie. Le début est assez incohérent, et j'avoue ne pas saisir clairement l'idée de M. Proudhon. Voyons pourtant à nous entendre. Et d'abord, Monsieur Proudhon, quel peut être au juste le sens et la portée du fait que vous mentionnez ? Quel rapport y a-t-il entre la masse du numéraire circulant et l'importance des échanges qui, à un jour donné, s'effectuent dans un pays ? J'ignore, à vrai dire, quant à moi, quelle est la masse du numéraire qui circule en France ; j'ignore également qu'elle est l'importance des échanges qui s'effectuent en France à un jour donné. Comment savez-vous qu'à un jour donné, la masse du numéraire ne représente pas l'importance des échanges ?

Cela se voit par la Banque de France, dont l'encaisse, au 10 juillet 1856, était de 232 millions, et les obligations de 632.

Ceci devient une mauvaise plaisanterie. Une banque qui aurait pour 632 millions d'obligations, et qui n'aurait qu'un encaisse de 232 millions serait dans un état facile à définir : elle serait en faillite. Telle n'était pas, permettez-moi de vous le dire, la situation de la Banque de France au 10 juillet 1856 : elle avait à son actif 232 millions de numéraire, plus son portefeuille contenant pour 400 millions de valeurs qu'elle avait à recouvrer, plus son capital de 90 millions. Ses obligations représentées par 632 millions de billets de banque étaient donc garanties par un actif s'élevant au moins à la même somme.

Telle était au 10 juillet 1856 la situation de la Banque de France. Ne nous en rapportons point à M. Proudhon, et cherchons par nous-mêmes ce qu'on voit par là. On voit par là :

1° Qu'à un jour donné, des échanges se faisant dans le commerce, un certain nombre de ces échanges ne se font pas au comptant, contre numéraire, mais à terme, contre effets de commerce.

2° Qu'au même jour, la Banque de France se livre à l'opération suivante. Elle échange quelques millions de billets de banque contre quelques millions d'effets de commerce, papier contre papier, en balançant le tout fort exactement, et en nourrissant l'intention d'échanger de nouveau, à 45 jours de là, ses quelques millions d'effets de commerce contre autant de millions de billets de banque, papier contre papier, ou, à défaut de rentrer dans ses billets, contre du numéraire qui réponde de ces billets restés en circulation.

J'énonce les faits, je ne les explique pas encore. Il est essentiel pourtant de faire remarquer que, dans l'intervalle des 45 jours, les billets de banque ont passé de main en main pour le plus grand agrément et la plus grande utilité des citoyens ; et que c'est principalement dans ce fait que gît tout le sens de l'opération ci-dessus décrite.

Voilà ce que nous fait voir la situation de la Banque de France au 10 juillet 1856. Le second fait qui est un fait de circulation implique le premier qui est un fait de crédit. Au lieu donc de nous dire comme quoi la masse de numéraire qui circule dans un pays est fort loin de représenter l'importance des échanges qui, à un jour donné, s'effectuent dans ce même pays, M. Proudhon devait ne pas dénaturer les faits et se contenter d'énoncer, comme nous, qu'à un jour donné, des échanges se faisant dans le commerce, un certain nombre de ces échanges ne se faisaient point au comptant contre numéraire, mais à terme contre effets de commerce. Il eût mis la main sur le problème du crédit.

Seulement, attendez ! voici où la position de mon économiste devient excessivement embarrassante : c'est qu'il n'a que faire du crédit, ni de la circulation ; il court après l'escompte, qui lui échappe s'il ne dénature les faits en vue de ses idées. Mais, dira-t-on, qu'est-ce que l'escompte ?

3° C'est un détail tout à fait épisodique enté sur le second des phénomènes que nous avons énoncés, celui de la circulation. Le jour où la Banque de France échange ses billets destinés à circuler contre des effets de commerce destinés à rester en portefeuille pendant 45 jours, elle prélève sur le montant des effets un *escompte*.

Quel doit être le taux de cet escompte ? Voilà ce qui préoccupe M. Proudhon. Mais c'est là une question bien différente des questions de crédit et de circulation qu'il aborde. L'escompte, qu'on l'admette ou qu'on le réprouve, est l'intérêt du capital que la Banque met en circulation, ou du moins la Banque le donne pour tel. Est-ce tort ? Est-ce raison ? Nous le verrons plus tard ; ce n'est pas l'heure encore à présent de nous en inquiéter. Le crédit et la circulation d'une part, l'escompte d'autre part, sont des faits éminemment distincts ; ils ne se confondent pas, ils se ressemblent à peine aux yeux d'un observateur attentif. Et je défie bien M. Proudhon d'arriver à l'escompte par le chemin qu'il a pris : je veux l'enfermer sur le terrain de la circulation et du crédit de telle sorte qu'il n'en puisse pas sortir d'ici à bien longtemps.

C'est pourquoi j'y reviens avec lui. Nous constatons ensemble, d'après la situation mieux examinée de la Banque de France au 10 juillet 1856, qu'à un jour donné, des échanges se faisant, un certain nombre de ces échanges ne se font pas au comptant contre numéraire, mais à terme contre effets de commerce. Pour quelle cause ? Comment ? Dans quel but ? Que M. Proudhon nous explique cela : il nous aura fait la théorie de la circulation et du crédit.

M. Proudhon voit dans ce fait une *insuffisance du numéraire*, regrettable sans doute à ses yeux, une de ces fatalités économiques dont sa doctrine nous affranchit si bien ; et cherchant d'abord les sources du mal, pour les tarir, M. Proudhon veut bien nous apprendre, au sujet de cette insuffisance, et *par parenthèse*, qu'elle ne peut pas ne pas exister puisque :

…Le numéraire n'a de valeur qu'autant qu'il forme, comme métal, une fraction proportionnelle de la richesse totale du pays.

C'est parfait : nous examinerons tout à l'heure le plus ou moins de convenance du rapport de causalité qu'il y a entre ce principe et l'effet, quant au principe lui-même il est inattaquable.

L'ÉCONOMIE POLITIQUE ET LA JUSTICE

Inattaquable du moins quant au fond ; car il ne l'est pas assurément dans les termes, comme on va voir.

D'abord, puisqu'on donne le nom de richesse sociale à l'ensemble des choses utiles qui ont une valeur d'échange, il est assez ridicule d'énoncer que le numéraire n'a de valeur qu'autant qu'il forme une fraction de la richesse du pays : il faut dire au contraire qu'il ne fait partie de la richesse du pays que parce qu'il a de la valeur.

Et pourquoi le numéraire a-t-il de la valeur ? Selon nous, parce qu'il est utile et rare ; selon M. Proudhon, parce qu'il coûte à produire. Il est urgent, en effet, de le rappeler à M. Proudhon lui-même qui semble l'oublier : selon lui le numéraire ne vaut que ce qu'il coûte à produire ; selon lui, l'or que recueille un mineur, en un jour, en lavant les sables d'alluvion de la Californie ne doit payer que le travail de la journée ; selon lui, 100 francs en or ne valent pas 100 francs, ils valent 5 francs, et ils ne devraient pas s'échanger, par exemple, contre 250^{kg}, mais contre 12^{kg},5 de pain. Pourquoi donc n'en est-il pas ainsi ? Assurément la valeur du numéraire n'est pas plus qu'une autre faussée par le monopole et l'arbitraire. Pourquoi 100 francs en or valent-ils ce qu'ils valent, et non pas ce que valent 5 francs. Je puis vous le dire : c'est que la théorie de M. Proudhon est radicalement inexacte.

Ensuite, je prierai M. Proudhon qui fait profession d'enthousiasme pour les mathématiques de m'expliquer ce que vient faire dans sa phrase le mot*proportionnelle.* Est-ce à dire que la valeur totale du numéraire est proportionnelle à sa quantité ? Est-ce à dire que la valeur totale du numéraire par rapport à sa quantité est proportionnelle à la valeur totale, de la richesse du pays par rapport à sa quantité ? Est-ce à dire que la valeur totale du numéraire par rapport à la valeur totale de la richesse est proportionnelle à la quantité du numéraire par rapport à quantité de la richesse ?

Ces trois assertions qui n'en font qu'une auraient le mérite d'être également en contradiction avec notre théorie suivant laquelle la valeur du numéraire s'explique et s'apprécie par la rareté, et avec la théorie de M. Proudhon qui met l'origine et la mesure de la valeur du numéraire dans ses frais de production. Énoncer, en effet, que le numéraire ou toute autre espèce de la richesse du pays*n'a qu'une valeur proportionnelle à la fraction qu'il forme de la richesse* *du pays,* cela reviendrait à dire aussi que toutes les espèces de la richesse du pays, en même fraction, à quantités égales, ont la même valeur, ce qui serait absurde puisqu'elles ne coûtent pas toutes les mêmes frais de production, puisqu'elles ne sont pas toutes non plus également utiles ni rares, demandées ni offertes.

Au surplus, comment M. Proudhon apprécie-t-il la *fraction proportionnelle,* et la *quantité* du numéraire ? — et par quelle *unité ?* Et sa phrase a-t-elle réellement quelque sens ? Je ne le crois pas, décidément. Voilà pourtant où mènent les grands mots qu'on lâche à tort et à travers, sans en connaître ni le sens ni la portée !

En toute sincérité, je pense que M. Proudhon a voulu simplement rappeler que l'or et l'argent avaient une valeur de métaux précieux, avant d'avoir une valeur de numéraire, que leur valeur de numéraire n'était autre que leur valeur de métaux précieux, c'est-à-dire une valeur naturelle et non point conventionnelle ; qu'en conséquence *la valeur totale du numéraire ne pouvait être forcément qu'une fraction de la valeur totale de la richesse du pays.*

Les enfants au maillot savent cela. Cette observation est tellement élémentaire qu'elle en est presque naïve. Quoi qu'il en soit, elle est parfaitement exacte. Encore eût-il fallu savoir l'énoncer !

Il s'agit, maintenant, de reconnaître s'il y a réellement entre les deux propositions de M. Proudhon une corrélation satisfaisante ; si cette dernière observation explique ce que M. Proudhon appelle l'insuffisance du numéraire ; s'il est vrai qu'à un jour donné, un certain nombre d'échanges ne se faisant point au comptant, contre numéraire, mais à terme, contre effets de commerce, cela vient de ce que la valeur totale du numéraire n'est et ne peut être qu'une fraction de la valeur totale de la richesse du pays.

Or il n'en est rien : l'explication est fausse, la corrélation est imaginaire, et le rapport de causalité entre les deux faits n'a pu satisfaire que l'attention superficielle de M. Proudhon.

Supposons que la valeur totale du numéraire circulant dans un pays ne fût que la moitié de la valeur totale de la richesse du pays, ce n'en serait qu'une fraction ; or tous les échanges pourraient encore se faire, non pas seulement à un jour donné, mais à un instant donné, entre la richesse du pays, non compris le numéraire, d'une part, et le numéraire de l'autre. Supposons que la valeur totale du numéraire ne fût que le tiers de la valeur totale de la richesse ; à un jour donné, toute la richesse, moins le numéraire, pourrait encore s'échanger contre numéraire : il faudrait seulement pour cela que la même quantité de numéraire servît à faire, au jour donné, deux échanges à quelques instants d'intervalle. Supposons enfin que la valeur totale du numéraire n'équivalût qu'au dixième de la valeur totale de la richesse, on peut concevoir encore que dans le pays, au jour donné, toute la richesse sociale entrât pour ainsi dire en échange, et que le numéraire servît d'intermédiaire pour tous les échanges : cela supposerait simplement qu'une même quantité de numéraire dût servir, le même jour, à faire neuf échanges ; ce qui n'a rien en soi d'impossible. Et généralement, si l'on considère que, d'une part, toute la richesse d'un pays n'entre pas, tant s'en faut, en échange à un jour donné ; que, d'autre part, la circulation du numéraire en multiplie considérablement les services, on ne permettra pas à M. Proudhon, sous aucun prétexte, de nous affirmer aussi cavalièrement qu'il le fait, sans preuve aucune, que si tous les échanges ne se font pas à un jour donné contre numéraire, cela vient uniquement de ce que la valeur totale du numéraire circulant dans un pays n'est qu'une fraction de la valeur totale de la richesse du pays.

Pour subvenir à cette insuffisance (de la masse du numéraire),… les commerçants sont dans l'usage, en attendant leur tour de remboursement en espèces, de tirer les uns sur les autres des lettres de change, ou bien, ce qui est la même chose, mais en sens inverse, de se souscrire réciproquement des billets à ordre, dont la circulation fait, jusqu'à un jour désigné qu'on nomme échéance, office de monnaie.

Précisément, c'est là ce qu'il va falloir nous expliquer : comment les effets de commerce font *office de monnaie*, comment les lettres de change et billets à ordre subviennent à l'*insuffisance de la masse du numéraire*. Cette insuffisance n'a pas été démontrée le moins du monde ; cependant j'admets qu'elle existe, et j'attends que M. Proudhon m'expose comment y subviennent les effets de commerce.

A priori, je pense que ce sera fort difficile, et je m'imagine que mon adversaire ici encore, suivant sa terrible habitude, se propose de résoudre une antinomie non moins insoluble que fantastique.

Léon Walras

Et, en effet, soyons logiques. La cause du mal est connue : s'il y a insuffisance de la masse du numéraire, cela vient, dit M. Proudhon de ce que la valeur totale du numéraire n'est qu'une fraction de la valeur totale de la richesse sociale, ou du moins n'en est qu'une fraction trop minime. *Sublata causa, tollitus effectus* supprimons la cause nous aurons supprimé l'effet.

Donc augmentons la valeur totale de la masse du numéraire.

Pour ce faire, remarquons d'abord qu'il serait inutile d'augmenter la masse elle-même, soit réellement, soit fictivement par émission de papier : cela n'arriverait qu'à faire baisser la valeur intrinsèque du numéraire, et la valeur totale ne varierait pas. S'il y avait deux fois plus d'or et d'argent qu'il n'y en a, il en faudrait deux fois plus pour effectuer le même achat.

Dans la théorie de M. Proudhon sur l'origine et la mesure de la valeur, la solution est aisée. Élevons les frais de production des métaux précieux ; soumettons-les à des travaux d'*ateliers nationaux* ; leur valeur s'élèvera sans diminution de leur quantité ; la masse du numéraire circulant dans le pays atteindra bien vite une valeur totale égale ou supérieure à la valeur totale du reste de la richesse du pays. Mais, par malheur, la théorie de M. Proudhon n'est point exacte.

Dans la théorie de la valeur qui est la nôtre, le problème ne pourrait se résoudre que par une augmentation du chiffre de la somme des demandes ; mais il faudrait, pour obtenir ce résultat, découvrir aux métaux précieux quelque inappréciable utilité, comme par exemple une utilité nutritive, hygiénique, thérapeutique.

Tout cela me paraît assez impraticable ; surtout, il me semble bien peu probable que les lettres de change et billets à ordre soient l'équivalent depareilles mesures. Voyons donc comment M. Proudhon pourra nous expliquer que les effets de commerce subviennent à l'insuffisance de la valeur totale de la masse du numéraire !

Voilà ! — M. Proudhon ne l'explique point ; et je vous jure que vous ne le connaissez guère si vous espériez qu'il en fût autrement. M. Proudhon abandonne atout jamais la circulation et le crédit, pour entreprendre l'escompte. Résignons-nous ; et voyons la théorie de l'escompte !

Le banquier est l'industriel qui se charge, moyennant intérêt et commission, d'opérer en temps et lieu la liquidation de toutes ces créances ; par suite, de faire aux commerçants, en échange de leurs titres, l'avance des sommes dont ils ont besoin.

Cette opération a nom *escompte*.

Ce morceau est court, mais il est bon. Ce n'est pas par suite de l'avance qu'il fait, que le banquier retient intérêt et commission ; c'est par suite de l'intérêt et commission, *honoraires de liquidation*, qu'il fait une avance. Ce par suite est impayable : permettez-moi de vous en faire sentir toute la beauté.

Vous avez entre les mains un effet de commerce ; mais surtout vous avez grand besoin d'une *somme* d'argent. Vous allez trouver un banquier et vous lui proposez d'abord de se charger tout simplement, moyennant intérêt et commission, d'opérer en *temps et lieu* la liquidation de cette créance. Cet industriel vous fait observer que si le temps pour vous ne fait rien à l'affaire, le lieu n'y doit rien faire de plus ; qu'il n'y a pas plus loin peut-être de chez vous chez votre créancier que de chez vous chez lui. Vous insistez. Le banquier consent à vous rendre ce léger service moyennant *commission* ; mais il proteste qu'en retenant *intérêt*, il vous volerait comme dans un bois. Alors seulement vous insinuez qu'ayant tout espéré de sa complaisance, vous comptiez que par suite il ne ferait aucune difficulté de vous avancer, en échange de votre titre, la somme dont vous avez besoin. Bilboquet, qu'en dis-tu ? Pour moi, je l'avoue, une chose manque à mon bonheur : je voudrais savoir de quelle façon le banquier paye la somme, si c'est en papier ou si c'est en métal ? Dans ce dernier cas, quelle imprévue solution de la théorie de M. Proudhon sur l'insuffisance de la masse du numéraire ! Mais aussi quel beau cercle vicieux !

Après avoir aussi brillamment exposé la circulation, le crédit, l'escompte, en vingt lignes, M. Proudhon consacre au redressement du bilan de la Banque de France cent cinquante lignes dont quelques mots feront justice.

Auparavant, je veux essayer de présenter sous leur vrai jour les problèmes dont il a dénaturé l'objet, mutilé l'énoncé. Je ne saurais examiner toujours avec la même patience et le même soin toutes les argumentations de M. Proudhon : l'idée seule d'un pareil travail me fait dresser les cheveux sur la tête. Puisqu'une fois j'ai tant fait que d'entreprendre phrase par phrase une de ces expositions saugrenues, je veux parfaire ma tâche en mettant mon lecteur à même de voir quel abîme il y a entre de si téméraires divagations et les scrupules de la vérité. Je n'ai du reste, pour ce faire, qu'à développer en les expliquant les faits que j'ai pu constater en examinant avec sincérité, et en rétablissant dans sa réalité contre les falsifications de M. Proudhon, la situation de la Banque de France au 10 juillet 1856.

I. Problème du crédit. — Pour quelle cause, dans quel but des échanges se faisant, à un jour donné, dans le commerce, un certain nombre de ces échanges ne se font-ils point au comptant contre numéraire, mais à terme contre effets de commerce ?

Il y a une chose qui est évidente pour moi de prime-abord, c'est que le fait qui a si exclusivement préoccupé M. Proudhon, le fait de l'absence ou de la présence du numéraire dans les échanges n'a pas, dans l'espèce, la moindre importance.

Tout échange se fait, par définition, entre deux valeurs, et, de plus, entre deux valeurs égales. Que l'une de ces valeurs soit un métal précieux, de la monnaie, du numéraire, c'est un cas particulier dans la pratique mais très-général en théorie. L'utilité et la commodité du numéraire dans les échanges sont des détails fort intéressants pour la théorie de la monnaie, mais fort épisodiques pour la théorie de l'échange. Pourvu qu'il y ait échange entre deux valeurs, entre deux valeurs égales, cela est l'essentiel. En quoi importe-t-il que l'une des valeurs échangées soit un métal plutôt qu'une terre, plutôt qu'une maison, plutôt qu'un travail ? Dans le commerce, à supposer qu'il y eût insuffisance de numéraire pour servir d'intermédiaire dans les échanges, il n'y aurait qu'une chose à faire : ce serait de se passer d'intermédiaire ; et, à défaut de pouvoir échanger des marchandises contre de l'argent pour échanger ensuite de l'argent contre des marchandises, il faudrait échanger des marchandises contre des marchandises, en balançant les comptes.

Aussi l'absence du numéraire n'est-elle nullement le fait capital dans le problème du crédit tel que je l'ai présenté. Écartons ce fait ; reste ceci que l'échange soit fait à terme au lieu d'être fait au comptant. Voilà le fait capital, caractéristique, anormal dans l'échange, qu'il faut expliquer et motiver.

L'insuffisance de la masse du numéraire, qu'elle existe ou non, ne saurait être un obstacle insurmontable ni même une difficulté sérieuse pour l'échange ; cela est certain : on échangerait des marchandises contre des marchandises, des valeurs contre des valeurs. Mais supposez que l'on n'ait point de numéraire, point de marchandises, ni aucune valeur à donner en échange ; voilà une circonstance qui serait plus grave, et qui rendrait l'achat difficile. Entendons-nous : je dis aucune valeur *circulante* ou *disponible* ; car il est bien certain que si le dénûment était absolu, l'achat ne serait pas seulement difficile : il serait impossible. Là donc où le problème de l'échange se complique, c'est alors qu'on veut faire entrer en échange des valeurs *fixes* ou *engagées*. C'est la solution de cette difficulté qui est aussi celle du problème du crédit. Cette solution consiste à représenter les valeurs fixes et engagées par leurs titres de propriété, et à lancer ces titres dans la circulation. L'existence des valeurs fixes et engagées, attestée par des titres de propriété circulants et disponibles, *justifie la confiance* du vendeur qui les accepte en échange, et qui fait crédit jusqu'au jour fixé d'avance par l'acheteur où, les capitaux étant dégagés, il pourra, muni des titres de propriété, rentrer dans ses avances. C'est donc avec pleine raison que M. Joseph Garnier d'après M. Cieszkowski définit le crédit :—« La transformation des capitaux *fixes* et engages en capitaux *circulants* ou dégagés. »

Telle est la théorie du billet à ordre, de la lettre de change. Il faut les considérer comme des titres de propriété circulants et dégagés de valeurs fixes et engagées. Et voilà pourquoi, des échanges se faisant, à un jour donné, un certain nombre de ces échanges se font à terme, contre effets de commerce, au lieu de se faire au comptant, contre numéraire.

II. Problème de circulation.—La Banque est l'instrument de circulation des titres ; la théorie du billet de banque est la même que celle des effets de commerce.

En échange de leurs effets de commerce qui sont à échéance déterminée, la Banque remet aux négociants des billets qui sont à échéance indéterminée, qui sont toujours échus et toujours à échoir, qui sont à échéance immédiate ou reculée au gré des porteurs. Il est triste qu'on soit obligé d'apprendre à M. Proudhon que ni les effets de commerce, ni les billets de banque ne peuvent suppléer à aucune insuffisance de numéraire, qu'ils ne sont que des titres de propriété et nullement des valeurs échangeables. Lorsque j'ai dans ma poche un billet de banque de 500 francs, cela veut dire qu'il y a dans la caisse de la Banque 500 francs en argent qui sont à moi et que je puis aller y chercher quand il m'en prendra fantaisie. Les 500 francs d'argent et le billet de banque ne constituent pas une richesse de 1000 francs. Si les 500 francs existent réélisent dans la caisse de la Banque, mon billet est bon ; sinon il ne vaut rien. Je puis signer des effets de commerce pour plusieurs millions, mais si je ne possède pas un centime, engagé ou circulant, fixe ou dégagé, mes billets sont des chiffons. Une maison située à Paris et le contrat de vente déposé chez un notaire ne constituent pas deux valeurs échangeables ; seulement le contrat atteste que la maison est à Pierre ou à Paul qui peut en disposer.

S'il n'y a point dans la caisse de la Banque assez de numéraire pour garantir le payement de tous les billets, il y a au moins dans son portefeuille des effets de commerce à échéance déterminée qui sont, eux aussi, des titres de propriété représentant le numéraire engagé. Caisse et portefeuille constituent Y actif qui couvre exactement la valeur des billets, ou le *passif* de la Banque.

Le billet de banque est payable au porteur ; il est à échéance *ad libitum*. Ces deux propriétés justifie la confiance publique. Les négociants se passent le billet de banque de main en main, et c'est ainsi qu'il peut faire office de monnaie, tant qu'on a la certitude qu'il sera payé»

III. Problème de l'escompte.—Supposons d'abord qu'en échange de leurs titres, la Banque remette aux négociants du numéraire, l'opération s'analyse avec facilité. La Banque fait aux négociants l'avance d'une somme de monnaie dont elle ne sera remboursée qu'au jour de l'échéance des titres : c'est un prêt. Qu'en conséquence elle retiene l'intérêt du capital prêté, rien de plus simple. L'escompte ainsi compris reste à discuter comme prêt à titre onéreux.

Supposons, au contraire, que la Banque paye en billets ; il est certain qu'en retenant l'escompte, elle assimile à du numéraire de simples titres de propriété. Sa défense est aisée : ses billets sont toujours échus et toujours à échoir, payables au porteur ; ils ont toutes les propriétés du numéraire. Dans ce deuxième cas comme dans le premier, l'escompte se présente encore comme une forme du prêt à intérêt.

Alors, quel sera létaux de l'escompte ?—Tous les économistes vous répondront :—Le taux même de l'intérêt de l'argent, déterminé par la situation du marché, 5 0/0 par exemple si le le taux de l'intérêt de l'argent est à 5 francs.

Et que dit M. Proudhon ?

M. Proudhon suppose le capital circulant repré senté par l'émission des billets de banque de 600 millions, l'échéance moyenne du papier reçu à l'escompte de 45 jours, le renouvellement s'opérant 9 fois dans l'année, et la masse des opérations de 5 milliards 400 millions.

Il propose une retenue de 1/8 0/0 soit 0 fr. 125 ; le roduit de la Banque, pour l'année sera de 6,750,000 francs.

C'est-à-dire, en dernier résumé, que M. Proudhon de son autorité privée, fixe à tout jamais le taux l'intérêt de l'argent, et le taux de l'escompte à 8, soit l fr. 125.

À cela, je n'ai qu'une chose à répondre.

M. Proudhon écrit des ouvrages de morale et d'économie politique, soi-disant ; et il me les vend à raison de 5 francs le volume. Aujourd'hui je prétends qu'il ne doit plus les vendre que 1 fr. 125. M. Proudhon veut que l'échange se fasse en *raison des valeurs respectives c'est-à-dire des frais que chaque produit XX. Il nous a dit ce qu'il entend par* frais de production : la dépense en outils et matières premières, la consommation personnelle du producteur, plus une prime pour les accidents et non-valeurs dont est semée sa carrière, maladies, vieillesse, paternité, chômages, etc. *Il estime qu'en raison de ce prix de revient les ouvrages de M. Proudhon valent 1 fr. 125 le volume. Qu'il me prouve le contraire. Ou s'il continue à vendre, comme par le passé, ses livres au prix que leur attribue la situation du marché, je demande qu'il ne s'oppose plus à ce que la compa raison de la demande et de l'offre, et la loi du marché régissent également le taux de l'intérêt et le taux de l'escompte.*

Je n'entrerai pas plus avant dans l'examen des idées pratiques de M. Proudhon en matière d'escompte ; car, aussi bien, je ne prétends pas soutenir qu'il n'y ait point à redresser le bilan de la Banque de France. Il est certain que la Banque de France jouit d'un privilège onéreux pour le public ; que tout le monde devrait avoir, aussi bien que cette compagnie, le droit d'escompter la confiance générale. Cela est vrai. Mais, d'une part, je pense que la question n'est pas d'une solution difficile, puisqu'il n'y a là qu'à limiter par la *concurrence* des taux d'intérêt et d'escompte surfaits par le *monopole* ; et, d'autre part, je pense aussi que cette solution n'est point des plus urgentes.

Une *banque du peuple*, une banque quelconque peuvent nous rendre à meilleur marché le même service que nous rend la Banque de France, j'en conviens. Mais il y a bien autre chose à faire que de poursuivre l'escompte à prix réduit, et l'intérêt limité ; ou du moins, si ce sont là des améliorations désirables, elles ne sont rien de plus qu'affaire d'administration. Nous autres, faisons de la science ; et cherchons à voir s'il n'y aurait pas quelques réformes radicales qu'il faudrait préparer, accomplir, dans le régime économique de la société.

§ 3. *Préteurs et Emprunteurs.*

La balance de l'escompte mène droit à celle du crédit ou du prêt.

Ce n'est point la balance de l'escompte qui mène à celle du prêt ; c'est celle du prêt qui mène à celle de l'escompte, et ces deux balances découlent de la théorie générale du crédit. M. Proudhon lui-même n'a pas pu, quoi qu'il en dise, aborder la balance de l'escompte, sans effleurer la théorie générale du crédit, et quand il rejette après la balance de l'escompte la balance du prêt, mon adversaire commet une erreur de méthode qui s'explique encore par son insuffisance scientifique. Mais ici, nous abordons une série d'explications nouvelles.

Les phénomènes d'échange tels qu'ils se passent entre ouvriers et entrepreneurs, entre vendeurs et acheteurs, ne diffèrent pas essentiellement des phénomènes d'échange tels qu'ils s'accomplissent entre prêteurs et emprunteurs, entre propriétaires et locataires. Mais toutefois, si les faits se ressemblent, les théories se distinguent profondément en ceci que l'ex plication des prêts et locations implique la notion claire d'une distinction très-nette entre le capital et le revenu, notion que ne suppose pas aussi nécessairement la théorie des entreprises et des ventes. Entre les considérations qui précèdent et celles qui vont suivre, il existe donc une limite que M. Proudhon n'a de sa vie jamais entrevue, et que je dois accuser.

Les §§2 et 3 de la section I de mon travail ont eu pour objet de relever dans la doctrine que je réfute des erreurs de déduction qui se rattachaient à une erreur de principe touchant l'objet de l'économie et les rapports de l'économie avec la morale. Dans les §§ 1 et 2 de la section II, je me suis efforcé de repousser des applications utopiques d'un principe erroué sur l'origine et la mesure de la valeur d'échange. Le § 3 sera consacré à mettre en évidence chez M. Proudhon des erreurs qui proviennent d'une ignorance absolue de la théorie du capital et du revenu.

Cette théorie, M. Proudhon ne la soupçonne seulement pas plus qu'il ne soupçonne du reste toute la théorie de la richesse sociale. M. Proudhon n'a jamais songé à distinguer, au point de vue du rôle qu'ils ont en économie, l'arbre de son fruit, la vache de son lait, le médecin de sa consultation. Il ne se doute pas que certaines valeurs sont des capitaux, certaines autres des revenus. A fortiori n'a-t-il jamais pensé que le capital pût se distinguer du revenu, le revenu du capital ; qu'il y eût enfin à rechercher le caractère du capital, celui du revenu. On comprendra donc qu'avant d'entrer dans l'examen de ses idées sur le prêt, sur la location, je sois obligé de combler par quelques définitions rapides une lacune énorme et qui laisserait toute une catégorie de faits d'échange sans explication possible.

Du capital et du revenu.—Nous avons trouvé, comme on sait, l'origine de la valeur d'échange dans le fait de la limitation *en quantité* des choses qui nous sont utiles. Or parmi les choses qui nous sont utiles, il y en a beaucoup qui ne sont pas limitées *en quantité* seulement, mais qui sont également limitées *en durée* : elles se consomment. Quelques-unes se consomment lentement, d'autres plus rapidement, d'autres instantanément. C'est le fait de la limitation en durée qui va nous permettre de faire la distinction entre le capital et le revenu.

Il faut appeler *capital* toute valeur qui ne se consomme point ou qui ne se consomme qu'à la longue, ou qui se consomme plus ou moins rapidement, mais qui ne se consomme point instantanément, toute utilité qui survit au premier service qu'elle nous rend, un fonds de terre, une maison d'habitation, un talent d'avocat sont des capitaux.

Il faut nommer *revenu* toute valeur qui se consomme instantanément, toute utilité limitée en quantité qui disparaît au premier usage qu'on en fait. Ainsi une ration de pain, l'agrément et la sécurité qu'il y a à dormir une nuit sous un toit, un plaidoyer prononcé pour la défense d'un client : voilà des revenus.

Cette définition ne permet pas de confondre avec le capital l'*approvisionnement* qui est une accumulation prévoyante de revenus.

Telle est la définition rigoureuse du capital et du revenu. La théorie qui en découle embrasse les questions les plus importantes de la science économique. Mais dans les données restreintes de mon travail, je ne puis tout au plus qu'ajouter à la définition même quelques développements complémentaires.

I. Il y a des valeurs naturellement inconsommables, des utilités qui, quoi qu'on fasse, survivent nécessairement aux services qu'elles rendent. Ainsi d'un fonds de terre. Ces choses-là ne peuvent jamais jouer qu'un rôle : celui de capitaux.

Il y a des valeurs qui par nature veulent être consommées instantanément, des utilités qui nécessairement disparaissent au premier usage qu'on en fait. Ainsi d'une ration de pain. Ces choses-là ne peuvent jamais être considérées que comme des revenus.

Il y a enfin, et cela en très-grand nombre, des valeurs qui sont ou ne sont pas instantanément consommables, qui survivent ou disparaissent après te service ou l'usage, suivant l'usage ou le service ? même qu'on en exige. Un arbre planté dans un verger et qui, tous les ans, donne des fruits est un capital. Ce même arbre, si on l'abat pour en faire du bois à brûler, est un revenu. Il dépend donc très-souvent de nous de considérer les choses comme des capitaux ou comme des revenus, et d'en user en conséquence. Il est essentiel de se rappeler que les valeurs sont ou des capitaux ou des revenus suivant le rôle qu'on leur fait jouer.

II. Le propre du capital, c'est d'engendrer, le revenu , le propre du revenu, c'est de naître du capital.

Lorsque le capital est plus ou moins rapidement consommable, il se reproduit, il s'entretient, il s'augmente par le sacrifice intelligent du revenu. Quant au revenu, il s'accroît par l'accroissement même du capital.

Mais, en général, on peut dire que le capital est destiné à produire et que le revenu est destiné à être consommé. Le capital forme ce qu'on appelle le *fonds productif*, le revenu forme de son côté ce qu'on appelle le *fonds de consommation*.

Il suit de là : 1° qu'*il ne faut pas laisser les capitaux oisifs* ; 2° qu'*il faut éviter autant que possible de consommer les capitaux*. Ces deux propositions sont pour ainsi dire évidentes : en laissant le capital oisif, on se prive du revenu qu'il pourrait donner ; en consommant le capital, on tarit par cela même la source du revenu.

III. Il arrive très-souvent que par ce mot : le capital, on désigne proprement le numéraire. Si l'on ne veut par là que reconnaître simplement au numéraire, comme une importante propriété, celle de représenter aisément tous les capitaux sans distinction, la désignation est parfaitement légitime. Mais si 3ette appellation tendait à conférer au numéraire les propriétés spéciales de capital, elle serait vicieuse. Le revenu du numéraire consiste dans la commodité qu'il y a à s'en servir comme d'instrument d'échange ; le revenu propre de la terre, le revenu d'une maison, le revenu d'un grand talent de chanteur, tous les revenus, quels qu'ils soient, peuvent se comparejt à celui-là.

À défaut de reconnaître au numéraire des propriétés de capital particulières, on pourrait tomber dans l'erreur opposée qui serait d'en méconnaître le revenu : cela ne serait pas plus raisonnable.

J'ai cent mille francs à moi en numéraire ; je les échange contre un fonds de terre qui me fournit un revenu : c'est l'énergie de sa fécondité naturelle. Mon vendeur échange à son tour les cent mille francs contre une maison dont le revenu consiste en l'abri journalier qu'elle procure. Ainsi de suite. Au bout d'un certain temps, considérez le travail des différents capitaux qui sont entrés en échange. Tous ont fourni leur revenu, et le numéraire a donné le sien, c'est-à-dire l'avantage qu'ont trouvé tous les vendeurs et acheteurs à s'en servir comme d'instrument d'échange. Il ne faudrait pas méconnaître cet avantage parce qu'il n'a rien de matériel, ni généralement le revenu du numéraire parce qu'il naît précisément du passage de ce numéraire d'une main dans une autre, ou, pour employer le mot propre, de la circulation.

De tout cela, il résulte qu'il ne faut pas plus chasser le numéraire du nombre des capitaux qu'il ne faut lui attribuer parmi eux une place prépondérante. Il ne faut voir dans le numéraire ni plus ni moins qu'un capital ; et surtout, il faut aborder la question du prêt ou de la location au point de vue général, somme toute autre question. Ainsi vais-je faire.

On peut aliéner le capital de deux manières : par la vente ou par la donation. Il en est de même du revenu, il en est ainsi de toutes les valeurs.

Sans aliéner le capital, on peut encore le louer ou le prêter. Au contraire, le revenu n'est pas susceptible de location : il se vend ou il se donne, mais il ne se prête pas. La différence du capital et du revenu se trahit ici par la différence des transactions auxquelles ils peuvent donner lieu.

Je dis que le capital peut se louer ou se prêter. On conçoit que cette opération ait un sens et une raison d'être : elle procure à l'emprunteur ou au locataire la jouissance du revenu. On conçoit même qu'elle n'a pas d'autre sens ni d'autre raison d'être que ceux-là. D'ailleurs on comprend encore que le prêt ou la location se distinguent et de la vente et de la donation, puisque le capital n'est pas aliéné.

J'ai dit aussi que le revenu n'est pas susceptible d'être loué ou d'être prêté. Cela ne pourrait se faire, en effet, sans que le revenu fût aliéné, puisqu'il ne survit point à l'usage que l'on en fait.

Donc on ne peut louer ou prêter que des capitaux ; et, ce faisant, on aliène le revenu, autrement dit :

Le prêt ou la location d'un capital est l'aliénation du revenu de ce capital.

Suivant que cette aliénation du revenu est une vente ou une donation, le prêt ou la location sont dits : *à titre onéreux ou à titre gratuit*. Le prêt à titre onéreux, c'est la vente du revenu. Le prêt à titre gratuit, c'est la donation du revenu

Ces deux transactions sont aussi légitimes l'une que l'autre. On ne peut pas empêcher un homme de donner son revenu pour l'obliger à le vendre. On ne peut pas empêcher un homme de vendre son revenu pour l'obliger à le donner : autant vaudrait lui interdire la vente de son capital et lui en imposer la donation. Je ferai simplement observer qu'en définissant l'échange, j'ai pris soin d'empêcher qu'on ne pût confondre avec lui la donation. Dans l'examen des formes de l'échange qui nous préoccupent, on ne saurait donc admettre le prêt gratuit ; seul le prêt à titre onéreux peut être compté parmi les faits d'échange.

Le prêt à titre onéreux est la vente du revenu. J'ajouterai tout de suite que cette vente ne peut qu'obéir aux conditions de toute autre vente ; c'est-à-dire que la valeur vénale du revenu ne s'établit que par le rapport de la demande à l'offre sur le marché.

Je reviens à M. Proudhon. Ses idées sont connues : il n'autorise que le prêt gratuit et il réprouve le prêt à titre onéreux. Il ne reconnaît comme fait d'échange que la donation et jamais la vente du revenu. Cette opinion ainsi énoncée est ruinée d'avance. Toutefois, j'en vais poursuivre patiemment la réfutation à travers les assertions de mon antagoniste. Et qu'on ne s'étonne point des pauvretés qu'on va lui voir accumuler. Qu'on s'en souvienne : M. Proudhon ignore la théorie de la valeur d'échange, la théorie lu capital et du revenu, toute l'économie politique ; c'est par des considérations de morale qu'il entend réglementer l'échange sous toutes ses formes. Encore es principes de morale sont-ils bien loin d'être satisfaisants ! Qu'on se figure un professeur en train d'analyser des courbes, ou d'expliquer la fécondation des plantes, ou de traiter de la phthisie pulmonaire au point de vue de la justice ; qu'on se représente un mathématicien, un naturaliste, un médecin obligés l'argumenter contre de pareilles élucubrations ; et l'on aura quelque idée de la situation de M. Proudhon, et de la mienne vis-à-vis de lui.

M. Proudhon commence par entreprendre l'Église sur la question du prêt.

S'il est une question sur laquelle l'Église, communiste par son dogme, patricienne par sa hiérarchie, tirée en sens contraires, par le double esprit de sa constitution, a varié, divagué, et prévariqué, c'est sans contredit celle-là.

Cela est vrai. Mais si l'Église a divagué sur la question du prêt, ce n'est pas précisément qu'elle fût *communiste par son dogme, patricienne par sa hiérarchie*, c'est plutôt qu'elle ignorait la théorie de la richesse sociale. C'est un malheur pour lequel M. Proudhon devrait être plein d'indulgence : il le partage avec l'Église.

C'est un fait que toute l'antiquité, païenne et juive, s'est accordée à réprouver le prêt à intérêt, bien que ce prêt ne fût qu'une forme de la rente universellement admise ; bien que le commerce tirât de grands avantages du prêt, et ne pût aucunement s'en passer ; bien qu'il fût impossible, injuste même, d'exiger du capitaliste qu'il fit l'avance de ses fonds sans émoluments.

J'ajouterai : bien qu'il ne fût autre chose que la vente du revenu ; c'est la seule chose que M. Proudhon ne sait pas dire, elle le dispenserait d'énoncer les autres.

Tout cela a été démontré par les casuistes de notre siècle aussi bien que par les économistes ; et l'on sait que je ne fais aucune difficulté de reconnaître la légitimité de l'intérêt, dans les conditions d'économie inorganique et individualiste où a vécu l'ancienne société.

Je prends acte, M. Proudhon, de cette condescendance.

Puisque l'Église…a cru devoir se rétracter…elle avait donc tort, elle était inique et insensée…

Je n'ai point à défendre l'Église contre les variations, divagations, prévarications et rétractations que lui reproche M. Proudhon. Que M. Proudhon et l'Église s'arrangent ensemble : c'est leur affaire. Je ne m'occupe, moi, que des divagations de M. Proudhon.

L'Église, direz-vous, n'a point changé de maximes ; comprenant la nécessité des temps, elle ne fait qu'y adapter sa discipline, elle use de tolérance…

Si l'Église fait cela, je lui en sais gré. Elle comprend au moins que la morale ne régit point la science, mais lui obéit ; en particulier, elle sait réformer sa casuistique conformément aux découvertes de l'économie ; c'est très-louable.

L'Église joue de malheur on vérité : elle proscrit le prêt à intérêt quand le monde en a le plus besoin et qu'il n'y a pas possibilité de prêt gratuit ; elle l'autorise quand on peut se passer de lui.

Et qu'il y a possibilité, nécessité même de prêt gratuit ? C'est là votre opinion ? Très-bien ! mais il va falloir la justifier. Or je vous attends là : car en me reportant immédiatement aux faits dont vous êtes tombé d'accord tout à l'heure avec les casuistes de notre siècle aussi bien qu'avec les économistes, je trouve que vous vous êtes préparé bien des fatigues.

Il va falloir, en effet, nous expliquer d'abord en quoi les conditions d'économie où a vécu l'ancienne société étaient des conditions d'économie inorganique et individualiste, ce que je ne comprends pas bien, et en quoi les conditions d'économie où vit la société moderne sont des conditions d'économie organique et communiste, ce que je ne comprends pas du tout.

Il va falloir nous démontrer comme quoi le prêt n'est plus une forme de la rente, ou comme quoi la rente n'est plus universellement admise. Je ne sais trop quelles considérations vous vous proposez de développer à ce sujet ; mais ce que je sais fort bien, c'est que l'intérêt du capital est toujours le prix de la vente du revenu, et que cette vente est universellement admise. Il est universellement admis que rien ne m'oblige, si je suis propriétaire foncier, à vous prêter un bon fonds de terre très-fertile sans percevoir un fermage ; si je possède une belle maison, à vous y offrir l'hospitalité sans exiger de loyer ; si je me suis acquis un grand talent de médecin, à vous prodiguer des consultations sans attendre d'honoraires. Il va falloir établir que le commerce ne tire plus de grands avantages du prêt, et qu'il peut s'en passer. Quant à moi, je pense qu'aujourd'hui plus que jamais le travail en général a besoin du capital et trouve de grands avantages à l'emprunter. Les agriculteurs n'ont pas encore trouvé, que je sache, le moyen de semer dans les airs ni de récolter sur l'océan. Les constructeurs et leurs ingénieurs ont besoin de bois et de fer pour établir leurs voies, pour mettre sur pied leurs locomotives et leurs wagons. Les tailleurs, les bottiers ne peuvent faire ni habits ni chaussures sans matière première et sans outils.

Il va falloir enfin nous faire toucher du doigt comment et pourquoi il est aujourd'hui possible, juste même, d'exiger du capitaliste proprement dit qu'il fasse l'avance de ses fonds sans émoluments, et du capitaliste en général qu'il donne gratuitement et qu'il ne vende point le revenu de son capital.

Voyons comment vous viendrez à bout de tout cela. Oh ! je le sais d'avance : l'examen que je poursuis de vos doctrines m'a depuis longtemps enseigné comment vous saviez trancher le nœud des questions, au plus sérieux moment, par un sophisme. Mais en même temps j'ai pu apprendre à poser lentement les problèmes, de

Léon Walras

telle sorte qu'enfin, sur le point d'en exiger de vous la solution, je ne pusse me payer d'aucune équivoque.

En 1848 et 1849, j'ai prouvé, dans de nombreuses publications, que, le principe de la Justice étant la réciprocité du respect...

Nous nous en tiendrons, si vous le permettez, au principe de la réciprocité du droit et du devoir.

...Le principe de l'organisation du travail, dans une société bien constituée, la réciprocité du service ;...

Non pas. Nous considérerons l'organisation du travail comme une face de la question de la répartition des richesses, question dont la solution repose, non sur la réciprocité du service, mais sur le principe de l'égalité des conditions , de l'inégalité des positions, et sur la distinction entre la justice commutative et la justice distributive.

...Le principe du commerce, la réciprocité de rechange ;...

Nous mettrons l'égalité des valeurs échangées, ce qui va sans dire, par définition, et en dehors de toute intervention de la justice.

...Le principe de la Banque, la réciprocité de l'escompte,...

Je commence à ne pas comprendre. Parce que vous n'escomptez un effet de commerce, je dois vous en escompter un autre ?

...Le principe du prêt devait être la réciprocité de prestation,...

Complètement inintelligible ! Est-ce à dire que si je vous emprunte un cheval il faudra que je vous prête un cabriolet ? Mais si vous n'avez que faire de mon cabriolet, et si d'autre part je ne vous emprunte votre cheval que pour l'atteler à ce même cabriolet ? La réciprocité de prestation me paraît une grande absurdité.

...D'autant mieux que le prêt n'est au fond qu'une forme le l'escompte... Pardon ! C'est l'escompte qui est une forme du prêt.

...Comme l'escompte est une forme de l'échange, et l'échange une forme de la division du travail même.

Le prêt et l'escompte sont des formes de l'échange, évidemment, et c'est bien sur quoi je me fonde ; mais l'échange n'est point du tout une forme fr la division du travail : c'en est une conséquence.

Organisons, disais-je, d'après ce principe, le crédit foncier, le crédit mobilier, et toute espèce de crédit.

L'ÉCONOMIE POLITIQUE ET LA JUSTICE

C'est cela même. Organisez un peu tout cela d'après le principe de la réciprocité de prestation : nous vous regardons faire.

Dès lors plus d'usure, plus d'intérêt ni légal ni illégal une simple taxe, des plus modiques, pour frais de vérification et d'enregistrement, comme à l'escompte.

Ah bah ! vraiment ! *Plus d'intérêt ni légal ni illégal : une simple taxe, des plus modiques, pour frais de vérification et d'enregistrement, comme à l'escompte !...* Ainsi réciprocité de l'escompte, cela veut dire escompte gratuit ? Réciprocité de prestation, cela veut dire prêt gratuit ? La gratuité du crédit en constitue là réciprocité ?

L'abolition de l'usure, si longtemps et si vainement poursuivie par l'Église, s'accomplit toute seule.

Comme par enchantement, aux seuls accents de la voix de M. Proudhon. Quel aplomb !

Le prêt réciproque ou crédit gratuit n'est pas plus difficile à réaliser que l'escompte réciproque, l'échange réciproque, le service réciproque, le respect réciproque, la justice. L'échange réciproque, le respect réciproque, la justice, soit ! ce ne sont à tout prendre que des expressions barbares d'idées incomplètes. Quant au service réciproque, à l'escompte réciproque, au prêt réciproque ou *crédit gratuit*, ils ne sont pas plus difficiles à réaliser l'un que l'autre ; ils sont également impossibles.

Tout ce qu'on peut distinguer dans cet amas d'inepties, c'est que M. Proudhon conclut d'abord de la réciprocité, du respect à la réciprocité de prestation ; et ensuite de la réciprocité de prestation, ou prêt réciproque, au prêt gratuit.

Quelle envergure de syllogisme ! La réciprocité du respect est un principe de morale ; la réciprocité de prestation, quelle que puisse être cette chose indéfinie, se rattache à des faits d'échange de l'ordre naturel. Il n'y a donc aucun rapport possible ou impossible, réel ou imaginaire, de la majeure à la mineure. Mais de la mineure à la conclusion quel gouffre insondable ! De la réciprocité du respect à la réciprocité de prestation il y a loin comme du Kamschatka au cap de Bonne-Espérance ; cela est certain. Mais s'il fallait mesurer la distance qui sépare le prêt réciproque du prêt gratuit, ce ne serait point assez que d'appeler en comparaison l'éloignement du soleil et le la lune. Jugez-en !

Léon Walras

Je suis capitaliste ; un travailleur vient me trouver ; cet homme n'a en tout et pour tout qu'un talent manuel : c'est un menuisier, si vous voulez. J'ai, moi, et je lui fournis, à lui, un atelier, des outils de toutes sortes. Il fait des meubles et il les vend. Il a fourni son travail, moi mon capital. Vous pensez que, sur le prix de la vente, déduction faite du prix de revient, le travail doit toucher son salaire, le capital son profit ? Erreur. Que le menuisier retire, sur le marché, un certain prix de sa marchandise ; qu'il rembourse ses dépenses de matière première ; qu'il s'empare de la totalité du surplus comme salaire de son travail ; qu'il ne me rende rien pour le loyer et le profit du capital que je lui ai prêté, il y aura réciprocité !

Je m'aperçois, au reste, qu'il est bien naïf à moi d'essayer de comprendre quelque chose à la réciprocité de prestation : *prestation* et *réciprocité* sont deux mots accolés de vive force dans le but unique d'escamoter ici le problème du prêt au bénéfice de la morale, à défaut de savoir le résoudre par la théorie du capital et du revenu et les données de la science économique. C'est une ignoble rouerie de procédé qu'il faut traîner au grand jour.

Vous voulez conclure de la réciprocité du respect au prêt gratuit. Vous prenez, d'une part, l'idée de réciprocité, de l'autre, l'idée de prestation. Si ce dernier mot n'existe pas en français d'économie politique, vous l'inventez. Vous accouplez vaille que vaille les deux idées, et vous déduisez comme suit :

« Qui dit réciprocité du respect dit réciprocité de prestation ou prêt réciproque. Qui dit prêt réciproque ou réciprocité de prestation dit prêt gratuit. Donc qui dit réciprocité du respect dit prêt gratuit. « Prêt gratuit, escompte gratuit, crédit gratuit, etc,, etc. *Et voilà pourquoi votre fille est muette.* »

Ah ça ! Monsieur Proudhon, pour quel triple sot me prenez-vous donc, moi lecteur ? Et vous pensiez qu'il suffirait de me délayer cette jonglerie de mots dans votre galimatias !...

Croirait-on bien qu'en 1848 et 1849 cette théorie du crédit gratuit n'ait su conquérir à son auteur les sympathies ni de l'Église ni des socialistes ? L'Église eut le plus grand tort assurément : M. Proudhon se donnait la peine de défendre la tradition catholique. Mais les socialistes surtout sont inexcusables. Chose étrange ! Ils n'ouvrirent pas les bras à M. Proudhon ! Ils le devaient cependant au dire de celui-ci.

Qu'est-ce en effet que la réciprocité du crédit, sinon la commandite du travail substituée à la commandite du capital ?

Et qu'est-ce un peu, dites-moi, que la commandite du travail substituée à la commandite du capital ? *Qui potest capere capiat* : comprenne qui pourra. Substituer la commandite du travail à la commandite du capital, ne serait-ce pas offrir à manger aux gens qui ont soif ? Si je suis travailleur et si je manque d'instruments, de quoi ai-je affaire d'être commandité sinon d'instruments ou de capital ? Voilà sans doute ce que se seront dit les socialistes : ils ne sont pas si fous qu'on veut bien le dire.

Mais quoi ! Les dédains de l'Église et l'ingratitude des socialistes ont bien pu déchirer le cœur de M. Proudhon ; ils n'ont point ébranlé ses convictions. Ne faut-il pas qu'elles soient robustes pour qu'il ajoute : Que le pouvoir, à défaut de l'action spontanée des citoyens, donne le branle , et en un jour (!), en une heure (!!), toutes ces réformes, toutes ces révolutions peuvent s'accomplir ?

L'égalité,—ou la mort ! Nous connaissons cela.

Quand on a si solidement démontré sa thèse, quand on l'a de plus si substantiellement résumée, que reste-t-il à faire ? A la défendre. Et si la démonstration s'opère par prestidigitation, comment peut se faire la défense sinon par invective ? Ainsi procède M. Proudhon qui, dans son genre, est vraiment complet. Lisez le passage qui suit ; je cite le morceau sans commentaires, comme un modèle.

Mais voyez le malheur ! cette large application de la Justice à l'économie, déplaçant le foyer des intérêts, intervertissant les rapports, changeant les idées, ne laissant rien à la force, rien à l'arbitraire, rien au hasard, soulevait contre elle tous ceux qui, vivant de privilèges et de fonctions parasites, se refusaient à quitter une position anormale à laquelle ils étaient faits, pour une autre plus rationnelle, mais qu'ils ne connaissaient point. Elle confondait l'ancienne école des soi-disant économistes ; elle saisissait à l'improviste les vieux de la république, dont l'éducation était à refaire ; qui pis est, elle annulait les décisions récentes de l'Église sur la question de l'intérêt, et par l'enchaînement des idées, tuait son dogme.

Trop d'intérêts et d'amours-propres se trouvaient compromis : je devais, en cette première instance, perdre ma cause.

Léon Walras

La vérité m'oblige à dire qu'au contraire, en cette première instance, M. Proudhon ne perdit point tout à fait sa cause.

Un homme se trouva pour défendre, au nom de la liberté individuelle et de la félicité générale, le travail subalterne contre le service réciproque, le commerce agioteur contre l'égalité de l'échange, l'escompte à 15 p. 0/0 contre l'escompte à 1/8 p. 0/0, l'usure homicide contre la commandite gratuite, agricole et industrielle.

M. Proudhon rappelle ici la controverse ardente qui s'éleva en 1849 entre lui et Frédéric Bastiat au sujet du prêt à intérêt. Cette polémique ne jeta pas le moindre jour sur la question ; elle n'amena aucune inclusion. Elle fut stérile par la raison bien simple que les deux contendants étaient plongés l'un et l'autre dans la même ignorance sur la nature du capital et la nature du revenu. Bastiat n'avait qu'un mot à dire pour triompher de M. Proudhon : il devait lui représenter que le *prêt à intérêt* du capital est la vente du revenu de ce capital. Ce mot, Bastiat ne sut jamais le prononcer ; et voilà pourquoi il ne put jamais venir à bout de son adversaire. Ce n'est donc pas en première instance que M. Proudhon perdit sa cause ; seulement il ne la gagna point. Aujourd'hui, avec de meilleurs éléments de discussion, avec les ressources d'une plus satisfaisante philosophie de l'économie politique, grâce à des théories plus complètes de la valeur d'échange, du capital et du revenu, je pense avoir fait justice du *service réciproque*, de *l'escompte* à 1/8 p. 0/0, et de la prétendue *commandite gratuite, agricole et industrielle*.

En terminant, M. Proudhon reproche encore une fois à l'Église ses variations et ses apostasies. Il la somme de s'expliquer une fois pour toutes, de se prononcer ou pour le prêt gratuit ou pour le prêt à intérêt. Il lui demande :

…Où va le progrès ? Est-ce à l'égalité, ou à l'inégalité ? à l'égalité par le crédit mutuel, ou à l'inégalité par la prélibation de l'intérêt ?

L'Église ne répondra point à de pareilles questions : elle n'a pas qualité pour cela. Mais je puis répondre à sa place, et dire à M. Proudhon : — Votre crédit mutuel est un mot creux et vide auquel vous n'avez pu donner aucun sens. L'intérêt du capital est le prix de la vente du revenu. Nous allons, par le progrès, et à l'égalité et à l'inégalité, à l'égalité des conditions, à l'inégalité des positions et des fortunes.

J'avais annoncé l'intention de garder ma neutralité entre l'Église et M. Proudhon. Mais au surplus je trouve bien singulier que M. Proudhon s'en vienne ressusciter au XIXe siècle des erreurs qui ont été combattues et par le bon sens de plusieurs centaines de générations, et par le talent des esprits les plus compétents, et, somme toute, par la force fatale des choses naturelles ; puis qu'ensuite il le prenne de si haut avec l'Église.

Un seul fait peut expliquer cette concordance dans l'erreur : c'est que la doctrine de M. Proudhon prend sa source, comme la doctrine catholique, dans l'ignorance de l'économie politique. A ce point de vue l'Église fut assurément plus excusable que ne l'est aujourd'hui M. Proudhon. Les théologiens du moyen âge n'étaient pas tenus d'avoir approfondi la théorie de la richesse sociale ; M. Proudhon qui ne vit point au moyen âge et qui n'est pas théologien devrait la connaître.

Il le devrait, et j'ai, moi, le droit de lui reprocher avec sévérité tant d'orgueil uni à tant de faiblesse. Je suis de ceux qui n'avaient point quitté le collège, comme dit M. Proudhon,

Quand apparut la République

Dans les éclairs de février.

Je suis de ceux à qui M. Proudhon demande :

…Croyez-vous que j'aie mérité l'anathème pour avoir dit qu'il n'y avait pas d'avantage pour le commerce à payer 4, 5, ©t 6 fr. un service que nous pouvons nous procurer à 90 cent., et même au-dessous ?

Eh bien ! je lui réponds :

Oui vous l'avez mérité pour n'avoir élucubré que de pareilles niaiseries quand vous aviez à fonder l'ordre social. Vous l'avez mérité pour n'avoir su proposer que de ridicules utopies enfantées par la paresse, alors que vous deviez fournir à la démocratie les résultats d'un travail ardent et d'une science loyale. Vous avez mérité l'anathème pour avoir eu sous vos pieds la tribune d'où la vérité devait rayonner sur le monde, et pour en avoir fait le tréteau d'un empirique et d'un vendeur d'orviétan.

Léon Walras

SECTION III
Catégorie morale : — la Propriété.

§ 1.

Propriétaires et locataires.

M. Proudhon débute ici en traitant un fait personnel. Il a écrit quelque part : — *La propriété, c'est le vol.* Cette définition est sienne, dit-il ; *il ne la céderait pas pour tous les millions de Rothschild.* Je ne suivrai pas M. Proudhon dans cette discussion. J'engage seulement M. de Rothschild à ne pas se presser d'offrir ses millions en échange de cette phrase : il serait volé sans aucune réciprocité. Quel que soit celui qui a dit le premier : — *La propriété, c'est le vol,* celui-là a dit une sottise. La propriété, c'est l'appropriation, c'est la possession légitime ; le vol, c'est l'appropriation, c'est la possession illégitimes. De la propriété au vol il n'y a donc que la différence du blanc au noir. Le mariage légal, c'est l'unionsanctionnée par les formalités civiles ; le concubinage, c'est l'union non sanctionnée par ces mêmes formalités. L'enfant légitime, c'est celui qui est né du mariage légal ; le bâtard, c'est celui qui est né hors mariage. Dire : — *L'enfant légitime, c'est un bâtard* ; dire : — *Le mariage légal, c'est le concubinage* ; dire : — *La propriété, c'est le vol,* c'est se contredire à plaisir ; ou c'est battre la caisse pour ameuter les badauds.

Mais non. M. Proudhon prend sa phrase au sérieux ; il y croit ; il y revient ; il la fait valoir. Il s'engage à nous démontrer *par une analyse rigoureuse que la propriété est de même nature, quant au fond, que le vol.* Puis donc qu'il y a dans la fameuse phrase : — La propité, c'est le vol, le germe d'une théorie, il convient d'éviter toute équivoque, et de ruiner dans leur principe les puérils sophismes dont l'auteur paraît vouloir abuser cruellement tout à l'heure.

Sans doute il y a bien, quant au fond, dans le vol et dans la propriété quelque chose d'analogue et même d'identique : ce quelque chose, c'est l'appropriation d'abord, c'est ensuite la possession de la chose appropriée. Mais si nous appelons propriété la possession légitime, si nous appelons vol l'appropriation illégitime ; si nous sommes au point de vue moral, au point de vue du droit et de la justice ; et si pour nous la question de légitimité ou d'illégitimité de l'appropriation et de la possession est tout, ne demeure-t-il point assuré que la propriété est le contraire du vol ?

Il y a aussi un élément d'analogie, une part d'identité dans un verr, e d'eau sucrée et dans une dissolution d'arsenic : ce sont deux boissons incolores. M.Proudhon peut-il espérer jamais de nous démontrer par *une analyse rigoureuse*qu'au point de vue hygiénique un verre d'eau sucrée *est de même nature, quant au fond*, qu'une dissolution d'arsenic ? On est pétrifié d'étonnement en voyant un homme d'esprit se complaire dans une pareille gymnastique.

Ou bien serait-ce à dire que M. Proudhon considère l'appropriation et la possession comme des faits de l'ordre naturel et fatal, n'ayant aucun rapport direct ni indirect avec le droit et le devoir, ne ressortant en aucune façon de la justice, inaptes à se trouver en aucun cas ou légitimes ou illégitimes suivant les circonstances ? Alors seulement on pourrait concevoir que propriété et vol pour lui fussent une même chose. En vérité, ce serait curieux ! Et il ne manquerait plus à M. Proudhon qui introduit de vive force la notion du droit et du devoir dans la théorie des faits économiques de l'ordre naturel, que d'exiler violemment cette même notion de la théorie des faite économiques de Tordre moral ! Il ne manquerait plus à M. Proudhon qui traite de la valeur d'échange et de l'échange au point de vue moral, au point de vue de la justice, que de traiter de la propriété au point de vue naturel, au point de vue de la nécessité ! — Il y aurait compensation.

Le croirait-on ? c'est ce qui arrive effectivement ; comme cette étude le fera voir. Par exemple, ce qu'il m'a fallu déployer de patience et poursuivre de suppositions différentes, avant de soupçonner, avant de reconnaître distinctement cette erreur, c'est ce que personne ne saura jamais. Il fallait deviner que M. Proudhon prenait à la fois les vessies pour des lanternes et les lanternes pour des vessies ; je ne connais pas d'exemple de plus singulière aberration scientifique. Et quand j'essaye de comprendre comment il a pu se faire que M. Proudhon construisît, dans de pareilles données, une apparence quelconque de théorie qui le satisfît, en vérité, ma tête se trouble : je songe à un artiste qui s'obstinerait à peindre avec un ciseau, et à sculpter avec une palette.

Je fais à présent abstraction de ce préambule ; et je poursuis mon examen critique, en arrêtant, pour l'interroger, mon adversaire au moment où, quittant ses tristes préliminaires, il se décide à venir au fait.

Ce que je cherchais, dès 1840, en définissant la propriété, ce que je veux aujourd'hui, ce n'est pas une destruction,… ce que je demande pour la propriété est une BALANCE.

Entendons-nous bien, d'abord. Établissons-nous là balance des locations, ou constituons-nous la théorie de la propriété ? J'ai beau chercher, je ne vois pas que vous vous soyez expliqué ; de telle sorte que je me vois ici dans la situation de maître Jacques.

Si nous cherchons, comme je devais le croire en abordant ce paragraphe, la balance des locations pour faire suite à la balance du prêt, nous faisons besogne d'économistes. De même qu'on prête de l'argent, de même on peut louer un fonds de terre, une maison. Un fonds déterre, une maison sont des capitaux d'espèces particulières. La location de ces capitaux sera toujours d'une façon générale la vente de leurs revenus ; mais il peut être intéressant de fixer les conditions particulières, spéciales, de chacune de ces ventes conformément aux lois de rechange. Par exemple, nous n'avons, pour ce faire, nul besoin de nous enquérir de la théorie de la propriété, dont au reste nous nous sommes fort bien passés quand nous avons établi la balance du prêt, la balance de l'escompte. Les conditions de la vente d'un revenu, de quelque espèce qu'il puisse être, peuvent bien dépendre jusqu'à un certain point de la nature du capital, mais jamais, en aucun cas, des circonstances de possession légitime où illégitime de ce capital.

Si, au contraire, comme il semble d'après votre façon d'entrer en matière et de vous exprimer, nous élucidons la théorie de la propriété, c'est affaire à des moralistes. Nous quittons la théorie du capital et dit revenu et le domaine de l'économie politique proprement dite.

Donc, poursuivons-nous la théorie de l'échange ; ou l'abandonnons-nous, sans rime ni raison, pour en revenir à la théorie de la distribution des richesses ? Ces deux questions diffèrent autant l'une de l'autre que les attributions d'un cocher de celles d'une cuisinier

Qu'est-ce que la balance de la propriété ?

Décidément, nous ne faisons point la balance de la location, mais

L'ÉCONOMIE POLITIQUE ET LA JUSTICE

la balance de la propriété même. Soit ! changeons de casaque. Laissons la théorie de l'échange, et revenons au problème de la répartition des richesses.

Avant de répondre à cette question, il faut savoir ce qu'est la propriété elle-même.

Je me charge de vous le dire si vous voulez.

La propriété, c'est la possession légitime. La possession consiste à jouir d'une chose, à l'exploiter à son profit, à la consommer pour son usage, à en disposer suivant sa volonté. La possession est légitime quand elle se fonde sur une appropriation naturelle. Voilà ce que c'est que la propriété.

Et qu'est-ce que la balance de la propriété ?

C'est la détermination des conditions dans lesquelles le droit de propriété de chacun peut s'exercer sans porter atteinte aux droits d'autrui.

Je vous prie, Monsieur, de bien distinguer toujours l'une de l'autre ces deux questions que tout d'abord vous séparez si nettement.

Première question.—*De l'appropriation naturelle et de la possession légitime*. C'est la première partie du problème. C'est la question de l'origine et du fondement de la propriété. C'est une question de droit naturel.

Deuxième question.—*Des conditions dans lesquelles le droit de propriété de chacun peut s'exercer sans porter atteinte au droit d'autrui*. C'est la seconde partie du problème que vous entreprenez de résoudre, en si grande pompe. C'est proprement la balance de la propriété que vous réclamez à cor et à cris, que vous annoncez avec tant de fracas. C'est la question de la distribution des richesses. C'est une question de droit économique ou social.

Cela dit, à l'œuvre ! Je vous laisse développer la crémière question, la question de droit naturel.

Si j'interroge sur l'origine et l'essence de la propriété les théologiens, les philosophes, les jurisconsultes, les économistes, je les trouve partagés entre cinq ou six théories dont chacune exclut les autres et se prétend seule orthodoxe, seule morale.

Avez-vous interrogé réellement tant d'auteurs que cela ? Quel travail ! Mais aussi comme la question doit vous être familière !

Léon Walras

En 1848, lorsqu'il s'agissait de sauver la société, les définitions surgirent de toutes parts : M. Thiers avait la sienne, combattue aujourd'hui par M. l'abbé Mitraud ; M. Troplong avait la sienne ; M. Cousin, M. Passy, M. Léon Faucher, comme autrefois Robespierre, Mirabeau, Lafayette, chacun la sienne.

Cette énumération est pleine d'intérêt. Mais sans doute vous avez aussi la vôtre. Ne pourriez-vous nous la faire moins attendre ?

Droit romain, droit féodal, droit germanique, droit américain, droit canon, droit arabe, droit russe, tout fut mis à contribution sans qu'on pût parvenir à s'entendre. Une chose ressortait seulement de cette macédoine de définitions, c'est qu'en vertu de la propriété , que chacun du reste s'accordait à regarder comme sacrée, et à moins qu'un autre principe n'en vînt corriger les effets, on devait regarder l'inégalité des conditions et des fortunes comme la loi du genre humain.

Vous raillez de la façon la plus aimable. Je trouve seulement que nous perdons un temps précieux. Nous savons à présent que ni l'inégalité ni l'égalité des conditions et des fortunes ne sont la loi du genre humain. La loi du genre humain, c'est l'égalité des conditions et l'inégalité des fortunes. Nous appliquerons ce principe à la balance de la propriété quand il en sera temps. Mais nous sommes loin d'en être encore là : nous en sommes sur son origine.

Certes, il y avait là pour l'Église une tâche digne dé sa haute mission, et des souffles de cet Esprit qui ne l'abandonne jamais… Quel service l'Église eût rendu au monde si elle avait su définir ce principe d'économie sociale, comme elle a défini ses mystères !

Et quel service aussi, Monsieur, l'Église eût rendu au mondé si elle avait su découvrir l'Amérique, démontrer la loi d'attraction universelle , et faire fonctionner le télégraphe électrique ! L'Église voulait vous réserver à vous seul une gloire égale à celle des Christophe Colomb, des Newton, des Arago. Vous avez mauvaise grâce à vous en plaindre.

Chose étrange, qu'après avoir fait quinze ans durant la guerre à la propriété, je sois peut-être destiné à la sauver des mains inhabiles qui la défendent,…

Je ne dis pas non ; mais il me semble que vous vous pressez un peu trop de chanter victoire. Vous n'avez pas encore dit un mot de

L'ÉCONOMIE POLITIQUE ET LA JUSTICE

la question, et voilà que déjà vous commencez à vous congratuler, à vous encenser vous-même. De grâce, au fait !

Dites-moi, Monseigneur, ce que vous fumez ou respirez dans le tabac, que vous dégustez dans le kirsh, que vous mangez dans le vinaigre, ne sont-ce pas des poisons, et les plus violents de tous les poisons ?… Eh bien ! il en est ainsi de certains principes que la nature a mis en nos âmes, et qui sont essentiels à la constitution de la société : nous ne pourrions exister sans eux ; mais pour peu que nous en étendions ou concentrions la dose, que nous en altérions l'économie, nous périssons infailliblement par eux… Comme l'amende (sic) amère, réduite par l'analyse chimique à la pureté de son élément, devient acide prussique, ainsi la propriété, réduite a la pureté de sa notion, est la même chose que le vol. Vous y revenez. Apparemment vous tenez à nous faire savoir que vous êtes aussi bon chimiste que mathématicien distingué. Cela se voit ; mais malgré tout je tous jure n'avoir jamais rencontré d'idée qui fût une plus grande fadaise que celle-là. Dites-moi : je suppose que vous eussiez à faire un traité de chirurgie, vous commenceriez par établir longuement qu'un chirurgien qui m'opère et un assassin qui me perce la poitrine me tirant du sang l'un et l'autre, la chirurgie *réduite à la pureté de sa notion* est la même chose que l'assassinat. Quand vous auriez tourné et retourné jusqu'à satiété cette belle assertion dans tous les sens, pensez-vous réellement que vous auriez appris quelque chose à des gens sérieux ?

La propriété ; réduite à la pureté dé sa notion, c'est la possession légitime. Vous ne sauriez réduire là propriété à ufie plus grande pureté de notion : en enlevant encore à la propriété l'idée de légitimité, vous n'auriez plus que la possession qui n'est pas la propriété. Donc la propriété, même réduite à la pureté de sa notion, est tout le contraire du vol qui est l'appropriation illégitime.

Toute la question, pour l'emploi de cet élément redoutable est, je le répète, d'en trouver la formule, en style d'économiste la balance :…

Permettez : je maintiens ma distinction. La question, la question qui nous occupe, c'est de rechercher les conditions naturelles de justice ou d'injustice sur lesquelles peuvent se fonder la légitimité ou l'illégitimité de l'appropriation et de la possession. Pour Dieu !

Léon Walras

nous n'avançons guère. ...Chose qu'entend à merveille le dernier des commis, mais qui dépasse la portée d'une religion.

Qu'est-ce à dire ? Il pourrait bien se faire, me vous en déplaise, que la chose dépassât également le génie d'un pamphlétaire.

La question d'appropriation naturelle et de possession légitime est une question si simple que le dernier des commis l'entend à merveille ! Cette assertion inattendue me paraît tellement étrange que je ne saurais me dispenser de poser moi-même le problème. Sa gravité qui est sérieuse apparaîtra dans tout son jour ; et peut-être la question fera-t-elle un pas.

De l'origine et du fondement de la propriété.

I. Rappelons d'abord que le fait de l'appropriation pure et simple a son origine et sa cause dans le fait de la limitation en quantité des utilités. On ne s'approprie pas les choses utiles qui sont en quantité illimitée et qui n'ont point de valeur :. on ne s'approprie pas l'air respirable ni la chaleur solaire. La possession légitime, la possession fondée sur une appropriation naturelle, la propriété, ne saurait donc s'exercer que sur les utilités limitées en quantité, sur les valeurs ; elle ne saurait avoir pour objet que la richesse sociale.

II. Du fait de la liberté résulte comme une conséquence capitale la distinction entre les *personnes* et les *choses*. Les personnes sont les êtres doués d'une volonté libre ; les choses sont les êtres qui ne vivent qu'instinctivement ou même n'existent qu'inconsciemment. L'homme est libre : il est une personne. L'homme seul est libre : seul il est une personne. Du fait de la liberté découle aussi, par imputabilité et responsabilité, la moralité. L'accomplissement de sa destinée qui n'est, chez l'être impersonnel, qu'instinct ou fatalité inconsciente se résout, pour l'homme, en une série de *droits* et *devoirs*.

Alors, 1° toute manifestation de la volonté libre de l'homme participe du caractère de moralité. Elle tombe immédiatement sous l'appréciation de la justice. Elle peut et doit être dite bonne ou mauvaise. Le droit et le devoir sont inhérents à la personnalité humaine.

Et 2° l'homme, seul être libre et personnel, peut seul avoir des droits à faire valoir, des devoirs à remplir. Le droit et le devoir sont spéciaux à l'humanité.

L'ÉCONOMIE POLITIQUE ET LA JUSTICE

III. L'appropriation est une manifestation de la volonté libre de l'homme ; elle participe donc nécessairement du caractère de moralité. Elle tombe, dès l'instant qu'elle se produit, sous l'appréciation de la justice. Elle est pour ou contre le droit et le devoir. La possession est légitime ou illégitime, propriété ou vol.

La propriété possession légitime, pouvoir moral, est un droit.

Par où l'on voit que l'homme, seul être libre et personnel, peut seul être sujet du droit de propriété. Il faut se moquer de M. Thiers et de ses animaux propriétaires : les animaux accomplissent leur destinée sous l'empire et la direction de leur instinct ; l'appropriation est pour eux une nécessité, non un droit. La possession ne peut jamais être dite, à leur sujet, légitime ou illégitime, propriété ou vol.

IV. Nous pénétrons dans le vif de la question. Du fait de la liberté, il résulte logiquement que le premier objet de propriété, pour l'homme, c'est lui-même. Mon corps et mon âme, adhérents et identiques à mon moi libre, personnel et moral, m'appartiennent. Je me les approprie ; et cette appropriation que j'appelle naturelle est le principe de toute possession légitime, de toute propriété.

En général l'homme, qui peut seul être sujet du droit de propriété, n'en peut jamais être l'objet. L'homme s'appartient à lui-même. L'esclavage et le servage sont iniques : ils se basent sur une appropriation antinaturelle.

V. Restent, comme objets du droit de propriété, les choses. C'est ici qu'il faut analyser l'appropriation des choses par les personnes.

Cette appropriation est naturelle. C'est un droit et un devoir pour l'homme que de subordonner l'accomplissement des destinées aveugles à l'accomplissement de sa destinée libre. Envisagée surtout comme un devoir, cette poursuite s'appelle *travail*. Considérée plutôt comme un droit, elle constitua le droit d'appropriation naturelle, de possession légitime, de propriété de l'homme sur les choses. Travail et propriété sont deux faces d'une même idée, comme aussi droit et devoir. À ce point de vue, on peut dire, l'on veut, que la propriété se fonde sur le travail. Il me semble plus philosophique de remonter plus haut et de voir l'origine et le fondement de toute appropriation naturelle, de toute possession légitime, de toute propriété dans le fait d'appropriation et de possession des facultés personnelles, physiques, intellectuelles et morales de l'homme par lui-même.

Tous ces faits sont à développer, à expliquer, à démontrer. Ainsi l'on pourrait asseoir la théorie de l'origine et du fondement de la propriété sur des bases inébranlables. Resterait entière la question d'exercice du droit de propriété de chacun sans préjudice des droits d'autrui, la question de la distribution de la richesse sociale entre les personnes en société, la balance de la propriété, si l'on veut.

Si je ne me trompe, Monsieur Proudhon, vous venez de nous dire que cela est fort aisé, que le dernier des commis s'en tirerait à merveille. Ef vous-même, ne nous livrerez-nous point vos idées ? Je les ignore encore.

Est-il donc si difficile de comprendre que la propriété considérée en elle-même, se réduisant à un simple phénomène de psychologie, à une faculté de préhension, d'appropriation, de possession, de domination, comme il vous plaira, est étrangère par sa nature, ou, pour me servir d'un terme plus doux, indifférente à la Justice ;…

Eh ! Monsieur, qu'avez-vous affaire de chercher des termes qui soient doux ? Ai-je pris des précautions et me suis-je préoccupé de la douceur des termes quand je vous ai dit, moi, que le fait de la valeur d'échange était un fait de l'ordre naturel, fatal, où, la justice n'avait rien à voir. Que n'en faites-vous autant ? C'est que vous avez beau faire, vous n'arrivez point à vous convaincre vous-même. Malgré tout, vous êtes le premier à sentir qu'il est très-difficile, qu'il est impossible de comprendre qu'une manifestation positive, caractéristique, solennelle du moi libre, personnel et moral demeure un seul instant *étrangère* ou seulement *indifférente* à la justice, qu'elle ne puisse pas et ne doive pas être immédiatement qualifiée, déclarée juste ou injuste suivant les circonstances dans lesquelles elle se produit.

Il est impossible de comprendre que la préhension, l'appropriation, la possession, la domination, *comme il vous plaira*, ne puisse pas et ne doive pas être naturelle ou antinaturelle ; par conséquent et sans retard, la possession légitime ou illégitime, propriété ou vol, soit l'un, soit l'autre, mais non pas tous les deux à la fois, ni l'un ou l'autre indifféremment.

Il est en un mot tout aussi impossible de concevoir l'appropriation, la possession et la propriété comme des faits de l'ordre naturel et fatal indépendants de la justice, que de concevoir la valeur d'échange et l'échange comme des faits de l'ordre libre et moral soumis à la justice,

Et, par conséquent, je vous répète que ni la propriété *considérée en elle-même*, ni le vol *considéré en lui-même* ne se réduisent à la préhension, à l'appropriation. Leurs qualités de légitimité ou d'illégitimité sont leurs éléments constitutifs, essentiels, que vous ne pouvez leur ôter. Puis je me permettrai de vous faire observer que pour un homme qui avez interrogé tant de théologiens, de philosophes, de jurisconsultes, d'économistes, vous parlez un langage singulièrement incorrect. La propriété ne saurait se réduire à être à la fois un phénomène de psychologie et une faculté psychologique. Elle n'est au surplus ni l'un ni l'autre : elle est une manifestation qualifiée de l'activité humaine ; elle n'est surtout ni étrangère ni indifférente à la justice.

...Que si elle résulte de la nécessité où se trouve l'homme, sujet intelligent et libre, de dominer la nature, aveugle et fatale, à peine d'en être dominé ;...

Rétablissons les faits dans leur sincérité. L'homme sujet intelligent et libre n'est point dans la nécessité de dominer la nature aveugle et fatale à peine d'en être dominé. L'homme est dominé par la nature et il la domine tout ensemble : il est dominé fatalement, et il domine librement. C'est en cette lutte victorieuse que se résume pour l'homme l'accomplissement de sa destinée qui est libre, qui est tout à la fois un droit et un devoir, non une nécessité.

...Si, comme fait ou produit de nos facultés, la propriété est antérieure à la société et au droit,...

Rectifions encore cette assertion. La propriété peut être antérieure à la société et elle l'est réellement ; mais elle ne saurait être antérieure au droit. La propriété c'est le droit ; le droit et la propriété se confondent ; ils se produisent ensemble antérieurement à tout pacte social. Avant toute association avec les hommes, j'ai droit de posséder, je suis propriétaire. J'ai droit d'user de mes bras, de mes jambes, de toutes mes facultés personnelles, physiques, intellectuelles et morales, pour me mouvoir, pour me nourrir, pour défendre jet pour améliorer mon existence. J'ai le droit de subordonner les destinées aveugles de la nature fatale à ma destinée libre, par le travail et la propriété.

Il y a deux erreurs dans les deux lignes citées ci-dessus. La propriété n'est pas antérieure au droit. La propriété et le droit sont antérieurs à la société.

...Elle ne tire cependant sa moralité que du droit, qui lui applique la balance, et hors duquel elle peut toujours être reprochée ?

Le droit qui naît avec la société, le droit qui applique à la société la balance, c'est le droit social, économique, politique et civil. Mais ce n'est pas du droit social que la propriété tire sa moralité. Le droit qui, dès l'instant que l'appropriation et la possession se produisent, les juge légitimes ou illégitimes, les déclare propriété ou vol, c'est le droit nature.

C'est par la Justice que la propriété se conditionne, se conditionne, se purge, se rend respectable, qu'elle se détermine civilement et par cette détermination, qu'elle ne tient pas de sa nature devient un élément économique et social.

La justice dont vous parlez, cette justice qui conditionne, purge, rend respectable, détermina civilement la propriété, la justice qui sanctionne la propriété comme un élément économique et social, c'est la justice civile, économique et sociale. À vrai dire cette justice sociale ne fait qu'imposer au droit de possession, à la propriété de chacun, la condition de ne porter aucune atteinte au droit de possession à la propriété d'autrui. Antérieurement à ce conditionnement, à cette sanction, la propriété, quoique vous en puissiez dire, est déterminée naturellement en tant que possession légitime fondée sur une appropriation naturelle.

Tant que la propriété n'a pas reçu l'infusion du droit, elle reste... un fait vague, contradictoire, capable de produire indifféremment du bien et du mal, un fait par conséquent d'une moralité équivoque, et qu'il est impossible de distinguer théoriquement des actes de préhension que la morale réprouve.

Erreur, erreur complète. Avant toute intervention du droit social, de la justice commutative et distributive, ni la propriété ni le vol ne sont des faits vagues, contradictoires, d'une moralité équivoque. Ce sont des faits précis, distincts, d'une moralité certaine en bien ou en mal : l'un, comme possession légitime fondée sur une appropriation naturelle,l'autre, comme possession illégitime fondée sur une appropriation antinaturelle.

Les principes sur lesquels se fonde cette distinction sont les principes du droit naturel antérieur au pacte social. Ces principes, vous les ignorez. Vous méconnaissez la théorie de l'origine et du fondement de la propriété. Après avoir interrogé tant d'auteurs si nombreux et si divers, vous vous comportez avec cette théorie comme avec celle de la valeur d'échange :— vous n'en soupçonnez pas l'existence.

L'erreur de ceux qui ont entrepris de venger la propriété des attaques dont elle était l'objet a été de ne pas voir qu'autre chose est la propriété, et autre chose la légitimation par le droit de la propriété ;… Et que peut être, s'il vous plaît, la légitimation par le droit de la propriété ? Que peut être la légitimation, par le droit, du droit de possession, de la possession légitime ?

Votre erreur à vous est de ne pas voir qu'autre chose est le*conditionnement*, par la justice sociale, par le droit économique, politique et civil, de la propriété, droit naturel, autre chose une absurdité comme la *légitimation* de la propriété.

…C'est d'avoir cru, avec la»théorie romaine et la philosophie spiritualiste, que la propriété, manifestation du moi, était sainte par cela seul qu'elle exprimait le moi ;…

Vous voulez vous ménager le facile plaisir de réfuter des inepties. Il serait ridicule de déclarer la propriété une chose sainte par cela seul qu'elle exprime le moi. Ce qui est éminemment sensé et scientifique, c'est d'énoncer que l'appropriation et la possession, par cela seul qu'elles sont des manifestations du moi libre, personnel et moral, ne sauraient demeurer un seul instant étrangères ou seulement indifférentes à la justice ; qu'au contraire, dès qu'elles se produisent, il appartient au droit naturel, antérieur à la société, de les déclarer naturelles ou antinaturelles, légitimes ou illégitimes, propriété ou vol.

…Qu'elle était de droit, parce qu'elle était de besoin ;…

Ni la théorie romaine, Monsieur, ni la philosophie spiritualiste, ni moi n'avons fondé le droit sur le besoin.

J'ai fondé le droit sur la personnalité. Ces deux idées sont connexes. On ne peut avoir l'idée d'un être personnel, intelligent et libre, sans avoir l'idée qu'il est responsable et moral, qu'il a des droits et des devoirs. On ne peut avoir l'idée du droit et du devoir sans avoir l'idée de la responsabilité, de l'imputabilité, de la liberté.

La propriété, possession légitime, basée sur une appropriation naturelle, est sainte parce qu'elle exprime la sainteté du moi personnel. C'est parce que mon âme et mon corps sont identiques au moi qu'ils m'appartiennent, que j'en suis propriétaire. C'est la possession la plus légitime, la propriété la plus sacrée. Quant aux choses, c'est encore en vertu de ma personnalité que j'ai droit sur elles. La chose impersonnelle n'étant ni libre ni responsable, n'a ni droits ni devoirs. La raison met les êtres impersonnels à la disposition des personnes. La personnalité de l'homme est donc l'origine et le fondement de la propriété de l'homme sur les choses.

…Que le droit lui était inhérent, comme il l'est à l'humanité même.

Précisément. Le droit est inhérent à la propriété comme la personnalité à l'humanité même. Vous êtes en présence d'un dilemme terrible pour vous.

Ou l'homme est un être personnel, libre, moral, ayant des droits et des devoirs. Et alors la moralité est inhérente à toute manifestation de cette personnalité responsable. L'appropriation et la possession ne demeurent en aucun cas indifférentes à la justice. Elles sont naturelles ou antinaturelles, légitimes ou illégitimes, propriété ou vol. La propriété est sainte : le droit lui est inhérent. Elle est un fait moral.

Ou bien la propriété est un fait fatal. Et alors, propriété, vol, possession, c'est tout Un. La propriété est de tout point, en tous cas, complètement indifférente à la justice. Toute manifestation de la volonté de l'homme est étrangère au droit, comme tout fait naturel. La volonté de l'homme n'est qu'un instinct aveugle ; l'homme lui-même une brute. Justice et droit sont des mots que l'humanité prononce dans le délire d'un orgueil ridicule.

Vous qui prétendez trouver dans le cœur même de l'homme et dans sa raison la règle de sa volonté et de sa conduite, vous qui fondez la morale individuelle et sociale sur le sentiment qu'a l'homme de sa dignité en lui-même et en autrui, sur la justice immanente —choisissez.

L'ÉCONOMIE POLITIQUE ET LA JUSTICE

Mais il est est clair qu'il n'en peut être ainsi, puisqu'autrement le moi devrait être réputé juste et saint dans tous ses actes, dans la satisfaction quand même de tous ses besoins de toutes ses fantaisies ; puisque, en un mot, ce serait ramener la Justice à l'égoïsme, comme le faisait le vieux droit romain par sa conception unilatérale de la dignité.

La doctrine qui fonde le droit sur le besoin était aussi bien inutile à réfuter qu'à citer. Cette façon de pourfendre des moulins à vent imaginaires est puérile.

Il faut, pour que la propriété entre dans la société, qu'elle en reçoive le timbre, la légalisation, la sanction.

Or, je dis que sanctionner, légaliser la propriété, lui donner le caractère juridique qui seul petit la rendre respectable, cela ne se peut faire que sous la condition d'une balance ; et qu'en dehors de cette réciprocité nécessaire ni les décrets du prince, ni le consentement des masses, ni les licences de l'Église, ni tout le verbiage des philosophes sur le moi et le non-moi, n'y servent de rien. Fort bien dit ; mais ceci est une autre question que celle qui nous occupe. Que la société timbre, légalise et sanctionne la propriété, soit ! Mais elle ne saurait la fonder.

La propriété existe comme un droit sacré de possession intérieurement à la société. Rechercher l'origine et le fondement de ce droit dans la personnalité de l'homme, c'est un premier problème, un problème de droit naturel.

Vous ignorez et vous méconnaissez le droit naturel.

La société sanctionne le droit de propriété. Elle équilibre les droits et balance les devoirs. Rechercher les conditions dans lesquelles le droit de propriété de chacun peut s'exercer en s'astreignant au devoir de respecter le droit de propriété d'autrui, c'est un second problème. Le droit social, économique, civil et politique se fonde. La justice commutative et la justice distributive interviennent par le principe de l'égalité de conditions, de l'inégalité des positions et les fortunes.

Vous défigurez le droit social en le basant sur le principe de l'égalité absolue.

Ainsi vous ignorez, vous méconnaissez le droit naturel, et vous défigurez le droit social. Votre justice est mutilée et elle est inique.

Léon Walras

Votre balance est un ustensile détraqué, et elle est fausse.

Qu'on me ramène à l'échange !

§ 2. *Propriétaires et locataires (suite).*

Citons des faits.

On sait quelle hausse sur les loyers a eu lieu, principalement à Paris, depuis le coup d'État.

À la bonne heure ! Voilà que/nous en revenons au loyer des capitaux. Endossons de nouveau notre casaque d'économiste. Laissons à de plus habiles le soin de résoudre le problème de l'origine et du fondement de la propriété, le problème de la distribution des richesses : il est prouvé surabondamment que vous n'entendrez jamais rien ni à l'un ni à l'autre. Cherchons la balance des locations ; aussi bien, pour ce faire, la balance de la propriété même nous est elle parfaitement inutile, et sans doute c'est ici que votre science va briller d'un éclat merveilleux.

S'agit-il de la location des maisons, comme il ressort de votre début ? Rien de mieux : sur ce sujet, voici mon opinion.

Une maison est un capital. Le revenu de ce capital est l'abri journalier que procure la maison. Le loyer de la maison est le prix de ce revenu : il est dû par le locataire qui achète le revenu au propriétaire qui loue le capital. Voilà les seules données que nous ayons besoin d'emprunter à la théorie de la propriété.

Voici maintenant des considérations particulières que nous fournit exclusivement la théorie du capital et du revenu.

Une maison est un capital soumis à des circonstances de consommation qui apparaissent avec le caractère d'une certitude quand on considère que toutes les maisons, même les plus solides, finissent par tomber sur les habitants, à moins qu'on ne les abatte en temps opportun, ou qu'on ne les entretienne de réparations. Une maison est aussi un capital soumis à des chances de perte ou d'anéantissement subit par incendie ou par tout autre accident. En conséquence le prix du loyer, en outre d'une part représentant l'usage du sol sur lequel est bâtie la maison, devra se composer comme suit :

1° Du prix net du revenu, du service même du capital.

L'ÉCONOMIE POLITIQUE ET LA JUSTICE

2° D'une prime d'amortissement représentant le sacrifice incessant qu'il faut faire pour conserver la maison, ou le sacrifice en bloc qu'exigera, au bout d'un certain temps, sa reconstruction.

3° D'une prime d'assurance contre les accidents subits.

Ces trois éléments devant entrer naturellement dans la composition du taux des loyers, il en résulte que ce taux devra se trouver plus élevé que le taux de location de capitaux inconsommables. Au reste, quant à la détermination précise et naturelle du taux lui-même et du prix du revenu des maisons, c'est au marché à la fournir en rapport de la demande à l'offre. Il ne saurait y avoir d'autre loi.

Pour vous, Monsieur Proudhon, s'il m'est permis d'en juger d'après vos précédents, voici sans doute ce que vous allez nous dire :

« J'ai prouvé que le principe de la justice étant la *réciprocité du respect*, le principe du loyer devait être la *réciprocité de location*. Organisons d'après ce principe, etc., etc. Dès lors plus de loyer ni légal ni illégal : une simple taxe des plus modiques pour frais de vérification et d'enregistrement, etc. etc. Bref, *loyer gratuit*. La location réciproque ou loyer gratuit n'est pas plus difficile à réaliser que l'escompte réciproque, l'échange réciproque etc., etc. »

N'est-ce point cela ? Ce procédé n'a-t-il pas déjà produit les plus étonnants résultats ? Que peut-il gagner à se compliquer de la balance de la propriété ? Un certain vernis de philosophie sans doute ; mais en même temps ne perd-il pas quelque chose de son élégante simplicité ? Croyez-moi : traitons la question sans emprunter rien au droit naturel ou social.

Le scandale est allé si loin qu'un jour le *Constitutionnel*, après une sortie virulente contre les propriétaires, annonça l'intention d'examiner le droit de l'État d'intervenir dans la fixation des loyers, et qu'une brochure a paru il y a six mois, avec le laissez-passer de la police, sous ce titre :*Pourquoi des propriétaires à Paris ?* J'ignore ce que peut cacher ce ballon d'essai ; mais il ne peut que m'être agréable de voir les feuilles de l'empire rivaliser, à propos du terme, avec le*Représentant du Peuple*.

Certes, cela est excessivement flatteur pour vous, quant à moi j'aurais désiré que vous m'eussiez fait grâce de l'autorité du *Constitutionnel*. Il appartenait à cette feuille d'une nullité proverbiale de pressentir vos idées économiques, et à vous de prêter main fore au *Constitutionnel* dans sa lutte en faveur de la protection contre la liberté. Le *Constitutionnel* et vous, vous avez les plus excellentes raisons pour être également partisans de la plus brutale autorité en matière d'économie : ni l'un ni l'autre vous n'entendez rien à l'échange. Je ne doute pas non plus que vous ne pussiez être tous les deux en parfait accord, vous en ayant l'air d'attaquer la propriété, et le *Constitutionnel* en paraissant la défendre.

Je vous aurais également su bon gré de ne pas bomber dans le commérage et le *fait divers*, et de nous épargner toutes ces histoires ridicules de pots-de-vin, de pourboires exigés de locataires, de propriétaires jetés par les fenêtres ou écrasés contre les murs. Je proteste d'abord, en thèse générale, contre l'introduction dans les discussions scientifiques de semblables anecdotes dont l'authenticité n'est jamais garantie. Vous n'êtes sans doute pas homme, vous en particulier, Monsieur Proudhon, à vous priver des ressources de l'imagination alors que l'observation serait pénible pour vous ou fatale pour vos doctrines. J'admets cependant que les faits allégués se soient passés comme vous les racontez, et j'affirme ensuite que les uns s'expliquent à merveille par la nécessité des conditions naturelles de rechange, et les autres par le concours de circonstances exceptionnelles et des passions des hommes qui en ont été les acteurs. Or les passions individuelles peuvent bien compliquer, dans la pratique, l'exercice du droit de propriété, mais elles ne sauraient en ébranler la théorie.

Un négociant remet son fonds : naturellement son acquéreur continue le loyer. Mais le propriétaire : Vous n'avez pas le droit, dit-il à son ancien locataire, de céder votre bail sans mon consentement ; et il exige, à titre de dédommagement, un pot-de-vin de 5,000 fr., plus 100 fr. par an pour son portier. Et force fut aux deux contractants d'en passer par là. —Vol.

La clause indiquée se trouvait-elle réellement dans les conditions du bail stipulées librement de part et d'autre ?—Oui. Alors de deux choses l'une : ou bien cette clause, défavorable pour le locataire, était compensée pour lui par d'autres avantages, et alors le pot-de-vin de 5,000 francs pour le propriétaire et celui de 100 francs par an pour le portier payaient ces avantages ; ou bien la clause était absurde, le locataire un imbécile et le propriétaire un homme de

L'ÉCONOMIE POLITIQUE ET LA JUSTICE

mauvaise foi. Dans ce cas, je dis avec vous :—vol. Mais remarquez que si des vexations imposées par des hommes de mauvaise foi à des imbéciles, en matière de transactions commerciales, il fallait conclure à l'insuffisance des lois naturelles de la valeur déchante et de rechange, il n' y aurait pas de raisons pour ne pas conclure de même à l'inutilité de la médecine ou a l'impuissance de la philosophie de ce que des niais se font estropier par des charlatans ou duper par des utopistes.

Un autre, établi sur le boulevard, occupait un magasin de 4,000 fr. Il passait pour faire d'excellentes affaires ; la maison était connue, achalandée. La fin du bail venue, le propriétaire porte le loyer de 4,000 à 15,000 fr., plus un pourboire de 40,000 fr. Et force fut encore à l'industriel de subir la loi. —Vol.

Vous avez, Monsieur, le double défaut de lancer beaucoup trop facilement les gros mots et de faire trop difficilement l'analyse des faits que vous qualifiez si cavalièrement.

Lorsqu'une maison de commerce arrive à être connue, achalandée, une part du succès, sans contredit, revient à l'activité du travail, une autre part à la situation favorable des magasins dans un beau quartier, riche et fréquenté. La différence annuelle de 11,000 francs dans le prix du loyer et les 40,000 francs qu'il vous plaît de nommer drôlatiquement un pourboire rémunéraient, dans le cas qui nous occupe, cette seconde part. Et, malgré l'énormité des chiffres, rien ne prouve qu'ils fussent exagérés, si la maison de commerce en question, établie *sur le boulevard*, passait pour faire *d'excellentes affaires*.

Quand vous dites : « Force fut à l'industriel de subir la loi, » vous attendez beaucoup trop de notre naïveté et beaucoup trop peu de notre intelligence. S'il arrive qu'un négociant, son bail expiré, préfère payer 15,000 francs le loyer qu'il payait 4,000 francs, et consent même à donner en sus un pot-de-vin de 40,000 francs, plutôt que s'en aller ailleurs, rien ne l'y force absolument,—que son intérêt. Il ne continuerait pas son négoce dans des conditions qui devraient le ruiner infailliblement ou ne lui laisser même qu'un bénéfice insignifiant. En quoi donc est-ce qu'il est volé ? En ce que son gain se trouve diminué, direz-vous. Mais je ne vois pas pourquoi le propriétaire devrait renoncer à son profit légitime à seule fin de grossir le bénéfice du négociant.

Des faits pareils, il en fourmille.

Ce qui tendrait à prouver qu'ils sont naturels et nécessaires.

Un père de famille loue un appartement, convient de prix avec le propriétaire : les meubles emménages, il arrive avec deux enfants. Le propriétaire se récrie : Vous ne m'avez point averti que vous aviez des enfants, vous n'entrerez pas ; vous allez enlever vos meubles. Et il se met en devoir de chasser cette famille et de fermer les portes. Le père essaye d'abord quelques représentations, se fâche à son tour : on se querelle. Le propriétaire se permet des injures accompagnées de voies de fait, tant et si bien que le locataire, dans un accès de rage, le saisit à bras-le-corps, et le jette d'un troisième étage par la fenêtre ; il en fut quitte pour quelques contusions. Dans un autre quartier, la chose ne se passa pas si heureusement : le propriétaire, ayant voulu, et pour le même motif, colleter un locataire, fut jeté contre le mur avec tant de violence que sa tête s'y brisa, il périt sur le coup.

Ici je ne dirai pas comme tout à l'heure : vol ; je dis : Brigandage.

Dites : vol, ou dites : brigandage. Dites même, si cela vous fait plaisir : parricide, ou dites : inceste. Mais n'espérez point que je descende à discuter de pareilles preuves à l'appui de vos théories. Je n'ai qu'une chose à dire, c'est que vos histoires sont médiocrement amusantes : j'en ai lu de plus gaies dans le*Charivari*.

Si l'on a jeté bas, dans Paris, un nombre considérable de maisons ; si, en même temps, le chiffre de la population parisienne s'est accru sensiblement, si de plus, par le fait de la découverte des mines d'or de la Californie, par la mise en valeur d'un grand nombre d'actions industrielles, en un mot par la création d'un capital artificiel nombreux, la valeur vénale du numéraire a baissé, le taux des loyers s'est élevé nécessairement. Tout cela confirme la théorie naturelle de la valeur d'échange et de l'échange. Mais toutes ces circonstances se sont produites concurremment ; une crise passagère et accidentelle s'est manifestée ; quelques butors se sont injuriés et colletés. Aussitôt M. Proudhon part de là pour méconnaître le droit de propriété dans son principe et dans ses applications !

Du reste, il est juste de remarquer que tous les propriétaires ne ressemblent pas à ceux-là ; on m'en a cité qui, depuis 1848 n'ont pas

L'ÉCONOMIE POLITIQUE ET LA JUSTICE

voulu augmenter leurs loyers. Cette modération est fort louable, mais elle ne peut faire règle, et nous avons à déterminer ce qui dans la propriété constitue le droit et le non-droit.

Ce qui, dans l'exercice de la propriété, constitue un droit, c'est de vendre le revenu de son capital suivant sa valeur, c'est-à-dire au prix fixé par la situation du marché. Les propriétaires qui n'ont pas voulu augmenter leurs loyers depuis 1848, où des circonstances particulières avaient diminué ces loyers, se conduisent vis-à-vis de leurs locataires comme s'ils les rassemblaient, au jour de l'échéance du terme, pour leur distribuer de l'argent. Cette modération qui consiste à vendre son revenu au-dessous de sa valeur n'est point louable : elle est complètement ridicule. Le jour où je serai propriétaire, je croirai faire de mes fonds un très-mauvais usage en les employant à combler de cadeaux mes locataires, et tant que je resterai simple locataire, j'entends n'accepter aucun don de mon propriétaire. En vendant ou en achetant les choses au prix que leur attribue le rapport de la demande à l'offre, je reste dans le domaine du droit ; en achetant ou en vendant les choses au-dessus ou au-dessous du taux de leur valeur, je me place sur le terrain de la charité où il peut me convenir de ne point aller, ni pour la faire, ni pour la recevoir.

Remarquez qu'en thèse générale la loi protège le propriétaire. Le bail expiré, il est maître de laisser ou de reprendre sa chose.

Le beau malheur, en vérité, que la loi permette aux propriétaire d'un capital de vendre ou de ne pas vendre son revenu, suivant que cela lui convient ou non. Veuillez donc, Monsieur Proudhon, vous informer un peu de la définition du droit de propriété que, par parenthèse, vous avez toujours négligé de nous donner.

L'ancien droit romain,… le justifie. L'école malthusienne fataliste et aléatoire, y donne les mains : hausse et baisse, dit-elle ; c'est la loi de l'offre et de la demande. L'Église,… l'Église approuve : son silence du moins équivaut à une approbation.

Laissons de côte l'Église et le droit romain. L'école économiste, malthusienne ou non, est, en fait d'échange, fataliste. Je ne sais ce que veut dire aléatoire. L'école économiste affirme que la valeur d'échange a son origine et sa mesure dans la rareté des choses utiles ; et elle le prouve. Elle est fataliste et s'en rapporte, pour la détermination des valeurs vénales, au rapport de la demande à l'offre, à la loi du marché. Par contre, l'école économiste est, en fait de propriété, moraliste.

Tout cela est logique, et si, de votre côté, vous énoncez, sans démonstration, que la valeur a son origine comme sa mesure dans les frais de production ; si vous repoussez la notion du droit de la théorie de la propriété pour l'introniser dans la théorie de l'échange ; si vous ajoutez à ces erreurs et à cette confusion de vulgaires déclamations contre les propriétaires, ce n'est pas à beaucoup près une raison pour que l'école économiste songe à changer d'avis.

Et d'ailleurs, j'ai bien mieux à dire : c'est que l'école économiste ne donne point les mains à la hausse des loyers ; elle conçoit au contraire que le taux des loyers pourrait s'abaisser. L'école économiste affirme seulement que si la valeur des loyers est surfaite, cela doit venir ou de ce que le marché n'est pas libre, de ce qu'il est régi par le monopole et non par La concurrence, ou de ce que la répartition de la richesse sociale n'est pas faite peut-être, de tout point, conformément aux principes de la justice. En cela, l'école économiste, malthusienne, fataliste, aléatoire, etc., etc., a parfaitement raison : l'une des deuxcauses indiquées contribue à la hausse des loyers concurremment avec les autres que j'ai citées. Je me dispense de vous dire laquelle et comment.

Or, vous comprendrez encore que s'il vous plaît, au *Constitutionnel* et à vous, de vous en prendre à l'échange de la hausse des loyers, de voir là un prétexte à faire peser sur les transactions économiques le poids de votre inintelligente autorité, de votre absurde arbitraire, d'appuyer ces utopies non de preuves, mais d'invectives grossières contre le tiers et le quart, l'école économiste n'aura pas lieu de s'en émouvoir.

Quoi ! il y a à Paris trente mille maisons, possédées par douze ou quinze mille propriétaires et servant à loger plus d'un million d'âmes ; et il dépend de ces quinze mille propriétaires, contre rime et raison, de rançonner, pressurer, sinon mettre hors, un million d'habitants !

Ces exclamations sont enfantines. Il ne dépend de personne, propriétaire foncier, travailleur ou capitaliste, de vendre hors de prix le revenu de son capital, pas plus que de garder ce capital oisif en refusant la vente du revenu. L'intérêt du capitaliste lui commande de louer son capital, et la concurrence lui défend d'en vendre hors de prix le revenu. Les quinze mille propriétaires parisiens ne peuvent pas plus s'entendre pour rançonner, pressurer un million d'habitants qu'ils ne songent à mettre ce million d'habitants hors Paris.

Non, cela n'est pas possible : le code et la tradition n'y ont rien compris, les économistes ont menti, l'Église est absurde.

Franchement, ce sont là, pour le fond et dans la forme, des théories économiques comme il ne s'en élabore que dans les cabarets des barrières.

Comment sortir de cette souricière ?

Analysons, s'il vous plait, et nous aurons bientôt trouvé une issue.

Que blâme-t-on chez le propriétaire ?

Est-ce le fait de *préhension*, je veux dire l'acte par lequel il se fait payer un loyer ?

Non, puisque, comme il a été reconnu plus haut, la préhension, ou le fait simple d'appropriation est de sa nature indifférent au droit ;…

Il n'a rien été reconnu plus haut qu'une chose, à savoir que vous ignoriez de tout point le droit naturel et que vous n'entendiez rien au droit social. N'invoquez point toutes vos considérations de fantaisie romanesque sur l'origine et sur le fondement de la propriété qui, d'ailleurs, sont ici parfaitement superflues. Si la maison qui est un capital appartient au propriétaire, le loyer qui est le prix de la vente du revenu lui en est dû, et si des circonstances normales ou exceptionnelles ont fait hausser sur le marché le taux des loyers, c'est tant mieux pour lui : d'autres circonstances eussent pu le faire baisser.

Or, le prix du bail représente la préhension que le propriétaire a faite d'une certaine partie du sol, sur laquelle il a élevé ou fait élever un bâtiment, dont il s'est ensuite dessaisi en faveur du locataire.

Cela est déplorablement énoncé. Le propriétaire a fait préhension d'une certaine partie du sol, soit. Sur le sol appréhendé, le propriétaire a élevé ou fait élever un bâtiment, très bien. Mais ensuite le propriétaire ne s'est dessaisi en faveur du locataire ni du sol, ni du bâtiment. La location d'un capital n'en est point l'aliénation, c'est la vente du revenu de ce capital. Le propriétaire ne s'est dessaisi en faveur du locataire que de la jouissance de son terrain et de sa maison. Le prix du bail représente cette jouissance et non point la préhension que le propriétaire a faite d'une partie du sol.

En soi, le prix du loyer peut paraître un fait naturel, normal, et comme tel légalisable.

Aussi naturel, normal et légalisable que le prix de vente du revenu de toute espèce de capital, évidemment. Je vous conjure seulement de vouloir bien distinguer ici la location du bâtiment de la location du sol. Nous traitons ici ou du moins nous essayons de traiter du loyer des maisons. Vous n'avez pas trop, croyez-moi, de toutes vos ressources pour vous tirer de cette question que vous n'avez point encore abordée ; et il est inutile de vous attaquer à deux problèmes à la fois, quand vous n'arrivez point à en poser un seul convenablement. Revenons au loyer des maisons.

Ce que l'on blâme et contre quoi l'opinion se soulève est la *quotité* de la préhension, que l'on trouve exorbitante.

Et, s'il vous plaît, qui est-ce qui trouve cette quotité des loyers exorbitante ? Le *Constitutionnel* et vous. Quelle opinion se soulève ? L'opinion du*Constitutionnel* et la vôtre. Mais des personnes dont l'opinion est aussi de quelque poids trouvent au contraire que cette quotité n'a rien d'exorbitant ; elles considèrent qu'il est tout naturel que le taux des loyers s'élève quand les maisons sont relativement en petit nombre, quand il se présente des demandeurs relativement en grand nombre, quand la valeur du numé raire diminue. Enfin, d'autres hommes peuvent, malgré tout, penser encore qu'il y a effectivement quelque exorbitance dans la quotité des loyers ; mais ses hommes-là songent à montrer cette exorbitance, et il ne leur suffit point pour qu'elle soit prouvée des tailleries de la plèbe ignorante, des rodomontades Tune feuille publique ou des insolences d'un faux socialiste. Et dans tous les cas , ces économistes, puisqu'il faut les appeler par leur nom, protestent que, si le mal existe, jamais l'arbitraire, jamais aucune taxe, jamais, en un mot, l'autorité n'y remédiera.

D'où vient donc cette exorbitance ?

C'est évidemment qu'il n'y a pas compensation entre la somme exigée et le service rendu ; en autres termes, que le propriétaire est un échangiste léonin.

Encore une fois, qu'en savez-vous ? Et si vous le savez, comment le démontrez-vous ? Où voyez-vous qu'il n'y ait pas compensation entre la somme exigée et le service rendu ? Et quand avez-vous seulement essayé d'établir que la valeur du service ne s'est pas élevée comme la somme dont on le paye ?

Est-ce que, d'aventure, nous devrions nous prosterner devant les oracles que vous rendez, le *Constitutionnel* et vous ? En ce cas, soyez au moins conséquent avec vous-même. Ayant proclamé, de par votre infaillibilité, la quotité des loyers *évidemment exorbitante*, concluez-moi tout simplement et sans retard de la réciprocité du respect à la location gratuite ; et n'en parlons plus. Il nous restera la ressource de nous moquer du *Constitutionnel* et de vous, de ne reconnaître pour juge, entre les prétentions en sens inverse du propriétaire et du locataire, que la situation du marché, s'il est libre de toute espèce de protection. Il nous restera même la faculté de croire que le taux des loyers est surfait, de prouver notre opinion, de la faire prévaloir, et de remédier au mal dans la mesure de nos forces. Mais, de grâce, évitez surtout de compliquer le problème des locations du caprice de vos errements touchant l'origine et le fondement, touchant la balance de la propriété. Votre théorie de la propriété et de la distribution est erronée, votre théorie de l'échange ne l'est pas moins : de la combinaison violente de ces deux éléments sophistiqués, il ne peut résulter qu'un amalgame plus malsain.

Le propriétaire a pris la terre :…

Ah ! ça, décidément, quel nouveau lièvre levez-vous là ? Il s'agit ici du loyer des maisons que nous n'avons point encore analysé ni réglementé, et voilà que vous semblez vous obstiner à entreprendre d'analyser et de réglementer le loyer des terres ? Les deux questions ne se confondent point : la terre est un capital naturel et inconsommable ; les maisons sont des capitaux artificiels et consommables. Distinguez la maison du terrain sur lequel elle est bâtie ; n'assimilez point le propriétaire capitaliste au propriétaire foncier ; ne rangez point dans la même catégorie les terres et les maisons. Par hasard, en seriez-vous encore à la distinction du code civil entre les *meubles* et les *immeubles*, audacieux novateur ? Ce serait, en vérité, de l'économie rudimentaire et antédiluvienne.

Mais ma réclamation vous étonne peut-être. En ce cas, je vais vous étonner bien d'avantage en la justifiant par une série de considérations que vous paraissez n'avoir jamais soupçonnées, et qu'il est temps d'effleurer.

J'ai dit à l'instant que la terre était un capital naturel et inconsommable par opposition aux maisons qui sont un capital artificiel et consommable. On pourrait ajouter que la terre et le capital artificiel en général sont transmissibles. Les facultés personnelles sont un capital naturel, consommable et intransmissible : cette dernière qualité étant caractéristique.

Les expressions : *naturel* et *artificiel, consommable* et *inconsommable,transmissible* et *intransmissible* se définissent d'elles-mêmes et se comprennent immédiatement. Les qualités qu'elles expriment pourraient servir à distinguer *à priori* les trois espèces de capitaux, mais une différence bien plus caractéristique de ces capitaux se révèle *à posteriori* par la différence des lois de variation de leur valeur. Ce sont ces lois que je vais énoncer en regrettant bien vivement que les dimensions de mon travail ne me permettent point de les exposer en détail : car elles sont des plus intéressantes, des plus neuves et des plus fécondes dans la théorie naturelle de la valeur d'échange. On trouvera d'ailleurs, si l'on veut, cette exposition détaillée au *chapitre V* de la *Théorie de la Richesse sociale* de mon père, que je me borne à résumer. Des lois de variation de la valeur du capital et de la valeur du revenu. —I. La première des lois en question est celle qui exprime le rapport qu'il y a généralement entre la valeur du capital et la valeur du revenu de ce capital. Cette loi, commune aux trois espèces de capitaux, s'énonce dans les termes suivants :

—*Dans une société qui prospère, la valeur du capital s'élève par rapport à la valeur du revenu ; dans une société qui décline, la valeur du revenu s'élève par rapport à la valeur du capital. En d'autres termes, les revenus s'achètent plus ou moins cher, suivant que la société est plus pauvre ou plus riche.*

II. Si maintenant nous voulons connaître les lois d'augmentation ou de diminution simultanée de la valeur du capital et de la valeur du revenu, considérons successivement les trois espèces de capitaux isolément, en commençant par la terre.

La terre ou le sol cultivable duquel dispose une société qui prospère ou qui décline n'a qu'une étendue déterminée : l'offre dans aucun cas n'en peut donc augmenter. La demande du sol au contraire ou de ses produits augmente si la société prospère, et diminue si la société décline. Dans le premier cas, en effet, on a, dit M. Joseph Garnier, le plus grand besoin des produits de la terre, en même temps que chaque individu a plus de moyens pour les acheter.[1] » Et réciproquement si la société décline, si la population devient de plus en plus rare et pauvre on a moins besoin du sol et de ses produits en même temps que chaque individu a moins de ressources pour les acheter, moins d'équivalents en valeurs artificielles à donner en échange.

La conclusion est aisée et la loi d'augmentation ou de diminution simultanée de la valeur du capital foncier et de la valeur du revenu foncier est évidente.

—*Dans une société qui prospère, la valeur totale du sol et le montant total du revenu foncier s'élevant, la valeur individuelle des terres et de leurs revenus s'élève.*

Par contre, dans une société qui décline, la valeur totale du sol et le montant total du revenu foncier Rabaissant, la valeur individuelle des terres et de leurs revenus s'abaisse.

Faisons une remarque essentielle : c'est qu'il ne faut pas confondre le *montant* du revenu avec le *taux* ou le *tant* 0/0. Dans une société qui prospère, le taux du revenu foncier diminue en vertu de la loi I, tandis que le montant augmente en vertu de la loi II, et réciproquement dans une société qui décline. —Les deux faits ne sont point contradictoires. Un territoire qui vaut 30 milliards rapporte, à raison de 5 0/0,1,500 millions. Lorsque la valeur du territoire s'élève à 40 milliards et que le taux du revenu s'abaisse à 4 0/0, la somme des fermages s'élève à 1,600 millions. Enfin si la valeur totale du territoire arrive à 50 milliards et que le taux du revenu descende à 3 1/2 0/0, le montant total des fermages produira 1,750 millions, somme supérieure à tout ce qu'il produisait auparavant. III. « La conclusion qui se présente d'elle-même, c'est que, dans une société progressive, la condition du *propriétaire foncier* devient de plus

---

1 Joseph Garnier, *Éléments de l'Économie politique,*

en plus commode, de plus en plus avantageuse. Sans se donner la moindre peine, sans avoir le moindre sacrifice à faire, par le simple effet de la loi que je viens de signaler, le *propriétaire foncier* a le rare avantage de voir s'accroître la valeur échangeable du capital qu'il possède, et le montant du revenu que lui assure cette possession.[1]»

IV. Passons au capital artificiel.

Les capitaux artificiels d'une société en progrès on en rétrogradation : édifices publics, maisons, meubles, voies de fer, navires, machines, instruments de toutes sortes, bestiaux, marchandises, objets d'art, etc., etc., sont le fruit du travail et de l'épargne. Or, si la société prospère, avec le progrès de la civilisation, le travail devient toujours de plus en plus habile et productif, l'épargne de plus en plus aisée et attrayante ; et, bref, l'expérience comme la théorie prouve qu'alors l'offre des capitaux artificiels tend à s'élever plus vite que la demande. Le contraire arrive si la société décline.

Mais ce n'est pas tout encore. En même temps que l'offre des capitaux artificiels augmente plus que la demande, le taux ou le tant 0/0 du revenu de ces capitaux diminue en vertu de la loi I ; — ou réciproquement. Donc pour une double raison :

— *Dans une société qui prospère, la valeur totale du capital artificiel et le montant total du revenu de ce capital s'élevant, la valeur individuelle des capitaux artificiels et de leurs revenus s'abaisse.*

Et par contre, *dans une société qui décline, la valeur totale du capital artificiel et le montant total du revenu de ce capital s'abaissant, la valeur individuelle des capitaux artificiels et de leurs revenus, s'élève.*

V. « La conclusion qui se présente d'elle-même, c'est que la position d'un*capitaliste* (j'appelle ainsi le possesseur d'un *capital artificiel*) devient de plus en plus difficile, de moins en moins avantageuse, dans une société progressive. Le revenu sur lequel il fonde son existence, ou une partie de son existence, diminue par une double raison. Il diminue par la baisse absolue de la valeur du capital ; il diminue par la baisse dans le taux du profit. L'oisiveté devient de plus en plus onéreuse au capitaliste. Il est obligé d'en appeler constamment au travail et à l'économie pour conserver sa position et pour maintenir son revenu à la hauteur de ses besoins.[2] »

---

1 M. Walras, *Théorie de la Richeise sociale*, p. 77.
2 M. Walras, *Théorie de la Richesse sociale*, p. 79.

VI. Venons enfin au travail.

Tout homme naît à la fois producteur et consommateur ; tout homme, en venant au monde, y apporte une bouche et deux bras ; la bouche occupe les bras, les bras nourrissent la bouche ; la bouche et les bras se font équilibre. Il suit de là que, la société prospérant ou déclinant, l'offre et la demande du travail augmentent ou diminuent proportionnellement, et que le rapport de la seconde à la première ne varie pas. Donc entre la terre qui a sa loi et le capital artificiel qui a la sienne, les facultés personnelles ou, si l'on peut s'exprimer ainsi, le *capital humain*, se distinguent par une loi qui leur est propre.

— *Dans une société qui prospère ou qui décline la valeur totale du capital humain et le montant du revenu de ce capital s'élevant ou s'abaissant, la valeur individuelle des facultés personnelles et de leur revenu reste stationnaire.*

VII. Conclusion : La position du travailleur en tant que travailleur n'est ni plus facile, ni plus difficile, ni plus avantageuse, ni plus pénible quand la société prospère ou quand elle décline.

M. Proudhon s'apprête à nous donner encore un éclatant exemple de son inexpérience à dégager les questions, à poser les problèmes. Je l'engage à méditer les considérations précédentes : elles lui feront comprendre combien peu il y a lieu de confondre les terres et les maisons, sous le nom *immeubles*, dans une même catégorie économique.

§3. *Propriétaires et locataires (fin).*

Le propriétaire a pris la terre : soit.

Permettez, Monsieur Proudhon. C'est vous qui dites ainsi : soit. Quant à moi, je puis songer à me demander si le propriétaire foncier, puisqu'il s'agit ici des terres et de leur propriété, a pu ou n'a pas pu prendre la terre. Je veux savoir très-exactement si cette prise était naturelle ou anti-naturelle, si la possession demeure légitime ou illégitime.

Il la possède par conquête, travail, prescription, concession formelle ou tacite : on n'en fera pas la recherche.

On, cela veut dire M. Proudhon. C'est vous seul qui n'en ferez pas la recherche. On n'en fera pas la recherche, sans doute parce qu'on est plus fort pour battre la campagne, pour invectiver à tout propos, sans rime ni raison, que pour aller au fin fond des choses et vider avec soin les questions. Pour nous, nous en ferons, s'il vous plaît, la recherche. Nous rechercherons si la possession individuelle des terres se fonde sur conquête, travail, concession formelle ou tacite, si elle est légitime, si elle est propriété ; ou si elle est illégitime, si elle est vol ; dans ce dernier cas, s'il y a prescription. Nous rechercherons tout cela.

La Révolution, il est vrai, a aboli le droit d'épaves, et la plus vulgaire probité oblige à rapporter au commissaire de police tout objet perdu sur la voie publique : n'importe ;

En vérité, je pense qu'il est difficile de se souffleter soi-même des deux mains de meilleure grâce. Eh quoi ! tout votre verbiage sur le tabac, le kirsch, le vinaigre, les poisons, l'amande amère, l'acide prussique, la préhension, la possession, la domination, la propriété, le vol devait faire si peu de dupes que vous n'y croyez pas vous-même. Votre conviction est la première qui résiste à vos sophismes bavards. Après avoir vainement tenté, à dix reprises, de nous faire admettre l'appropriation comme un fait fatal, vous en venez à dire que la plus vulgaire probité peut, dans certains cas, le régir, et, par exemple, devait commander à l'individu de ne pas s'emparer de la terre comme d'une épave. Quelle palinodie !

Et quand vous en arrivez,—par quelles raisons, je l'ignore,—à nous représenter comme un vol d'une immoralité flagrante cette possession, qui peut être aussi bien une propriété sacrée, mais qu'en tout cas, vous nous aviez précédemment dépeinte comme de tout point étrangère, indifférente à la justice, quand votre conscience intellectuelle proteste, et quand votre conscience morale se révolte, vous imposez silence à l'une et à l'autre en disant : — n'importe !

Comment, n'importe ? Il importe essentiellement, ne vous en déplaise. Et je me permettrai de vous dire à mon tour que, dans tous les cas, qu'il importe ou non, la plus simple pudeur défend de se conspuer ainsi soi-même, et que la plus vulgaire probité scientifique exige que l'on ne fasse point d'énormes concessions à la paresse aux dépens de la vérité.

L'ÉCONOMIE POLITIQUE ET LA JUSTICE

…On accorde que le propriétaire terrien pouvait s'emparer de ce qui n'était occupé, en apparence, par personne.

On, c'est toujours M. Proudhon. C'est vous seul qui accordez cela. Et certes, il y a tout lieu de croire que si l'on accorde que le propriétaire terrien pouvait s'emparer de la terre, c'est que l'on serait fort embarrassé d'expliquer ce que récèle l'insidieux *en apparence*, de dire en quoi la terre était occupée en réalité par quelqu'un, de refuser, en un mot, au propriétaire terrien ce qu'on lui accorde. Je ne me dispense, moi d'aucun travail pénible, je n'accorde rien, et j'entends soumettre à la juridiction du droit naturel et du droit social, l'acte par lequel le propriétaire terrien s'est emparé de la terre. Je considère l'appropriation comme un fait moral, ressortant de la justice comme toute autre manifestation de la personnalité responsable de l'homme. Je veux savoir si l'appropriation de la terre par le propriétaire terrien est naturelle ou antinaturelle, la possession légitime ou illégitime, propriété sacrée ou vol flagrant.

Ce qu'on lui demande est de de pas exiger ensuite de sa propriété, quand il la présente à l'échange, plus qu'elle ne vaut,… Dites : avais-je tort, tout à l'heure, d'annoncer que vous alliez nous donner encore un éclatant exemple de votre persistance à ne jamais poser les questions que vous entreprenez de résoudre ? Nous devions, en abordant le § 1 de la section III, traiter de la location des maisons, et voici qu'il s'agit de la vente des propriétés foncières. Les maisons ne sont pas des capitaux fonciers, et la location d'un capital n'en est pas la vente.

Soit une maison bâtie sur un fonds de terre. On peut vendre à la fois et la maison et le terrain ; on peut louer à la fois et le terrain et la maison. On peut vendre la maison et louer le terrain… etc. Je pensais n'avoir à m'occuper avec vous que la location de la maison. Mais s'il vous plaît, cependant, que nous songions à sa vente, que nous ne négligions pas non plus la vente ni la location du terrain, j'y consens de grand cœur. Eh bien donc ! que vaut le terrain ? que vaut la maison ? que valent aussi les revenus de ces capitaux : maison, terrain ? Voilà quelles sont les questions qui se présentent. Elles sont des plus élémentaires dans la théorie de la valeur d'échange et de l'échange. Vous plairait-il de m'en donner la solution ?

Léon Walras

Sans doute, cela vous est aisé. À vous voir en effet souligner précieusement le mot *vaut*, qui ne jurera tout de suite, Dieu me pardonne ! que vous avez pris la peine d'élaborer longuement le problème du fait de la valeur ? Évidemment vous vous en êtes à vous-même défini la nature, expliqué la cause, énuméré lesespèces, démontré les lois, exposé les effets avec une patience infatigable en vue d'une certitude mathématique. Et, pour sûr, la question s'est illuminée à vos regards d'un jour éblouissant. Je n'en doute point ; mais je trouve que vous eussiez dû nous faire part du résultat de ces heureux labeurs en termes plus explicites que vous ne l'avez fait. Je regrette que toute votre théorie de la valeur d'échange tienne pour nous dans ces quatre lignes que j'ai recueillies et citées :—« C'est une conséquence de la justice que, deux produits non similaires devant, être échangés, l'échange doit se faire en raison des valeurs respectives, c'est-à-dire des frais que chaque produit coûte. » Je le regrette, et je m'en plains, en vérité. Quoi qu'il en soit, pour n'être pas développée, la théorie n'en est pas moins complète. La valeur d'échange se fonde et se mesure sur les frais de production ou prix de revient. Je retiens ce principe sans chercher à soulever le voile épais dont vous avez cru devoir en couvrir à nos yeux l'exposition détaillée et la démonstration rationnelle.

En conséquence, que *vaut* une maison ? Ce qu'il en a coûté pour la construire ; c'est-à-dire que, généralement, la valeur d'une maison dépend de l'inexpérience d'un architecte, de la maladresse d'un gâcheur de plâtre, ou de n'importe quel fâcheux accident ; soit.

Et que *vaut* le terrain ? Rien du tout, n'ayant rien coûté à produire. C'est à merveille ; nous rechercherons tout à l'heure ce que, dans le même système, peuvent valoir les revenus. ...Une telle prétention impliquant double vol, vol à la deuxième puissance, ce que la société ne saurait tolérer.

De mieux en mieux. Que la société tolère le vol simple, le vol à la première puissance, nous n'y voyons aucun inconvénient, et nous y consentons ; mais le vol double, le vol à la deuxième puissance, non pas. Cette morale me satisfait ; cette justice m'enchante.

Seulement, où voyez-vous qu'il y ait double vol, et sur quels indices vous mettez-vous à crier au vol à la deuxième puissance, dans le cas où le prix de vente d'une propriété foncière est à vos yeux d'une quotité exorbitante ? Voilà ce que je me permettrai de vous demander. Et en quoi donc consiste le premier de ces deux vols que vous dénoncez à la fois ? C'est ce qu'il faut éclaircir.

Vous ne faites, si je ne me trompe, qu'énoncer enfin ici, en termes clairs, l'accusation qui se présentait à nous, tout à l'heure, comme une insinuation perfide, alors que vous nous parliez du droit d'épave aboli par la Révolution et de cette probité vulgaire qui oblige à rapporter au commissaire de police tout objet perdu sur la voie publique. Après avoir développé longuement une théorie suivant laquelle le fait d'appropriation de la terre ou des maisons devait être considéré comme indifférent, étranger au droit, vous bafouez vous-même ce système en déclarant nettement ce même fait d'appropriation directement contraire au droit, puisque vous le flétrissez du nom odieux de vol.

C'est très-bien ; et, sans contredit, les injures sont plus estimables que les sous-entendus ironiques et cauteleux ; mais encore, à tout prendre, une injure ne prouve rien, et il s'agit de savoir jusqu'à quel point vous pourrez maintenir la vôtre. Je signale à la moquerie de tous les hommes qui ont une fois ouvert un livre d'économie politique la méprise énorme que vous commettez en rangeant dans la même catégorie, sous le nom d'immeubles, les terres et les maisons. Je distingue, pour mon compte, les unes et les autres ; je laisse de côté, pour un moment, les maisons et leurs propriétaires ; et je me propose, quant à présent, de vous montrer assez correctement de combien il s'en faut que vous, Monsieur Proudhon, vous soyez en droit de traiter de voleur le propriétaire foncier qui s'est approprié la terre.

D'abord la probité, même la plus vulgaire, n'oblige point à rapporter au commissaire de police des objets trouvés sur la voie publique, si ces objets sont absolument sans aucune espèce de valeur. Si vous trouvez sur la voie publique un chiffon de papier, quelque caillou, vous êtes autorisé à les mettre dans votre poche sans en prévenir le commissaire de police. On n'est pas voleur pour s'approprier quelque chose qui ne vaut rien du tout. L'homme qui respire l'air atmosphérique, l'homme qui conduit dans sa chambre les rayons du soleil, l'homme qui puise de l'eau à la rivière ne sont pas et ne peuvent pas être des voleurs. L'homme qui s'approprie un fonds de terre ne l'est pas davantage selon vous, puisque la valeur venant,

Léon Walras

selon vous, des frais de production, la terre ne vaut rien selon vous, non plus que l'air respirable, la lumière et la chaleur solaires, l'eau des fleuves. Donc pour que vous pussiez, avec quelque apparence de raison, traiter le propriétaire terrien de voleur, il faudrait que vous prissiez la peine de réformer toute votre théorie de la valeur d'échange ; que vous consentissiez à reconnaître qu'elle est fausse en tout point, qu'il n'y a pas que le travail qui vaille, que la terre a, par elle-même, quelque valeur ; que généralement la valeur ne se mesure pas plus qu'elle ne se fonde sur les frais de production, mais qu'elle se fonde et se mesure, au contraire, sur la rareté des choses utiles ; il faudrait qu'enfin vous eussiez le courage de vous instruire des éléments de cette question de la valeur, la première des questions économiques. Premier point.

En second lieu, l'être végétal ou animal, irresponsable, qui s'approprie des objets de valeur n'est point voleur ; et il ne l'est point parce qu'il n'est ni libre, ni responsable. Le renard qui mange une poule dans un poulailler n'agit ni pour ni contre le droit. L'homme qui s'approprie la terre est dans le même cas, selon vous, puisque, selon vous, le fait d'appropriation n'est pour l'homme comme pour la brute qu'une manifestation fatale de son autonomie. Donc, vous auriez encore à modifier ici très-essentiellement votre manière d'envisager les choses. Vous auriez à convenir que l'appropriation est de la part de l'homme une manifestation libre et intelligente d'une personnalité responsable, qu'elle est donc un fait moral, soumis, dès l'instant qu'il se produit, à l'examen et à l'autorité de la justice. Vous auriez à renoncer complètement à votre théorie fantasmagorique de l'origine et du fondement de la propriété pour en chercher une meilleure. Deuxième point.

En troisième lieu, étant admis alors d'une part que la terre a par elle-même quelque valeur, et d'autre part que l'homme, en se l'appropriant, doit immédiatement répondre de cet acte devant l'inquisition du droit, pour établir que la propriété foncière individuelle mérite d'être flétrie du nom odieux de vol ou d'usurpation, il faudrait faire voir que l'appropriation de la terre par l'homme est anti-naturelle, par conséquent, la possession illégitime. Ou bien, l'appropriation étant reconnue naturelle, il faudrait mettre en évidence que néanmoins la possession qui s'y fonde va contre les droits de l'égalité économique et contre les principes de la justice commutative ; partant qu'elle est encore illégitime. Pour ce faire, il y aurait lieu, je pense, à vous de prendre quelque teinture de droit naturel, et de perfectionner considérablement vos idées touchant le droit social, d'abandonner par exemple votre système d'égalité absolue des positions et des fortunes, d'égalité absolue devant ce qu'il vous plaît de nommer les servitudes de la nature. Troisième point.

Enfin, toute cette besogne accomplie,—et vous ne l'avez point seulement entreprise,—et tous ces problèmes élucidés,—et ils sont loin de l'être encore,—je ne vous en dénierais pas moins le droit de mettre dans votre langage la même violence en qualifiant de voleur le propriétaire foncier. Car pour être voleur il ne suffit pas encore d'être une personne responsable et de commettre un acte d'appropriation et de possession illégitimes d'une chose valable et échangeable, il faut commettre cet acte sciemment. En supposant, ce qui n'est point fixé, que la propriété foncière individuelle soit une usurpation, en admettant que le propriétaire terrien se soit emparé du bien d'autrui, qu'il en jouisse au détriment de la société, s'il ne se doute pas du tort qu'il nous fait, son ignorance le rend excusable. *Error communis facit jus*, dit le droit romain dans lequel vous me paraissez être si fort versé. Là où tout le monde se trompe, la vérité et la justice attendent des jours meilleurs ; en attendant, l'opinion générale fait le droit. Quatrième point.

Ainsi, retirez vos insultes. Renoncez définitivement à compliquer la question qui nous occupe, la question du loyer des maisons, de vos erreurs et de vos invectives à propos de l'origine, du fondement et de la balance du droit de propriété. Fermons cette parenthèse, et retournons à la balance des locations.

Que vaut le revenu d'une maison ? Que vaut le revenu d'un terrain ? Je m'en rapporte, quant à moi, je l'ai dit depuis longtemps, au rapport de la somme des besoins à la somme des provisions se traduisant en quotient de la demande effective à l'offre effective, à la loi du marché. Et vous ? Consentirez-vous donc enfin à nous renseigner sur votre opinion ?

Allons-nous donc taxer les loyers, comme on a taxé le pain et la viande ? Précisément, Monsieur. Ou je me trompe fort ou vous allez taxer les loyers, non pas comme on a taxé le pain et la viande d'après la situation du marché, mais comme vous avez, vous-même, taxé déjà les salaires, les produits, l'escompte, l'intérêt de l'argent : —en vertu de votre autorité transcendante.

Nous connaissons le résultat de semblables taxes : il n'est pas assez brillant pour qu'on y persiste, encore moins pour qu'on le généralise.

On ne saurait mieux dire. Et, malgré tout, vous qui protestez à la page 311 que vous ne taxerez point les loyers, vous les taxerez, ne vous en déplaise, à la page 312, si vous êtes conséquent. Vous ne sauriez faire autrement. La détermination des valeurs, fondée sur le prix de revient, ne peut être qu'arbitraire. En dehors de la détermination naturelle fournie par le marché, on va droit à la taxe, droit au maximum.

Il faut en revenir à la balance, seul mode de détermination des *valeurs*.

Eh ! pour Dieu ! revenons-y donc à cette balance : il y a de beaux jours que nous devrions y être retournés. Il serait à présent évident depuis longtemps que ce que vous nommez balance, je l'appelle à plus juste titre maximum.

Remarquez que tout fait d'appropriation d'une chose inoccupée, qu'il s'agisse de la terre ou de ses produits, d'un instrument de travail, d'un procédé industriel, d'une idée, est primitif, antérieur à la Justice, et qu'il ne tombe sous l'empire du droit, que du moment où il entre dans la sphère des transactions sociales.

Encore ! Mais cette théorie est en poussière. Je l'ai ruinée, moi premier ; vous l'avez vilipendée, vous deuxième. Nous ne sommes point des imbéciles, vous devez le croire : eh bien ! vous nous avez dit, en termes précis, que la terre n'était inoccupée qu'en apparence. Sans doute, il en est de même de ses produits. Je vous défie de me faire voir un instrument de travail, un procédé industriel, une idée qui soient restés un seul instant inoccupés du moment qu'ils étaient valables et échangeables. Vous ne fonderez jamais le droit de propriété sur la préhension des choses inoccupées : il n'y a rien qui ne soit occupé. Cette théorie est d'ailleurs aussi complètement inutile ici qu'elle est partout ridicule.

La préhension, l'usurpation, la conquête, l'appropriation, tout ce qu'il vous plaira, ne constitue donc pas un droit ; mais comme tout, dans l'économie sociale, a son commencement dans une préhension préalable, on est convenu de reconnaître pour légitime propriétaire le premier qui a saisi la chose : c'est ce qu'on appelle, par une pure fiction de la loi, le droit de *premier-occupant.*

Eh donc ! que ne le disiez-vous tout de suite en commençant ? Que n'avouiez-vous que vous vous payez de fictions, et que vous entrepreniez la défense du droit de *premier occupant.* Parbleu ! je n'eusse perdu ni mon temps ni ma peine à l'attaquer contre vous. Je vous eusse renvoyé tout droit à Jean Lapin qui, voici de cela deux cents ans, disait :

Le premier occupant, est-ce une loi plus sage ?

Ce n'est que plus tard, lorsque ce premier-occupant entre en rapport d'économie avec ses semblables, que la propriété tombe définivement sous le coup de la Justice.

Il fallait à toute force que M. Proudhon revînt une dernière fois sur le terrain de la morale, qu'il poussât une dernière pointe vers la question de l'origine et du fondement de la propriété. C'était pour résumer ainsi sa doctrine ; je la résume à mon tour.

Emparez-vous, si vous en trouvez un, d'un terrain qui soit, en réalité ou en apparence, inoccupé : ce fait est indifférent au droit. Sur ce terrain construisez, en y consacrant tout votre travail, toutes vos épargnes, une maison : cet acte demeure étranger à la justice. La maison, capital artificiel que vous avez créé, s'élève sur le sol, capital naturel que vous vous êtes approprié : vous n'êtes ni voleur ni propriétaire, ni voleur du terrain, ni propriétaire de la maison. Vous n'êtes rien. Mais offrez à l'échange, louez ou vendez terrain et maison, la justice intervient, le droit se produit, la moralité apparaît. Vous êtes sacré propriétaire !

En d'autres termes, la propriété est un fait fatal, la valeur d'échange est un fait libre. La théorie de la propriété, s'il y en avait une, serait une science naturelle ; la théorie de la valeur d'échange une science morale. Telle est, en dernière analyse, l'épouvantable confusion de principes, annoncée depuis longtemps, démontrée maintenant, sur laquelle repose la doctrine économique de M. Proudhon, envisagée au point de vue métaphysique. Quant à la doctrine même, dans ses détails, qu'on l'apprécie : je crois avoir fourni les éléments d'un jugement rationnel *à posteriori* tout aussi bien que les motifs d'une condamnation*à priori.*

J'ajoute seulement qu'avec tout cela nous n'avons pas, en défi-nitive, fait un pas vers la balance des locations pour faire suite à la balance du prêt. Nous avons simplement déclaré la quotité des loyers *évidemment exorbitante*, et voilà tout. Nous n'avons rien dit qui pût prouver le mal ni qui pût y remédier. Mais patience ! nous y venons. Nous allons contempler enfin cette balance admirable et féconde d'où naît entier et complet le droit de propriété.

Or, si nous avons su trouver déjà la balance de l'ouvrier et du pa-tron, du producteur et du consommateur, du financier escompteur et du négociant qui circule, du prêteur et de l'emprunteur,...

Mais vous n'en avez su trouver aucune de ces balances, ni celle de l'ouvrier et du patron, ni celle du producteur et du consommateur, ni celle du financier escompteur et du négociant qui circule, ni celle du prêteur et de l'emprunteur.

...Pourquoi ne trouverions-nous pas de même la balance, non-seulement de propriétaire à propriétaire, non-seulement de propriétaire à commune, mais de propriétaire à locataire ?

Pourquoi ? Par la raison qui vous a toujours empêché de trouver les autres balances que vous avez toutes vainement cherchées, et que vous n'avez pas pu découvrir. Pourquoi ? Parce que vous igno-rez totalement ce que c'est que la richesse sociale et ce que c'est que la propriété. Pourquoi ? Parce que vous n'êtes fort qu'en sophismes et en invectives dont vous couvrez la plus profonde ignorance de l'économie politique et du droit naturel et social.

Que dis-je ? il est indispensable que nous la trouvions, cette ba-lance ;... Certes, cela est indispensable, ne fût-ce encore que pour justifier l'outrecuidance de vos prétentions. Mais vous ne l'avez point trouvée et vous ne la trouverez point, parce que vous ne sa-vez point la chercher ; parce que vous la voulez trouver là où elle n'est point, là où elle ne peut pas être.

Faisons silence ! Et toi, lecteur, attention ! Voici l'infaillible ba-lance où va se peser le droit et le devoir. Voici le poids, le nombre et la mesure. Voici l'oracle qui va sanctionner la propriété en condi-tionnant l'echange. Voici le souverain baume et l'universelle pana-cée. Écoutons !

Donc, que ledit propriétaire fournisse ses comptes ; que l'on sache ce que lui coûte la propriété, en capital, entretien, surveillance, impôt, intérêt même et rente, là où la rente et l'intérêt se payent.

Quel pot-pourri de prix de revient ! Quelle ollapodrida de frais de production !*Capital, entretien, surveillance, impôt, intérêt, rente* ! Quels comptes à faire frémir !

Le prix du loyer, égal à une fraction du total,…

À quelle fraction du total, s'il vous plaît ?

…Sera considéré, selon la convenance des parties et la nature de l'immeuble, soit comme annuité portée en remboursement, soit comme équivalent des frais d'entretien et amortissement, plus une rémunération pour garde, service et risques de l'entrepreneur.

Quel entassement incohérent de grands mots vagues ! La *convenance des parties, la nature de l'immeuble ! Annuité portée en remboursement, entretien, amortissement,garde, service et risques!* Tel est le principe, je ne dis pas du fait de propriété, qui par lui-même n'a rien de juridique, mais de la consécration de la propriété par le droit, et conséquemment de sa balance.

Vous moquez-vous du monde ? C'est un principe cela :—*Que le propriétaire fournisse ses comptes ; que l'on sache ce que lui coûte la propriété… Le prix du loyer,* égal à une fraction du total, sera considéré selon la convenance des parties ?… Que prétendez-vous donc nous apprendre ? Que le prix vénal du revenu est une fraction du prix total du capital ? Nous n'en doutions guère. Que le prix du revenu contient : 1° le service du capital, 2° une prime d'amortissement, 3° une prime d'assurance ? Nous le savions, parbleu ! mieux que vous depuis longtemps ; et en supposant que nous l'eussions ignoré, votre effroyable galimatias ne nous l'eût pas appris.

Mais ces comptes de prix de revient et de frais de production, comment les établira-t-on, et qui les établira ? Et quelle garantie aura-t-on de leur sincérité ? À les supposer exacts, en vertu de quels principes devraient-ils déterminer la valeur vénale de la maison et de son loyer ?

Et puis ce loyer, quelle fraction sera-t-il du prix de revient ? la moitié ? le quart ?, le vingtième ? le trentième ?… Qui le taxera ? Vous ? Pourquoi ? quand ? où ? comment ?

Nous ne savons rien ; expliquez-vous ; vous n'avez rien dit.

Léon Walras

Je ne m'étendrai pas sur l'exécution ; affaire de police et de comptabilité, dont le mode peut varier à l'infini. C'est bien le cas de s'écrier :

Il dit fort posément ce dont on n'a que faire,

Et court le grand galop quand il est à son fait.

Il ne s'étendra pas sur l'exécution ! La détermination de l'origine et du fondement de la propriété n'est plus un problème de droit naturel : c'est un problème de comptabilité, et le dernier des commis l'entend à merveille. La balance de l'égalité et de l'inégalité, de la propriété commune et de la propriété individuelle, n'est plus une question de droit économique et social, c'est une question de police, et le premier sergent de ville venu la réglera. La réalisation pratique des théories scientifiques n'est plus une œuvre de législation, c'est une affaire de police et de comptabilité ; quatre hommes, et M. Proudhon pour caporal, effectueront cette opération *dont le mode*, remarquez-le bien, *peut varier à l'infini*. L'arbitraire, en effet, n'a pas de limites.

Mais c'en est assez ;—c'en est même déjà beaucoup trop.

L'application de la Justice à la propriété n'a jamais été faite, si ce n'est par cas fortuit et d'une manière irrégulière. Ni le droit romain, ni le droit canon , ni aucun droit ancien ou moderne, n'en ont reconnu la théorie exacte. De là ces innombrables antinomies, que la jurisprudence est demeurée jusqu'ici impuissante à résoudre, et qui sont la honte de l'école. La Révolution appelait une réforme radicale ; ses légistes, étrangers à la science économique, et qui définissaient la Justice comme le préteur, nous ont donné le Code Napoléon.

Tout cela est fort bien dit, mais ne nous avance guère. Vous invectivez bien, mais vous réformez mal. Les légistes de la Révolution étaient étrangers à l'économie politique ; vous l'êtes autant, sinon davantage.

Tout est à faire.

C'est fort possible, mais ce qui est sûr c'est que vous n'avez rien fait. Vous avez frappé à droite, à gauche, sur les théologiens, les philosophes, lès économistes, les législateurs, les hommes d'État ; vous n'avez rien ôté ni rien ajouté à leur œuvre. Vous avez tout secoué, tout ébranlé, vous n'avez rien démoli, rien édifié. Même après vos élucubrations, — surtout après elles,—tout est à faire.

SECTION IV
De la rente foncière.

§ 1.

Impôt et rente.

Il existe, en dehors de la série fiscale ; une matière imposable, la plus imposable de toutes, et qui ne l'a jamais été ; dont la taxation, poussée jusqu'à l'absorption intégrale de la matière, ne saurait jamais préjudicier en rien ni au travail, ni à l'agriculture, ni à l'industrie, ni au commerce, ni au crédit, ni au capital, ni à la consommation, ni à la richesse ; qui, sans grever le peuple, n'empêcherait personne de vivre selon ses facultés, dans l'aisance, voire le luxe, et de jouir intégralement du produit de son talent et de sa science ; un impôt qui de plus serait l'expression de l'égalité même.

— Indiquez cette matière : vous aurez bien mérité de l'humanité.

— La rente foncière.

Il est certain que la rente foncière est une matière imposable, peut-être la plus imposable de toutes. Il est possible que la taxation de la rente foncière, même poussée jusqu'à l'absorption intégrale de la matière, eût tous les avantages énumérés par M. Proudhon. Il est faux que cette matière existe en dehors de la série fiscale : la rente foncière est comprise dans la série fiscale depuis plus de soixante ans. La Constituante, en 1790, établit un impôt de 240 millions sur la rente foncière évaluée alors à 1200 millions, et qui s'élève de nos jours à 2 milliards ou 2 milliards 200 millions pour le moins. Il me semble que 240 millions sont une somme dont le chiffré n'eût pas sans doute échappé à mon adversaire, s'il l'eût cherché. Ce n'est pas tout : l'impôt sur les successions n'épargne point, que je sache, la rente foncière. Que M. Proudhon propose d'augmenter l'impôt foncier, libre à lui, pourvu qu'il justifie cette motion. Mais que vient-il nous dire, que la rente foncière ne fut jamais imposée ? M. Proudhon ignore-t-il ce que c'est que l'impôt ? M. Proudhon ignore-t-il ce que c'est que la rente foncière ? C'est infiniment probable.

Allons, faux philanthrope,… imposez la rente de tout ce dont vous voudriez dégrever les autres impôts : personne n'en ressentira de gêne. L'agriculture demeurera prospère ; le commerce n'éprouvera jamais d'entraves : l'industrie sera au comble de la richesse et de la gloire. Plus de privilégiés, plus de pauvres : tous les hommes égaux devant le fisc comme devant la loi économique…

Démontrer cette proposition, c'est faire tout à la fois la théorie de la rente et de l'impôt, et, après en avoir expliqué la nature, en opérer la balance.

Faire tout à la fois la théorie de la rente et de l'impôt, en expliquer la nature, en opérer la balance est une généreuse entreprise. Démontrer que l'impôt doit absorber toute la rente foncière, et rien que la rente foncière, est une entreprise peut-être aussi bonne, au moins tout aussi légitime. Mais ce n'est pas tout de vouloir, il faut pouvoir. M. Proudhon est-il réellement capable de venir à bout de ce qu'il entreprend ? J'affirme que non.

Qu'est-ce que la rente foncière ? C'est le loyer du sol ou le prix du revenu de ce capital, que nous appelons la terre.

Qu'est-ce que faire la théorie de la rente foncière ? C'est indiquer le rapport de la valeur de la rente à la valeur de la terre. C'est rechercher les lois d'augmentation ou de diminution de la valeur de la rente, les lois de variation du rapport de la valeur de la rente à la valeur de la terre, dans une société qui prospère ou qui décline.

La théorie de la rente foncière est une face de la théorie du capital et du revenu, qui n'est elle-même qu'une question particulière dans la théorie générale de la valeur d'échange, de l'échange et de la production. M. Proudhon qui méconnaît la théorie de la valeur d'échange, qui fait naître la valeur du travail et la mesure sur le prix de revient, qui refuse à la terre toute valeur intrinsèque, M. Proudhon qui, jamais de sa vie, ne soupçonna la théorie du capital et du revenu, à telles enseignes que le mot de *revenu* n'est pas une seule fois prononcé par lui, et que le mot de *capital* ne l'est jamais que pris dans une acception antiscientifique, a-t-il quelques chances de se tirer honorablement de la théorie de la rente ? Pas une.

Qu'est-ce que l'impôt ? C'est le revenu de l'État, c'est le fonds des dépenses communes.

L'ÉCONOMIE POLITIQUE ET LA JUSTICE

Qu'est-ce que faire la théorie de l'impôt ? C'est énumérer les sources où l'on peut puiser le fonds des dépenses à faire en commun par la société. C'est poursuivre, dans le sens philosophique du mot, la critique des différente moyens que l'État peut employer pour se créer un revenu.

La théorie de l'impôt est une question particulière dans la théorie générale de la propriété, de la distribution et de la consommation des richesses. M. Proudhon qui méconnaît le droit naturel, qui ne sait rien de l'origine et du fondement de la propriété, qui considère l'appropriation comme un fait de l'ordre fatal, M. Proudhon qui défigure le droit social, qui fait rentrer la justice distributive dans la justice commutative par son principe de l'égalité absolue des conditions, des positions et des fortunes, qui ne se doute point qu'on puisse et qu'on doive faire la part à l'égalité et la part à l'inégalité, concilier l'individualisme et le communisme, peut-il espérer de mener à bien la théorie de l'impôt ? Jamais.

Et, s'il est prouvé surabondamment que M. Proudhon est incapable de faire tout à la fois la théorie de la rente et de l'impôt, comment espérer qu'il pourrait en opérer la balance en prouvant que l'impôt peut et doit consister dans la taxation de la rente foncière poussée jusqu'à l'absorption intégrale de la matière ?

Les économistes ne sont pas d'accord sur la nature de la rente…

À n'en croire que M. Proudhon. Mais voyons par nous-mêmes. *Opinion de M. H. Passy :*

« Rente du sol (De la). C'est la dénomination admise en Économie politique pour désigner le produit net de la terre, c'est-à-dire la portion du produit total qui, déduction faite de celle qui sert à couvrir les charges de la production, demeure libre et constitue un surplus. C'est aux possesseurs du sol que revient naturellement le surplus : ils le recueillent eux-mêmes quand ils exploitent leurs propres champs ; ils le reçoivent des mains des fermiers ou des métayers quand ils laissent à d'autres le soin de les faire valoir ; dans tous les cas, la rente forme la part de la propriété.[1] »

Opinion de M. Joseph Garnier :

« Il y a cinq éléments à considérer dans le résultat d'une production agricole :

---

1 H. Passy, *Dictionnaire de l'Économie politique.* T. II, p. 508.

1° La part afférente au sol, à l'instrument-Terre que l'on a désignée sous le nom de *rente foncière* ou rente ;

2° La part afférente au Capital fixé sur le sol, non confondu avec lui, c'est-à-dire détaché d'une manière apparente, tels que bâtiments et constructions distinctes, part qui prend le nom de *Loyer* du capital engagé ;

3° La part du Capital d'exploitation plus ou moins engagé ou roulant, qui prend plus particulièrement le nom d'*Intérêt* ;

4° Le Salaire des travailleurs, y compris la rétribution de l'entrepreneur en tant que travailleur ;

5° Le Profit ou bénéfice de ce dernier, tous frais d'exploitation, contribution publique, fermage de propriétaire payés.

… Quand le possesseur du sol n'en dirige pas lui-même l'exploitation, il en tire, en le louant, un revenu qui porte le nom de *Fermage*.[1] »

Opinion de M. Walras :

« La *terre* donne lieu à un *revenu* qu'on appelle la *rente foncière* ou le *loyer du sol*.

… Le prix débattu, le prix à forfait de la *rente foncière* ou du *loyer du sol* s'appelle le *fermage*.[2] »

MM. Passy, Garnier, Walras me semblent être ainsi parfaitement d'accord sur la nature de la rente. Elle est pour eux trois le prix du loyer du sol, dû au propriétaire.

Ce qu'il faut dire à présent, c'est que ces économistes qui s'entendent si bien entre eux, ne s'entendent point avec d'autres économistes, disciples peu adroits de l'école anglaise, qui savent tirer des principes incomplets d'A. Smith et de Ricardo sur la valeur d'échange, des déductions erronées que ni Smith ni Ricardo n'en tirèrent point eux-mêmes, touchant la rente.

« Un Économiste américain fort distingué, dit M. Passy, M. Carey a nié que la fertilité naturelle au sol fût au nombre des causes productives de la rente. À son avis, la rente n'a d'autre source que les dépenses accomplies successivement dans l'intérêt de sa production. »

---

1 Joseph Garnier, *Éléments de l'Économie politique*, pages 406 et 414.
2 M. Walras, *Théorie de la Richesse sociale*, p. 71.

« Tel est aussi le point de vue sous lequel la rente a été envisagée par un homme dont la science ne saurait trop déplorer la perte prématurée. M. Bastiat, dit encore un peu plus loin M. Passy, redoutant les conséquences de toute doctrine qui semblerait autoriser à admettre qu'il pût exister des richesses qui ne fussent pas exclusivement le produit de services ou d'efforts humains, est parti de la même idée que M. Carey. Suivant lui, la rente n'est et ne peut être autre chose que l'intérêt des capitaux absorbés par les frais de défrichement et d'appropriation du sol aux exigences de la culture.[1] »

MM. Carey et Bastiat s'entendent donc, entre eux, parfaitement. Au dire de ces économistes, dans le revenu total du travail agricole, il ne saurait y avoir aucune part représentant le loyer de l'instrument terre, comme dit M. Garnier, le prix de la vente du revenu du sol qui est sa fertilité naturelle. En faisant à M. Thiers l'honneur de le prendre pour un économiste, et en mettant dans sa doctrine sur la propriété la logique qu'il s'est toujours efforcé de n'y pas mettre lui-même, on pourrait l'adjoindre à MM. Carey et Bastiat. Nous allons voir tout à l'heure que M. Proudhon ne fait point autre chose que de suivre aussi, très-maladroitement, la thèse de ces Messieurs. Les physiocrates, au contraire, J.-B. Say, ainsi que Smith et Eicardo par une heureuse inconsé quence, se rallient positivement à la thèse opposée.

En résumé, voici quel est le fond du débat. Considérant le résultat total des exploitations agricoles, une école d'économistes le divise en trois parts afférentes à trois éléments productifs :

1. La *rente foncière* ou le prix du loyer du sol.

2. Le *profit* des capitaux artificiels engagés dans l'exploitation.

3. Le *salaire* des travailleurs.

Je ne fais que simplifier l'énumération de M. Garnier. Une autre école d'économistes repoussant cette répartition n'admet que la suivante :

1. Le *profit* des capitaux.

2. Le *salaire* des travailleurs.

On pourrait énoncer que tandis que les premiers affirment la rente foncière, les autres la nient. Le dissentiment est profond ;

1 H. Passy, *Dictionnaire de l'Économie politique*, T. II, p. 510.

Léon Walras

mais le point en litige est précis et défini ; la question est nette ; la solution intéressante. La rente foncière existe-t-elle ou non ? Éclairons tout à fait la discussion en faisant voir quelle en est l'origine, quelle en est la portée, quels en doivent être les termes.

Admettre la première répartition, c'est reconnaître et consacrer trois espèces de revenus : rente, profits, salaires, et partant trois espèces de capitaux : terre, capital artificiel, facultés personnelles, comme éléments de la richesse sociale. C'est donc attribuer à la terre une valeur de capital comme aux facultés humaines, et comme au capital fruit du travail et de l'épargne. C'est enfin mettre et l'origine et la me sure de la valeur dans la rareté des choses utiles.

Repousser cette répartition pour n'admettre que la seconde, c'est ne reconnaître comme élément de la richesse que le travail ; c'est voir l'origine de la valeur dans le travail, c'est mettre la mesure de la valeur dans les frais de production. Or, il y a dans cette doctrine une pétition de principe qu'on a signalée depuis longtemps et qui ne sera jamais évitée.

« Que la valeur des produits soit due aux frais de production, je le veux bien. Mais d'où viennent les frais de production ? L'idée de la valeur est dans l'idée de frais. Car qu'est-ce que les frais d'un produit, si ce n'est ce qu'on a payé, ou la valeur qu'on a donnée, pour avoir ce produit ? On n'a donc pas tout dit, en avançant que la valeur vient des frais de production. Cela revient à dire que la valeur des produits vient de la valeur du travail. Mais la valeur du travail, d'où vient-elle donc ? Pourquoi le travail a-t-il une valeur ? Telle est la question que Ricardo n'a pas résolue, qu'il n'a pas même posée, qui n'en existe pas moins, malgré sa négligence, et qu'on ne résoudra jamais qu'à l'aide de la rareté. Et, en effet, si le travail a de la valeur, c'est parce qu'il est rare ; et si les produits valent quelque chose, c'est parce qu'ils représentent la valeur et la rareté du travail qui les a produits.[1] »

Si l'on se rend a la force de cet argument, si l'on adopte la théorie de la valeur d'échange la plus philosophique et la seule vraie, celle qui en met l'origine dans la limitation en quantité des choses utiles, la mesure dans les circonstances comparatives de la somme des besoins à la somme des provisions, on aurait beau redouter, <u>comme le timide</u> Bastiat, les conséquences d'une telle doctrine, on

1 M. Walras, *De la nature de la richesse et de l'origine de la valeur*, p. 185.

L'ÉCONOMIE POLITIQUE ET LA JUSTICE

est forcé de convenir : 1° que la terre est utile, 2° qu'elle est limitée dans sa quantité ; donc qu'elle est rare, valable et échangeable. Le sol, l'instrument-terre, étant admis au nombre des capitaux qui constituent la richesse sociale, le revenu de ce capital doit être admis lui-même à s'offrir à la demande sur le marché.

Le prix du loyer du sol, c'est la rente foncière, et ce prix devra se retrouver dans le produit total d'une exploitation agricole. On peut le dire *à priori*. *A posteriori* nous démontrerons tout à l'heure qu'il s'y trouve en effet. Donc nier la rente foncière, en tant que loyer du sol, c'est vouloir ne constater qu'imparfaitement les faits réels, et c'est aussi s'obstiner à ne donner de ces faits mal examinés qu'une explication dérisoire.

...Je vais, en disant moi-même ce qu'elle est, montrer la cause de ce dissentiment.

L'assurance dans la discussion est, dans de certaines limites, légitime, si elle est soutenue par la force de la vérité ; elle est risible, si elle est trahie par la faiblesse et par l'erreur. M. Proudhon a pour tactique de mettre toujours tous dans le même sac, soit les philosophes, soit les légistes, soit les économistes, puis de se poser, lui, dans l'isolement de sa glorieuse personnalité. Il dit :—« L'école économiste a menti ;...les économistes divaguent...» Ensuite il ajoute :— « Moi, je vais faire voir... moi je prouve... » Cette outrecuidance m'est intolérable.

Les économistes ne sont point d'accord sur la nature de la rente. Et quand cela serait ? Les médecins sont-ils d'accord sur la nature de toutes les maladies ? Un homme se livre à l'étude de l'économie ; touchant certaines questions controversées, il se range à l'opinion de tel ou tel économiste, il combat l'opinion de tel ou tel autre. Si l'opinion des uns ne le satisfait pas mieux que l'opinion des autres, il se fait une opinion particulière et la soutient envers et contre tous les économistes. Du conflit des opinions sort la vérité. Ainsi font les médecins laborieux, sincères et savants : il n'y a que les arracheurs de dents de carrefour pour dire :—« La médecine est une duperie, les médecins sont des ignorants. Moi je guéris toutes les maladies... »

Je vais, en disant moi-même ce qu'elle est, montrer la cause de ce dissentiment. Voilà la science et tous les savants, sans exception, d'un côté. Voilà M. Proudhon, tout seul, de l'autre. Et M. Proudhon va confondre la science et pulvériser les savants.

Point. L'opinion de M. Proudhon quelle qu'elle soit aura la valeur d'une opinion économique bonne ou mauvaise, mais non l'autorité transcendante d'une révélation prophétique supérieure à la science. Voilà ce que je tenais à dire à M. Proudhon au sujet de la ridicule attitude qu'il se donne perpétuellement. Cette unique, cette originale, cette imprévue, cette incomparable opinion de M. Proudhon, d'ailleurs, est connue d'avance. M, Proudhon, avec Smith et Ricardo, met l'origine de la valeur et de la richesse dans le travail, sa mesure dans les frais de production. C'est delà qu'il partira. Donc M. Proudhon avec MM.Carey, Bastiat, Thiers, ne saura distinguer tout au plus dans le résultat de la production agricole qu'un salaire du travail et un profit des capitaux. Je dis tout au plus : car sans doute M. Proudhon qui nie même le revenu du capital artificiel, et qui prêche dans le désert la réciprocité de prestation et la gratuité du crédit, ne consentira pas à reconnaître le profit des capitaux engagés dans l'exploitation. Il ne verra partout que salaire de travail. Voilà où arrivera M. Proudhon.

M. Proudhon est un économiste comme un autre, et c'est de plus un économiste plus arriéré qu'aucun autre. Sa place est à la queue de l'école anglaise dont l'école française moderne a déjà dépassé la tête. J'ajoute donc que les quelques bribes d'économie politique empruntées par M. Proudhon à Ricardo non seulement ne l'autorisent point à trahir en public les faiblesses des savants pour s'en faire croire exempt, mais ne lui permettront pas davantage de montrer la cause d'aucun dissentiment. M. Proudhon ne montrera rien que son ignorance.

Point de richesse sans travail, ne fût-ce que celui de la simple appréhension : tout le monde est d'accord de ce premier principe. Tous les savante trébuchent, dit M. Proudhon. Moi seul je marche droit. Voyez comme je m'y prends. Il fait un pas et se laisse choir de son long.

Point de richesse sans travail. Tout au contraire : beaucoup de richesse sans travail. Beaucoup de richesse primitive d'abord : Pair atmosphérique, la lumière et la chaleur solaires, l'eau des fleuves, toutes les forces de la nature, la terre, nos facultés, etc., etc. Beaucoup de richesse sociale ensuite, à savoir celles des richesses primitives qui sont : 1° valables et échangeables ; 2° appropriables, parce qu'étant utiles elles sont aussi limitées en quantité : la terre, les facultés personnelles des hommes.

Ne fût-ce que celui de la simple appréhension. Réserve de sophiste. La simple appréhension n'est pas un travail : cela n'est pas même à discuter.

Tout le monde est d'accord de ce premier principe. Illusion malheureuse d'une candeur qu'on pourrait taxer d'ignorance. On peut dire sans trop d'exagération qu'en économie politique aujourd'hui tout le monde est d'accord du principe contraire. Pourtant n'exagérons rien. Donc, en tout cas, c'ène sont guère que les disciples d'Adam Smith et de Ricardo qui s'accordent tant bien que mal à voir dans le travail la source, dans le prix de revient la mesure de toute richesse. Mais l'étude de l'économie politique aurait appris à M. Proudhon qu'il n'y a pas qu'Adam Smith et Ricardo qui aient tenté de rechercher l'origine de la valeur. Les physiocrates l'avaient cru trouver auparavant dans la terre. Mac Culloch et J.-B. Say la virent ensuite dans l'unité. MM. Walras, depuis plus. de vingt-cinq ans, et Joseph Garnier, depuis longtemps aussi, la montrent dans la rareté des choses utiles. Ces économistes énumèrent aujourd'hui, l'un et l'autre, trois espèces de capitaux, sources de revenus, instruments de production, éléments de richesse sociale : la terre, les facultés humaines, capitaux naturels, le capital artificiel.

Point de travail sans dépense de forces, laquelle dépense peut se ramener à quatre catégories : nourriture, vêtement, habitation, frais généraux, comprenant l'éducation du sujet, la pension de retraite, les chômages, maladies, sinistres. Ce second point n'offre de même aucune difficulté.

Autre illusion d'une grande innocence économique. Ce second point offre, à mon sens, deux difficulté capitales :

Première difficulté. — Elle consiste en ce que je n'arrive pas à comprendre Ce que signifie *une dépense de forces qui se ramène à quatre catégories : nourriture, vêtement, habitation, frais généraux...* Il fallait dire : point de travail sans exercice de facultés personnelles, dont les frais d'éducation, entretien, assurance, amortissement se rattachent à quatre catégories, etc.

Léon Walras

Le principe étant ainsi rétabli dans des termes acceptables, je fais une observation fondamentale. Les facultés personnelles sont le capital dont le travail est le revenu. Énoncer qu'il faut instruire, entretenir etc., etc., les facultés personnelles pour les exercer, c'est constater l'application particulière à ces facultés d'une loi générale à tous les capitaux, à la terre, au capital artificiel comme aux facultés personnelles des hommes.

Le capital artificiel est créé par nous. Les capitaux naturels nous sont donnés par la munificence de la nature. Les uns et les autres, une fois existants, veulent être entretenus. La nourriture, le vêtement, l'habitation, les frais généraux ne produisent donc pas, à proprement parler, le travail : ils entretiennent le capital naturel dont le travail est le revenu. Tel est le principe exact ; il était essentiel de le rétablir.

Seconde difficulté. — Le deuxième point de M. Proudhon, acceptable sous bénéfice des réserves faites, contredit doublement son premier point qui ne l'est à aucun prix. En premier lieu, le capital dont le travail est le revenu est un capital qui ne vient point du travail ; les facultés humaines sont une richesse naturelle. En second lieu, pour *travailler*, il faut en effet se nourrir, se vêtir, se loger,… mais pour ce qui est d'*appréhender simplement* les choses, on peut fort bien se livrer à cette occupation en étant à jeun, nu, et en état de vagabondage. Ceci démontre fort bien que la simple appréhension n'est point un travail.

Prenant un travail quelconque, le coût de ce travail sera donc égal à la moyenne de ce que dépense un travailleur moyen pour se nourrir, se vêtir, se loger, etc., pendant tout le temps du travail.

Qu'est-ce à dire ? M. Proudhon nous énumère les catégories des frais de production : nourriture, vêtement, etc., il nous donne les moyens d'apprécier mathématiquement le prix de revient d'un travail quelconque ; puis il veut ensuite que le *coût de ce travail soit égal à la moyenne de ce que dépense un travailleur moyen* ! Mais cette assertion est une monstrueuse énormité ! Prenant un travail quelconque, le coût de ce travail sera égal au coût de ce travail. Et voilà !

Je suppose, par exemple, que mon père ait dépensé pour m'élever, pour m'instruire jusqu'à l'âge de vingt-quatre ans, pour me rache-

ter de la conscription, etc., etc., une trentaine de mille francs : c'est
une chose qu'il doit savoir fort exactement. Mon travail coûte déjà
4 francs par jour, clair et net. Je suppose qu'avec cela, pour me
nourrir, me vêtir, me loger, etc., etc., je dépense encore 6 francs,
chiffre qu'il ne tient qu'à moi de vérifier. Le coût total de mon travail par jour est de 10 francs sans un centime de plus ni de moins.
Et si le même calcul, établi scrupuleusement au sujet du fils de
mon voisin, prouve que le coût de son travail, à lui, n'est que de 5
francs par jour, pourquoi vouloir que mon travail et le sien coûtent
chacun 7 fr. 50 et non pas l'un 10 francs et l'autre 5 francs ? Pourquoi vouloir que mon travail, à moi, que son travail, à lui, qu'un
travail quelconque, ne coûte pas ce qu'il coûte en réalité, mais la
moyenne de ce que dépense un travailleur moyen ? Je n'ai plus
alors une taille de 1^{m}60, ni mon voisin une taille de 1^{m}65 : nous
avons tous les deux la même taille égale à la moyenne de la taille de
tous les hommes. Il ne faisait pas, il y a huit jours, 26° de chaleur et
aujourd'hui 32° : la température, à chaque jour de l'année, est égale
à la moyenne des températures de tous les jours de l'année. Voilà
par exemple une *théorie des moyennes* qui est une façon tout à fait
insidieuse de lire la loi d'égalité absolue dans la mécanique universelle, et de nous l'imposer en douceur.

Cette assertion de M. Proudhon, en effet, n'est pas simplement du
dernier ridicule, elle est encore extrêmement dangereuse.

M. Proudhon ne l'émet bien évidemment que pour en arriver ensuite à taxer tous les salaires d'après ce fameux coût moyen. Et, le
coût d'un travail quelconque étant considéré comme égal au coût
d'un autre travail quelconque, les salaires des deux travaux seront
égaux. Le travail d'un premier président de la cour de cassation et
le travail d'un cocher de fiacre coûtant également la moyenne de ce
que dépense un travailleur moyen, nous allouons à ces deux personnages le même traitement. *Égalité des fonctions, équivalence des
services et des produits, identité des valeurs… égalité des positions et
des fortunes.* Et nous voguons à pleines voiles vers la théorie du § 3
de la section qui s'éclaire comme un phare merveilleux.

Non pas, s'il vous plaît ! et pour deux bonnes raisons.

D'abord, parce que prenant un travail quelconque, le coût de ce
travail est égal au coût de ce travail, et non pas au coût moyen des

travaux ; parce que le coût de mon travail reste de 40 francs, celui de mon voisin de 5 francs, et qu'ils ne sont point l'un et l'autre de 7 fr. 50.

Ensuite, et ceci est très-important, parce que je refuse péremptoirement, et dans tous les cas, aux coûts, prix de revient, frais de production du travail, la possibilité d'en déterminer la valeur. Si je suis un paresseux et un sot, mon travail qui coûte bel et bien 10 francs peut ne pas valoir à beaucoup près 5 francs. Et si le fils de mon voisin est un garçon intelligent et laborieux, son travail qui coûte 5 francs peut en valoir bien plus de 10. Quoi qu'il en soit, son travail et le mien auront la valeur que leur attribuera sur le marché le rapport de la demande à l'offre, la loi de la rareté. Les prix de revient, fussent-ils égaux, n'y feront ni chaud ni froid.

D'une façon générale, je refuse d'admettre comme éléments de détermination des valeurs et comme chiffres scientifiques les chiffres de frais de production. En particulier, touchant le travail agricole, je ne m'occuperai jamais de son coût moyen ou non moyen, mais uniquement du salaire fixé sur le marché.

Ceci posé, il peut se présenter trois cas :

Si le produit obtenu par le travail en rembourse les frais, il y a compensation : l'homme est dit *vivre en travaillant, vivre au jour (ajournée, nouer les deux bouts...* Cette condition, pendant quelque temps, peut paraître tolérable ; avec le temps, elle est insuffisante.

Si le produit, après avoir remboursé le travail de ses avances, donne un excédant, cet excédant est dit profit ou bénéfice ; entendu de la terre et des immeubles, il prend le nom de *rente*.

Si le produit ne couvre pas les frais du travail, il y a déficit : le travailleur se ruine, et, s'il s'obstine, il se consume infailliblement et meurt. Quand le travail ne se rembourse pas par le produit, il se rembourse par le sang, ce qui ne peut mener loin.

Le *ce qui ne peut mener loin* touche au sublime, et tout ce passage peut être magnifique d'éloquence, mais il est d'une faiblesse déplorable au point de vue de l'exposition des faits ; et pour tirer de là l'idée de la rente foncière, il faut travailler davantage et y mettre plus du sien que pour faire un potage avec un caillou.

I. Je persiste d'abord à ne point vouloir admettre comme élément, en économie, le prix de revient, ni comme résultat les frais de pro-

L'ÉCONOMIE POLITIQUE ET LA JUSTICE

duction. Le coût d'un travail est à la disposition, à la convenance du travailleur qui se nourrit, se vêtit, se loge, etc., comme il l'entend et comme bon lui semble. Je n'admets comme un élément que la valeur du travail, et comme : un résultat que le salaire, déterminé sur le marché, qui paye cette valeur.

Il n'y a rien qu'on puisse, économiquement, appeler *profit*, *bénéfice* ou *rente* dans le sens du texte cité. Il n'y a, en économie politique, que des *revenus* ; trois espèces selon nous : la rente pour la terre, le profit pour les capitaux, le salaire pour le travail des facultés personnelles ; selon les économistes qui nient la valeur de la terre, deux espèces seulement : le profit et le salaire ; selon M. Proudhon qui nie également la valeur du capital, une seule espèce de revenu : le salaire. Pour tout le monde, le salaire doit être fixé par le rapport de la demande à l'offre du travail, et, une fois déterminé, doit rester le salaire, sans considérations de remboursement d'avances d'une part, et de bénéfice de l'autre. Ces considérations-là sont du domaine de l'économie domestique. Chassons donc de la phrase de M. Proudhon les mots de *profit* et de *bénéfice*. Expulsons-en également les *immeubles* dont la présence ici me fait rougir pour l'ignorance de mon adversaire. Ces premières modifications introduites, et la définition de M. Proudhon commençant à s'éclaircir, la rente serait considérée comme l'excédant du produit agricole sur le salaire agricole.

II. Maintenant, disons tout de suite à M. Proudhon que cet excédant se présente toujours dans le résultat des exploitations agricoles. Il n'arrive jamais que le produit total agricole rembourse strictement la valeur du travail, à plus forte raison qu'il manque à la couvrir. Il l'excède toujours. Débarrassons-nous donc des éventualités que M. Proudhon s'est donné la peine de prévoir dans son premier et dans son troisième cas. Le salaire des travailleurs agricoles loyalement payé au taux du marché, il reste toujours un excédant du produit total agricole sur ce salaire.

III. Ensuite, cet excédant étant ainsi parfaitement constaté, nous en déduirons, qu'il plaise ou non à M. Proudhon, une portion destinée à payer le service des capitaux artificiels : bâtiments, instruments, animaux, argent, etc., etc., engagés dans l'exploitation. Je pense avoir suffisamment réduit à néant les diverses réciprocités de prestation et gratuités de crédit, pour qu'on m'accorde ce que j'exige ici. Donc, ayant remboursé d'abord, avec M, Proudhon, le service du travail des facultés personnelles, je rémunère à présent, avec MM. Carey, Bastiat, le service du capital artificiel, quoi qu'en puisse dire M. Proudhon qui de cette rémunération ne semble point s'occuper.

IV. Enfin, j'accorde à M. Proudhon que salaire et profit payés, une part d'excédant restant encore, nous donnerons à cette part le nom de rente. Ce que j'affirme, en outre, avec MM. Passy, Garnier, Walras, c'est que cette rente paye le concours du sol dans l'œuvre de la production agricole,

Cet excédant se présente toujours.—« Affirmer que cet excédant ne se réaliserait pas sans la peine prise pour l'obtenir, c'est dire peu ; car cela n'est pas contesté. Ce qu'il faudrait prouver, c'est que, sans le concours prêté par la terre, il serait possible de le recueillir, et qu'il y a des industries non rurales ou extractives qui ont aussi le privilège de produire la rente. Or, cette preuve manque et certes ne sera jamais donnée...

« Vainement chercherait-on à se faire illusion. La terre seule rend plus de produit qu'il n'en faut pour payer les salaires, l'intérêt et le profit des capitaux dont elle requiert l'emploi, et comme il n'est aucune autre sorte d'application du travail qui obtienne pareil excédant, il faut bien reconnaître, dans l'existence de la rente, le résultat d'une action coopérative exercée par la terre elle-même.[1] »

Telle est la démonstration *à posteriori* que nous avions annoncée de la valeur de la terre comme capital, de la valeur de son revenu ; de l'existence de la rente. Telle est aussi l'explication *a posteriori* de la nature de la rente comme prix de ce revenu de la terre, comme prix du loyer du sol.

Quant à ce qui est de M. Proudhon, cette argumentation établit nettement la situation vis-à-vis de la rente.

Si l'auteur la considérait au moins comme l'excédant du produit agricole sur le salaire agricole, il serait simplement dans une double erreur :

1° Sur sa mesure et sa détermination, puisqu'il grossirait la rente de tout le chiffre du profit des capitaux artificiels engagés dans l'exploitation.

---

1 H. Passy, *Dictionnaire de l'Économie politique.* T. II, p. 513.

L'ÉCONOMIE POLITIQUE ET LA JUSTICE

2° Sur sa nature, puisqu'il s'obstinerait à considérer le prix du loyer du sol et du loyer du capital comme un salaire du travail.

Mais M. Proudhon ne cherche point la rente foncière dans l'excédant du produit agricole sur le salaire agricole. Il la cherche dans l'excédant du produit agricole *sur les frais du travail agricole* : nourriture, vêtement, habitation, etc. des travailleurs. Et comme ces frais sont un élément aléatoire qu'aucune observation ne saurait préciser, dont aucune statistique ne pourrait même fournir la moyenne, qu'aucune théorie ne doit, en conséquence, considérer, il se trouve en définitive que la rente, telle que l'entend M. Proudhon, n'est pas seulement mal définie et mal déterminée, — mais complètement indéfinissable et indéterminable.

Ce n'était guère la peine de le prendre de si haut avec tous les économistes, pour en venir à se fourvoyer ainsi tout seul. Mais il y a mieux : M. Proudhon va tout à l'heure injurier l'école, précisément parce qu'elle définit et détermine ce que M. Proudhon altère, dénature, anéantit.

§2. Impôt et rente (suite)

Mais, en partant de l'hypothèse d'une dépense moyenne et d'un travailleur moyen, nous sommes partis d'une hypothèse essentiellement variable : qui dit moyenne suppose variation à l'infini. On conçoit donc que la rente, quelque nette qu'en soit l'idée, est au fond indéterminable : il est impossible de la séparer distinctement et avec précision du salaire.

Il n'y a que des philosophes de l'espèce de M. Proudhon qui soient capables d'avoir une idée nette de choses qui sont, au fond, indéterminables. Nous avons nous autres, de la rente foncière une idée nette : nous la considérons comme le prix du loyer du sol. En même temps cette rente foncière est, ainsi définie, parfaitement déterminable. La rente foncière se détermine d'elle-même, naturellement et fatalement, sur le marché, par le rapport de la somme des besoins qui réclament la possession ou la jouissance des terres à la somme des terres, par le rapport de la demande à l'offre de location du sol. Et donc il est très-possible de séparer distinctement et avec précision la rente foncière, non-seulement du salaire du travail, mais encore du profit des capitaux, salaire et profit se déterminant aussi naturellement que la rente foncière sur le marché, et la distinction précise se faisant d'elle-même entre les trois revenus des trois capitaux : terre, capital artificiel, facultés personnelles.

M. Proudhon qui ne croit ni à la valeur de la terre, ni même à la valeur du capital artificiel, qui, de tout point, ignore la distinction entre les trois capitaux, la distinction entre le capital et le revenu, qui repousse la loi du marché, est, on le conçoit, fort embarrassé pour définir et pour déterminer sa rente, pour définir et déterminer son salaire, pour séparer distinctement et avec précision sa rente de son salaire. À qui la faute ?

M. Proudhon croit pouvoir définir sa rente sans pouvoir la déterminer ; il se trompe : il ne la définit pas plus qu'il ne la détermine. Il se figure avoir une idée nette de la rente ; il s'abuse : il n'en a qu'une idée vague. Elle est pour lui l'excédant du produit agricole sur les frais du travail. Or, qu'est-ce que les frais du travail ? Où s'arrête le salaire normal ? Où commence le bénéfice ?

Pour tenter de déterminer sa rente ainsi définie, M. Proudhon a recours au coût moyen. Mais, qu'est-ce que le coût moyen ? Qu'est-ce qu'un travailleur moyen ? A combien se montent les dépenses d'un travailleur moyen ? Qui sera chargé de taxer les frais moyens du travail agricole ?

La rente est aussi indéterminable qu'indéfinissable pour M. Proudhon. En partant de l'hypothèse d'une dépense moyenne et d'un travailleur moyen, il est parti d'une hypothèse, non pas essentiellement variable, mais essentiellement insensée, fantastique et impossible. Sa théorie n'existera jamais. Et dans la pratique, où M. Proudhon arrivera-t-il ? À la taxe, comme toujours, à la taxe transcendante. Eh bien ! soit ; je ne me lasserai jamais de repousser l'arbitraire, et de protester contre la pratique autoritaire d'une théorie fausse, absurde, impuissante.

En effet, si le travail est plus demandé, le produit plus offert, la rente baisse et tend à s'éteindre ; tout passe au salaire, il ne reste rien pour la rente. Si au contraire il y a demande des produits et offre du travail, la rente renaît et se multiplie ; le rentier s'engraisse pendant que le travailleur s'étiole.

L'ai-je bien entendu ? C'est M. Proudhon qui met à parler offre et demande pour la première fois de sa vie ! C'est lui qui commence à invoquer les variations des valeurs sur le marché, ni plus ni moins qu'un disciple de l'école économiste, malthusienne, fataliste, aléatoire ! Et ce coût moyen du travail, cet ingénieux coût moyen, qu'en faisons-nous flonc ? Il faut opter : la valeur ne peut pas se mesurer tout à la fois sur le prix de revient et sur le rapport de la demande à l'offre. Les frais de production sont-ils à présent dédaignés, définitivement abandonnés ? En ce cas, encourageons les premiers bégayements économiques de M. Proudhon, en redressant avec complaisance ce qu'ils ont d'inexpérimenté.

Quand la société prospère, c'est-à-dire quand la population est nombreuse riche, quand la somme des facultés personnelles et des capitaux artificiels s'élève, les produits agricoles sont plus demandés. Quand les produits agricoles sont plus demandés, l'usage du sol et le travail agricole sont aussi plus demandés. Mais d'une part, l'usage du sol n'est pas plus offert ; et d'autre part, au contraire, le travail agricole est plus offert, lui, par le fait de l'augmentation de la population. La rente foncière s'élève, et le salaire agricole reste stationnaire.

Quand la société décline, c'est-à-dire quand la population est rare et pauvre, quand la somme des facultés personnelles et du capital artificiel s'abaisse, les produits agricoles sont moins demandés. Quand les produits agricoles sont moins demandés, l'usage du sol et le travail agricole sont moins demandés aussi. Mais d'une part, l'usage du sol n'est pas moins offert, et d'autre part, au contraire, le travail agricole est, par le fait de la diminution de la population, moins offert en même temps que moins demandé. La rente foncière s'abaisse et le salaire agricole ne varie

Ainsi l'énoncent les lois de la valeur.

S'il arrive qu'en dehors d'un progrès de la société, par des circonstances exceptionnelles, les produits agricoles soient extraordinairement demandés, l'usage du sol et le travail agricole sont demandés. On voit croître, du même coup, la rente foncière et le salaire agricole.

Et de même, sans que la société rétrograde, si, ne manière anormale, les produits agricoles sont offerts, l'usage du sol et le travail agricole s'offrent eux-mêmes. La rente foncière et le salaire agricole décroissent ensemble.

L'élévation de la rente foncière et celle du salaire agricole, l'abaissement du salaire et celui de la rente sont des faits connexes, liés intimement, se produisant de concert en raison de la demande ou de l'offre relative des produits agricoles. Les deux hypothèses de M. Proudhon, l'une d'un travail demandé en même temps que d'un produit offert, l'autre d'une offre du travail en même temps que d'une demande des produits, sont inadmissibles. Elles accusent, chez l'auteur, le plus complet défaut d'observation des faits, et n'ont d'excuse que sa grande jeunesse en matière de valeur d'échange.

Si les hypothèses sont inadmissibles, leurs conséquences ne le sont pas moins. Que le travailleur agricole et le propriétaire foncier, solidaires, se réjouissent ensemble d'une demande de produits qui fait le déplaisir du consommateur ; ou que le consommateur s'applaudisse de voir s'offrir les produits au détriment du propriétaire et du travailleur ; que le salaire agricole et la rente foncière s'élèvent ou s'abaissent ensemble, ils existent toujours, et peuvent toujours se séparer distinctement et avec précision l'un de l'autre. Dans tous les cas, il y a dans le résultat des exploitations agricoles : 1° un salaire pour le travailleur, 2° une rente pour le propriétaire du sol, sans compter qu'il y a : 3° un profit pour le possesseur du capital agricole. C'est le consommateur des produits agricoles qui paye nécessairement ce triple élément de leur production.

En termes plus simples, si par quelque moyen le travailleur réduit ses frais ou est forcé de les réduire, la part regardée comme bénéfice sera plus grande, soit qu'elle aille tout entière à un maître ou propriétaire, soit qu'une partie reste aux mains du travailleur. Si les frais augmentent, la rente y passe ; il n'y a de surplus, de profit pour personne.

Toutes ces suppositions de causes, toutes ces considérations d'effets sont émises gratuitement, pour la plus grande gloire de la théorie de l'auteur sur la rente, et en dehors de toute étude de la réalité des phénomènes économiques.

Que le travailleur, d'abord, réduise ses frais ou qu'il les augmente, encore une fois cela le regarde et nous importe peu ; l'existence et le chiffre de la rente ne peuvent pas dépendre de la façon plus ou moins exagérée ou restreinte dont le travailleur trouvera bon de se nourrir, de se vêtir, etc., etc. Nous n'admettons à s'inscrire au nombre des résultat» de la production agricole que le salaire. Nous ne nous occupons que de la rente et du salaire ; ni le salaire, ni la rente ne sont déterminés par aucune circonstance de frais de production.

Maintenant, si le travailleur agricole se contente ou est forcé de se contenter d'un moindre salaire, ie propriétaire foncier se contentera d'une moindre rente. Ou bien, si le salaire du travailleur s'élève, la rente du propriétaire s'élèvera du même coup.

On pourrait concevoir cependant qu'en dehors des circonstances indiquées ci-dessus d'une demande demande ou d'une offre de produits agricoles plus ou moins considérables, le salaire vînt à diminuer sans la rente ou la rente sans le salaire : ce serait, par exemple, si les travailleurs agricoles se faisaient concurrence sans que les propriétaires fonciers en fissent autant, ou réciproquement.

Dans tous les cas possibles, dans toutes les éventualités imaginables, il y aura toujours et toujours un salaire pour le travailleur et une rente pour le propriétaire. Et jamais ni jamais il n'arrivera, qu'une portion de la rente reste aux mains du travailleur, ni qu'une portion du salaire tombe dans celles du propriétaire.

Alors même qu'un seul individu cumulerait les fonctions d'agriculteur et de propriétaire du sol, auquel cas il devrait toucher rente et salaire, le salaire et la rente se distingueraient naturellement l'un de l'autre.

Et jamais ni jamais non plus il ne pourra se faire que la rente s'annihile, non plus que le salaire, par la raison que les motifs qui empêcheront toujours le travailleur de donner gratuitement son temps et sa peine empêcheront toujours aussi le propriétaire foncier de prêter gratuitement le sol cultivable.

En dernier résumé, ce n'est donc absolument et uniquement qu'au seul point de vue où s'est placé M. Proudhon pour envisager la rente, qu'elle peut se confondre avec le salaire. Dans la réalité des faits cette confusion est impossible.C'est donc en soi quelque chose d'éminemment variable, arbitraire et aléatoire que la rente ;…

Entendue à votre façon, certes. Mais non pas assurément à la nôtre. Considérée comme le prix du loyer du sol, la rente peut être variable ; elle n'a rien d'arbitraire ni d'aléatoire. La rente foncière, comme elle existe et comme nous l'expliquons, vient de ce que la terre, étant une chose utile et limitée dans sa quantité, constitue un élément de la richesse sociale appropriable, valable et échangeable, et de ce que la terre étant un capital produit un revenu que peut vendre le propriétaire. La rente est variable assurément, comme toutes les valeurs sont variables, comme toutes les températures sont variables ; la rente s'élève ou s'abaisse sur le marché ; mais elle n'en est pas moins un fait distinct et spécial, comme le profit, comme le salaire.

...Quelque chose dont nous avons le concept, mais qui ne se définit que par le contrat, c'est-à-dire par un acte juridique étranger à la chose ; comme nous avons vu que la propriété se définit par la loi.

À peu près autant, en effet. La rente est un fait naturel, antérieur à toute espèce de contrat, comme anssi la propriété est un fait moral, un droit naturel antérieur à toute espèce de loi. Cette façon de refaire l'univers avec des lois et des contrats est bouffonne.

Dans cette définition qu'opère seule la volonté des parties, le chiffre qui sert à désigner la rente peut n'être pas exact ; le fût-il d'ailleurs, à un moment donné, que le moment d'après il ne le serait plus.

Toujours dans votre système, assurément. Mais il est souverainement absurde de confier des définitions à la volonté des parties, plutôt que de les tirer de la nature des choses. Dans de pareilles données, il ne suffit même pas d'énoncer que le chiffre de la rente peut n'être pas exact, il faut dire qu'il ne peut jamais être exact à aucun prix. La détermination de la rente se ressentira toujours du vice de la définition qui ne définit rien. Au contraire, alors que l'on définit la rente le prix du loyer du sol, et qu'on s'en rapporte pour sa détermination au rapport de la somme des besoins à la somme des provisions, à la loi du marché, le chiffre ainsi obtenu ne peut pas ne pas être toujours exact. La rente est variable, et néanmoins peut se vendre et s'acheter pour un certain temps à forfait ; c'est une transaction parfaitement naturelle, et le prix de la rente foncière ainsi débattu est toujours exact.

Par le contrat, au contraire, en supposant la liberté et la bonne foi égales des deux parts, ce chiffre est réputé juste ; ce qui tombe au delà ou en deçà de la moyenne n'affecte pas le droit. c'est de la matière.

De la matière tant que vous voudrez, mais de la matière précieuse, affectant tout à la fois la réalité des faits, la vérité des théories, et le droit. Nous voulons des chiffres qui soient justes et non point réputés justes. Nous dénions aux contrats, en supposant même la liberté et la bonne foi égales des deux parts, la propriété souveraine de fonder la science, et à vous le droit de vous substituer à la nature pour créer à nouveau le monde sur papier timbré.

C'est cette variabilité propre de la rente, que la volonté des deux contractants est seule capable par une fiction de droit de fixer, qui fait tant divaguer les économistes, la plupart, pour ne pas dire tous, s'efforçant de donner une définition fixe d'une chose qui de sa nature n'en comporte pas, et de subordonner à une pareille définition la science tout entière. (Voir au Dictionnaire de l'Économie politique l'opinion de MM. Ricardo, Carey, Passy, Bastiat.)

Nous nous opposons ii l'introduction du droit dans la théorie de réchange, et à l'introduction de toute fiction de droit dans toute espèce de théorie naturelle ou morale. La variabilité de la rente ne lui est point propre : elle lui est commune avec toutes les valeurs. Cette variabilité de la rente n'est point un obstacle à ce qu'on la définisse, non plus qu'à ce qu'elle soit déterminée comme toutes les valeurs. Il est faux, absolument faux, que la plupart des économistes, pour ne pas dire tous, se soient efforcés de subordonner la science économique tout entière à la définition de la rente foncière qui d'ailleurs comporte une définition précise et une détermination naturelle. (Voir au Dictionnaire de l'Économie politique l'opinion de M. Passy ; voir aux Éléments de l'Économie politique l'opinion de M. Joseph Garnier ; voir à la Théorie de la Richesse sociale l'opinion de M. Walras ; voir etc., etc.)

Voir tout ce que M. Proudhon n'a jamais vu.

Mais il est encore une autre cause de division pour les économistes, et qui a son principe dans la première : elle consiste en ce que, la rente étant par elle-même indéterminable et ne pouvant se distinguer nettement du salaire, il est impossible, à priori et de par la théorie pure, de dire à qui doit être attribuée la rente, du propriétaire ou du travailleur.

Léon Walras

S'imaginer que la théorie pure ne peut dire *à priori* à qui doit être attribuée la rente foncière, et que sans doute il faut s'en rapporter à la pratique pour la distribuer *à posteriori*, c'est encore une de ces idées baroques dont M. Proudhon a le monopole, et qu'avec toute son audace de paradoxe il ne soutiendra jamais. Le prix de vente d'un revenu quel qu'il soit est dû par le locataire au propriétaire du capital. C'est là une règle de théorie pure qui ne souffre aucune exception dans la pratique. Si l'on adopte l'opinion des économistes qui voient dans la rente foncière le prix du loyer du sol, la rente payée parle consommateur des produits agricoles est due par l'agriculteur au propriétaire foncier. J'ajoute que la pratique *à posteriori* a toujours confirmé et confirme encore cette théorie. Si l'on se range à la conviction de M. Proudhon qui voit dans la rente un salaire du travail, la rente payée par le consommateur des produits agricoles doit rester aux mains de l'agriculteur, propriétaire des facultés personnelles desquelles son travail constitue le revenu. La pratique ne justifie pas cette combinaison ; mais si M. Proudhon est assuré de l'excellence de sa théorie, il n'a qu'un but à poursuivre, c'est d'y conformer la pratique : la seule excuse de l'erreur, c'est d'être logique à priori et à posteriori, jusqu'à l'absurde inclusivement.

M. Blanc Saint-Bonnet voit dans la rente la source des capitaux : « *La propriété*, dit-il, *est le réservoir du capital.* »

Il n'est pas impossible que M. Blanc Saint-Bonnet soit assez avancé en économie politique pour avoir rejoint les physiocrates. Je ne me donnerai certainement pas la peine de chercher ce qu'a pu vouloir dire au juste M. Blanc Saint-Bonnet, dont les opinions sont dépourvues de toute espèce d'autorité. M. Proudhon aura voulu se donner le plaisir de frapper sur un ignare plus ignare qu'il n'est lui-même : je ne lui envie pas cette satisfaction. Mais je ne puis m'empêcher de dire à M. Proudhon qu'il est assez étrange qu'il fasse à M. Blanc Saint-Bonnet l'honneur d'une citation et d'une réfutation dont il s'abstient avec soin vis-à-vis de MM. Bicardo, Carey, Passy, Bastiat, Garnier, Walras, etc., etc. Si quelqu'un a tenté de montrer en quoi consistait le dissentiment des économistes sur la question de la rente foncière, c'est moi seul et non M. Proudhon. Mais non, cela n'a rien d'étrange : cela est le fait d'une ignorante étourderie.

Au fond, et à considérer le fait dans sa primitivité, la rente est la récompense du travail ; elle est son salaire légitime, elle lui appartient.

Elle est son salaire... elle lui appartient. Si elle est son son salaire, elle lui appartient en effet ; mais, par contre, elle ne lui appartient point si elle n'est point son salaire. Donc ce qu'il fallait nous démonter, c'était que la rente foncière était un salaire du travail agricole. Il s'ensuivait directement que la rente appartenait au travailleur. Mais ce qu'il fallait démontrer, vous vous êtes strictement contenté de l'énoncer simplement, sans aucune démonstration, et pour cause. L'on vous a répondu, l'on vous répond encore que la rente foncière demeure en excédant une fois le travail rémunéré, une fois même le service des capitaux artificiels rétribué, alors qu'il n'y a plus à à payer que le service du sol, le concours de la terre dont théoriquement et pratiquement, à priori et à posteriori, elle est le prix. Il s'ensuit donc que la rente foncière appartient au propriétaire foncier.

Il ne vient pas à l'esprit du sauvage, quand il a tué un daim et qu'il se dispose à le manger avec sa famille, de faire deux parts de sa chasse et de dire : Ceci est ma rente, ceci est mon salaire.

Le sauvage n'est pas un économiste, il n'est pas un membre de l'Académie des sciences morales et politiques. On ne peut donc pas raisonnablement exiger qu'il lui vienne à l'esprit de faire l'analyse dont parle M. Proudhon. Mais le sauvage le plus sauvage ne doute point qu'il n'y ait pour lui, comme pour tout le monde, un grand avantage à chasser le daim dans des forêts giboyeuses plutôt que sur des montagnes arides. Il sait à merveille que si son activité personnelle et son adresse sont pour quelque chose dans le résultat de sa chasse, il doit cependant attribuer une partie de son succès à la munificence de la nature qui nourrit dans les forêts les daims dont il se nourrit lui-même ainsi que sa famille. Il sait encore qu'il n'y a point des forêts partout, ni des daims pour tout le monde en quantité illimitée, et qu'il est plus favorisé que d'autres. Et le plus sauvage des sauvages sent tout cela si vivement, et le comprend si nettement, qu'il n'est aucunement désireux de voir des étrangers venir chasser sur les territoires qui forment son domaine ou le domaine de sa tribu, et qu'il applique ses soins à se réserver la jouis sance exclusive de ses forêts, jouissance qui constitue sa rente foncière, sans qu'il s'en rende compte et sans qu'il sache en faire le départ.

Le sauvage, s'il accordait à des étrangers le droit de chasser sur ses terres, ne le ferait point sans exiger qu'ils prissent la peine de tuer pour lui quelques-uns de ces daims dont il a besoin pour subsister ; et c'est alors qu'en se disposant à manger sa nourriture en famille, il pourrait dire, en montrant les daims qu'il aurait tués lui-même :—ceci est mon salaire, et en parlant de ceux qu'on aurait tués pour lui :—ceci est ma rente.

Ce que je dis ici du *chasseur* peut se dire également du *pasteur nomade*pour lequel les bons pâturages sont, au point de vue du concours de la terre, ce que sont, pour le sauvage, les forêts giboyeuses. Sans doute, la rente foncière se dessine plus nettement dans l'état agricole que dans l'état pasteur ou l'état chasseur ; mais il n'en est pas moins vrai que, quel que soit le régime économique d'une société, il y a toujours dans la valeur des produits demandés au sol une portion représentant le concours du sol.

Il ne faut pas oublier, d'ailleurs, que la terre n'est pas le seul bien qui témoigne de la générosité de la Providence à notre égard. Elle nous a donné l'air, le vent, l'eau des fleuves et des mers, la lumière et la chaleur solaires, les forces de la pesanteur, de l'électricité, qui sont aussi des agents de production puissants et considérables. Mais ces derniers biens nous sont donnés à profusion, ils sont illimités dans leur quantité ; dès lors ils sont sans valeur et ne peuvent être l'objet de la propriété. La terre, qui leur ressemble à tous égards sous le rapport de l'utilité, s'en distingue profondément au point de vue de la rareté, par la limitation dont elle est frappée. Il n'y en a pas pour tout le monde à discrétion ; dès lors, elle est appropriable, elle est valable et échangeable. Elle constitue d'ailleurs un capital qui donne lieu à un revenu ; et le revenu de la terre, autrement dit l'énergie productive de sa fécondité naturelle, s'achète par la rente foncière dont le fermage est le prix débattu, le prix à forfait pour un certain temps.

Les facultés personnelles aussi sont analogues à toutes les forces naturelles de production sous le rapport de l'utilité, et analogues à la terre sous le rapport de la rareté. Les facultés personnelles nous sont distribuées gratuitement, et elles sont limitées par le nombre des hommes et par la mort pour chacun d'eux. C'est pourquoi personne de nous n'est disposé à mettre gratuitement ses facultés personnelles à la disposition de ses semblables ; et pourquoi nous nous en faisons payer les uns aux autres la jouissance, le service, le travail, le revenu, sous le nom de salaire.

Et si, en raison du conflit économique et de l'exercice de la propriété, la coutume s'est établie parmi les propriétaires et entrepreneurs de réduire à la plus mince expression le salaire de l'ouvrier, afin de grossir d'autant leur rente, il ne faut pas s'imaginer pour cela que la rente soit donnée dans la nature des choses, au point que l'on puisse sans difficulté la reconnaître, comme on reconnaît un noyer au milieu d'une vigne.

Ne tournons point indéfiniment dans le même cercle. D'après les faits que j'ai opposés à mon adver saire, et d'après l'analyse que mes maîtres ont donnée de ces faits avant moi, je lui réponds qu'il ne faut pas s'imaginer, mais qu'il faut croire, et croire de toutes ses forces, que la rente est donnée dans la nature des choses, et qu'avec un esprit net on peut sans difficulté la distinguer des salaires et des profits, comme on reconnaît, avec des yeux sains, un noyer au milieu d'une vigne, un cheval au milieu d'un troupeau de moutons, comme on distingue un arbre d'un minéral et d'un végétal.

Il n'est pas vrai, d'ailleurs, que, grâce au conflit économique et à l'exercice de la propriété, les propriétaires et entrepreneurs soient libres d'augmenter la rente ou le profit aux dépens du salaire, si le marché où se déterminent naturellement toutes les valeurs demeure libre de tout arbitraire.

En fait, salaire et rente, à l'origine se confondent ;…

Jamais. Le salaire se distingue de la rente, la rente du salaire ; la rente et le salaire se distinguent aussi du profit des capitaux artificiels dont vous ne parlez jamais, parce que vous ne les connaissez point. Rien ne se confond, tout se distingue, à l'origine et dans les résultats, théoriquement et pratiquement, à priori et à posteriori.

…Et s'il fallait, àpriori, décider à qui cette dernière, dans le cas où elle existe, doit être adjugée, la présomption serait acquise au travailleur.

La rente existe toujours dans le résultat du travail agricole ; elle n'existe que là. Retenez cela. Puis, Hé faisons point de la science par présomption : legéomètre ne présume point que *les trois angles*

d'un triangle sont égaux à deux angles droits, ou que le triangle équi-
latéral est en même temps équiangle. Il le démontre et il l'énonce.
Nous démontrons que la rente est le prix du concours de la terre, et
nous énonçons qu'elle est due au propriétaire foncier. Démontrez
qu'elle est le salaire du travail, vous énoncerez qu'elle appartient à
l'agriculteur.

En effet, on admet en principe que tout travail entrepris dans de
bonnes conditions doit laisser au travailleur, en sus d'une consommation modérée, un excédant, une rente.

Je ne connais, en économie politique, rien qui soit un excédant.
L'excédant du produit agricole sur le salaire n'en est pas un : c'est la
somme de la rente foncière et du profit des capitaux qui sont deux
revenus, comme le salaire lui-même est un revenu. Je ne connais,
en économie politique ; que des revenus. Je comprends qu'on
puisse estimer les frais de production d'un travail ; et je conçois
qu'il puisse y avoir, dans le taux du salaire déterminé sur le marché,
un excédant sur les frais de production ; mais comme il dépend
uniquement du travailleur de réduire ses frais, et notamment ses
frais d'entretien personnel, pour augmenter le chiffre de l'excédant
en question, ce chiffre et toute la question d'excédant sont du ressort non de l'économie politique, mais de l'économie domestique.

Qu'au point de vue de l'intérêt du travailleur, ou de la morale
privée, ou de l'hygiène, on lui conseille en principe de modérer
sa consommation, de réduireses frais d'entretien personnel, de se
nourrir suffisamment sans excès, de se loger confortablement sans
luxe, de s'habiller proprement sans extravagance de toilette, etc.,
etc., tout cela peut fournir matière à des sermons de prédicateur, à
des préceptes de moraliste, jamais à des principes scientifiques de
théorie de la valeur d'échange.

On n'admet donc, en principe d'économie, la nécessité d'aucun
excédant, non pas seulement de l'excédant du produit agricole sur
le salaire au bénéfice du travailleur, mais même de l'excédant du
salaire sur le prix de revient du travail. M. Proudhon est le seul qui
admette cela : c'est de sa part, une de ces présomptions qui se subs-
tituent si commodément aux théorèmes. Le travail n'est lui-même
qu'un revenu : c'est le revenu de nos facultés personnelles, c'est l'application journalière dé nos forces physiques et morales. Le prix du

travail c'est le salaire, et le salaire payé loyalement, conformément à la loi du marché, satisfait aux droits du travailleur et aux exigences de la justice. Si le travailleur a le bon esprit de faire des économies sur son salaire, il pourra devenir propriétaire foncier ou capitaliste, il touchera une rente ou des profits. Cela dépend uniquement de la volonté et du plus ou moins de sagesse et de prévoyance des individus : on ne peut, à ce sujet, poser aucun principe, fixer aucun chiffre. Il y a des salaires très-élevés qui ne donnent lieu à aucun excédant, grâce à l'appétit insatiable des travailleurs ; il y a des salaires très-modiques qui permettent des économies notables, grâce à la sobriété de ceux qui les gagnent.

La raison en est que la consommation elle-même est variable ; que, les premiers besoins satisfaits, il s'en manifeste d'autres, de plus en plus raffinés et coûteux, dont la satisfaction exige par conséquent qu'il puisse être largement pourvu aux autres.

M. Proudhon confond de plus en plus l'économie politique avec l'économie domestique. Eh bien donc ! en me plaçant sur le même terrain, j'avouerai que les besoins de l'homme deviennent effectivement plus nombreux, plus raffinés et plus coûteux de jour en jour. Pour ce qui est de les satisfaire, c'est affaire à lui-même à y pourvoir, et non pas à la morale sociale, ni à la science économique. À mesure que le travailleur avance en âge, son travail devient plus expérimenté ; ce travail est plus rare, il a plus de valeur, il doit suffire à la consommation de l'homme. Si cette plus-value ne suffit pas à pourvoir à la satisfaction des besoins nouveaux, si ces nouveaux besoins sont par trop raffinés, que le travailleur travaille davantage ; ou s'ils sont tout à fait coûteux, et si la carrière du travailleur ne lui semble définitivement et malgré tout pas assez lucrative, qu'il en cherche une autre. Cela ne nous regarde au bout de compte en aucune façon.

L'excédent de produit est donc tout à fait conforme à la dignité humaine, à notre faculté de prévision, de spéculation, d'entreprise ; en un mot, cet excédant est de notre droit.

Cela est faux. Voilà de ces sophismes empoisonnés qui égarent la plèbe, et donnent le change à ses instincts. C'est un devoir que d'écraser de si détestables théories pour tous les hommes sensés qui ne veulent point voir compromettre par des fous les intérêts vrais du peuple travailleur qui sont aussi les leurs. Avant de répondre à M. Proudhon toutefois, et pour qu'il n'y ait aucune confusion possible dans l'esprit du lecteur, je déclare une fois de plus mettre hors de cause l'excédant du produit agricole sur le salaire agricole. Cet excédant n'en est pas un : il est la somme de la rente foncière et du profit des capitaux. Je dédaigne de répéter encore une fois que le travailleur n'y saurait avoir aucun droit. Maintenant, quant à l'excédant du salaire déterminé par la loi du marché sur le prix de revient du travail, lequel est au gré du travailleur, j'affirme que cet excédant ne saurait être l'objet d'un droit.

Nous vivons à une époque plus que toute autre féconde en confusions d'idées, en interversions de mots. Tous les principes sont aujourd'hui détournés au profit des terreurs les plus superstitieuses ou des plus audacieuses ambitions. Ici, au dire de prétendus hommes d'État qni ne furent jamais des philosophes, le propriétaire foncier se présente à nous comme exerçant un véritable sacerdoce, et la propriété n'est plus généralement un droit, c'est un devoir. Là des journalistes s'improvisant tribuns déclarent que le travail n'est plus un devoir mais un droit ; et, à les entendre, la République ne saurait se dispenser de fournir à quelques milliers d'amateurs l'occasion de promener des cailloux.

L'erreur de M. Proudhon n'a point d'autre origine, et n'est point d'autre nature ; elle ne trouble pas moins l'harmonie des vérités premières de la morale. La création d'un excédant du salaire sur les frais de production, par la diminution des frais d'une part, par le perfectionnement du travail de Vautre, est pour le travailleur un devoir individuel, jamais un droit social. En acceptant la discussion sur le terrain de la morale privée, j'admets que cet excédant soit en effet conforme à la dignité humaine, à notre faculté de prévision, de spéculation, d'entreprise. J'ajoute que sa création dépend de la volonté, de l'expérience, du talent, de la modération, de la prévoyance du travailleur. Comment oserait-on prétendre que la société doit un excédant au travailleur inhabile, paresseux, dissipateur ? L'équilibre social une fois trouvé, le travailleur n'a plus rien à demander à toute cette philanthropie de bas étage. Il doit tout attendre de lui et de l'harmonie des lois naturelles de l'économie.

Le rentier présumé, ce serait donc, je le répète, à ne consulter que le fait brut, le travailleur.

L'ÉCONOMIE POLITIQUE ET LA JUSTICE

Cette thèse avorte honteusement. En nous parlant d'un excédant conforme à la dignité de l'homme, vous ne parliez, à tout prendre, que de l'excédant du salaire sur les frais de production ; mais vous espériez, du même coup, vous attribuer l'excédant du produit agricole sur le salaire. Cette opération est manquée. La création d'un excédant du salaire sur les frais de production est un devoir à la disposition libre du travailleur ; elle est du ressort de l'économie domestique et de la morale privée. Quant à l'excédant du résultat total agricole sur le salaire, l'économie politique démontre qu'il se compose de deux éléments : du profit des capitaux artificiels engagés dans l'exploitation agricole, et de la rente foncière du sol exploité.

En économie, d'ailleurs, il n'y a pas de rentier présumé. Partout il n'y a que des rentiers effectifs : ce sont le capitaliste et le propriétaire foncier. Le propriétaire foncier a son revenu spécial, le capitaliste a le sien ; si ces revenus sont assez élevés, le capitaliste et le propriétaire foncier peuvent vivre sans travailler : c'est en ce sens qu'on les appelle habituellement, parmi le vulgaire, des rentiers. Le travailleur n'est pas rentier ; il a son revenu propre, c'est son travail dont le salaire est le prix. Et il faut que chacun, travailleur ou rentier, s'arrange pour vivre de son revenu, sans toucher au revenu des autres, en créant un excédant de ce revenu sur sa dépense, si bon lui semble, en faisant des économies, s'il y à moyen. Le travailleur, en tant que travailleur, lie peut avoir aucun droit sur la rente foncière.

Cependant la pratique sociale n'a pas voulu qu'il en fût ainsi ; et, quelque lésée que la classe travailleuse puisse se dire aujourd'hui, quelque revendication qu'elle ait droit d'élever, ce n'est pas sans une raison sérieuse que s'est faite cette distinction fondamentale de la rente et du salaire. C'est ce que je ferai toucher du doigt.

Ce n'est pas sans une raison sérieuse que s'est faite cette distinction fondamentale de la rente et du salaire. Parbleu ! je le crois bien ! Cette raison sérieuse et très-sérieuse, c'est que la distinction est naturelle, c'est que la rente est une chose et que le salaire en est une tout autre, c'est que la rente foncièrereprésente le concours du sol, et que le salaire représente le concours de l'homme dans l'œuvre de la production agricole.

Léon Walras

C'est ce que je ferai toucher du doigt. Quelle condescendance ! En vérité, nous ne savions comment ni par quelle raison distinguer la rente du salaire ; qu'allions-nous devenir si M, Proudhon ne se fût offert à nous mettre le doigt sur cette raison ? Hélas ! notre raison qui est excellente est aussi la seule bonne. Et M. Proudhon qui, pour cent motifs, ne peut pas faire la part du concours de la terre dans le travail agricole, ne distinguera rien du tout, ne fera rien toucher du doigt.

La terre, pour M. Proudhon, n'a pas de valeur ; son revenu n'en a pas davantage. La rente sort du travail ; elle est indéfinissable et indéterminable ; elle ne se distingue pas du salaire. Très-bien ! alors, elle se confond avec lui, et elle appartient au travailleur : toute distinction entre la rente et le salaire est impossible, inutile, funeste. Les profits des capitaux sont également le fruit du travail et le salaire du travailleur.

Que veut distinguer, à présent, M. Proudhon ? La rente et le salaire ? Je ne le souffrirai point. J'interdis, à présent, à M. Proudhon de revenir sur la confusion qu'il a faite : s'il s'est jusqu'ici fourvoyé dans l'erreur, qu'il y reste.

Selon M. Proudhon, la classe travailleuse est aujourd'hui lésée de tout l'excédant du produit total agricole sur le salaire ; la classe travailleuse est endroit de revendiquer, outre son salaire, le profit des capitaux engagés dans l'exploitation et la rente du sol exploité. Je ne sors plus de là. Je me suppose agriculteur dans la république de M. Proudhon : la profession me paraît éminemment agréable et lucrative. M. Proudhon m'affirme que le résultat total agricole est le fait de mon travail ; que je n'ai pas plus à payer l'usage du sol que le service de mes instruments ou que les pluies du ciel ; que le prix des produits m'appartient en intégrité. Je le prends au mot. Je m'oppose à toute distinction fondamentale entre mon salaire et le profit, entre mon salaire et la rente.

Mais que signifient donc, au fait, et ces remords tardifs de l'auteur, et cette conversion subite et inattendue ! J'y suis.—C'est que M. Proudhon, je m'en souviens à présent, débutait en annonçant l'intention d'établir comme quoi la rente foncière devait être absorbée intégralement par l'impôt. C'est qu'après avoir arraché la rente au propriétaire foncier pour l'attribuer au travailleur, il veut à présent la reprendre au travailleur pour la donner à l'État.

Suivez la chaîne du raisonnement :

Il est impossible de séparer distinctement et avec précision la rente du salaire (p. 317).

Donc, au fond, la rente est la récompense du travail ; elle est son salaire légitime, elle lui appartient (p. 319).

En conséquence, la rente est le revenu naturel de l'État (p. 324).

Voilà, par exemple, une façon de raisonner, ou plutôt de déraisonner, qui serait trop commode Que la rente soit ou bien qu'elle ne soit pas le revenu naturel de l'État, je n'en sais rien et n'en veux rien savoir pour le moment, Mais ce que je défends particulièrement à M. Proudhon, c'est de nous prouver cela.

M. Proudhon nous disait :—La rente est une chose éminemment arbitraire et aléatoire, un concept indéfinissable et indéterminable. Salaire et rente se confondent. Et, dans le cas où elle existe, la rente doit être adjugée au travailleur. Et maintenant cette fiction dont la définition et la détermination sont impossibles, dont l'existence même est hypothétique, il l'attribue à la communauté *pour couvrir d'innombrables charges, exécuter des travaux, entretenir une police, une administration, des écoles !* (p. 323.)

Non pas. Fictive ou réelle, le travailleur a la rente et la gardera, ne vous en déplaise ; ou bien il se hâtera de la rendre au propriétaire foncier. Soyons logiquement absurde, ou rétractons-nous tout de suite, et faisons litière de nos théories.

§3. Impôt et rente (fin).

Pour que le travail soit fécond et puisse laisser une rente bien des conditions sont requises, dont plusieurs ne dépendent pas de l'ouvrier, ne résultent point de son libre arbitre :

1° Conditions dans le travail : choix des instruments, méthode, talent, diligence ;

2° Conditions dans le sol et le climat ;

3° Conditions dans la société : demande des produits, facilité de transport, sécurité du marché, etc.

Léon Walras

De cette classification il résulte que, si la condition première, né-cessaire, de toute rente est le travail, une autre série de conditions dépend de la nature, et une troisième appartient à la société.

D'où il suit que la rente, en supposant toujours qu'elle existe, ap-partient, pour une part au travailleur, qui la rend perceptible ; pour une seconde part la nature, et pour une troisième part à la société, qui y contribue par ses, institutions, ses idées, ses instruments, ses marchés.

Tout ceci, lecteur, n'est autre chose, vous l'avez sans doute parfai-tement compris de vous-même, qu'une tout à fait nouvelle et tout à fait imprévue théorie de M. P.-J. Proudhon sur la rente foncière ; ou, si vous voulez, c'est une seconde édition revue et corrigée de la première théorie de la rente du même M. P.-J. Proudhon.

Tout à l'heure, suivant M. Proudhon, la rente était le fruit du tra-vail et devait être sa récompense ; la rente ne se distinguait pas du salaire et appartenait au travailleur. À présent, au dire de M. Proudhon, la rente naît du triple concours du travail, de la nature et de la société ; elle appartient pour une part à la société, pour une part à la nature, pour une part au travailleur.

Mais notre auteur s'indigne, et proteste qu'on travestit son œuvre. On prend pour une théorie nouvelle ce qui n'est que le développe-ment régulier de la théorie première. — En effet ! Tout à l'heure M. Proudhon, avec une imperturbable assurance, émettait ce principe sur lequel il voulait s'appuyer : — Point de richesse sans travail ; — et voici qu'à présent la nature crée de la richesse ; et c'est le nou-veau principe dont nous allons partir ! La différence est minime et presque inappréciable, en vérité !

Il n'en faut point douter : la théorie change et se renouvelle, et se transforme bel et bien. Il n'y a qu'un seul point sur lequel M. Proudhon n'ait pas varié : c'est qu'il n'est pas très-sûr encore de l'existence de cette rente dont il nous aura donné bientôt deux théories opposées.

M. Proudhon est assurément le seul homme de France qui soit d'un esprit aussi inventif et d'une conscience scientifique assez indépendante du respect humain pour se réfuter lui-même sans plus de façons. Cette absence de méthode poussée jusqu'à l'impu-dence n'est-elle point une qualité bien précieuse chez un ignorant ?

L'ÉCONOMIE POLITIQUE ET LA JUSTICE

Que, dans une troisième théorie de là rente foncière, M. Proudhon veuille bien modifier de plus en plus son opinion ; qu'il consente enfin à ne reconnaître pour seul auteur de la rente que la nature, en renvoyant le travail à ses occupations, et la société n'importe où, et nous commencerons à nous entendre, lui et moi, sur la question de la nature et de l'origine de la rente. Nous pourrons aussi chercher alors de concert à qui attribuer cette rente. J'ai bien peur malheureusement que M. Proudhon n'ait vidé son sac ; ou, s'il ne l'a pas vida, je crains qu'il ne s'y trouve guère rien de meilleur que ce qui en a été tiré jusqu'ici.

Quoi qu'il en soit, je vais procéder courageusement à l'examen et à la réfutation de la théorie nouvelle qui se produit.

Pour que le travail soit fécond et puisse laisser une rente, bien des conditions sont requises, dont plusieurs ne dépendent pas de l'ouvrier, ne résultent point de son libre arbitre. Il est d'abord évident, par ce début, que M. Proudhon de sa première théorie retient la définition même de la rente : il faut protester encore une fois, contre cette définition.

La rente foncière est toujours pour l'auteur l'excédant du produit agricole sur les frais du travail agricole.

En premier lieu, refusons encore, refusons toujours aux frais de production le droit d'intervenir dans les questions vitales de l'économie. En ce qui concerne le rôle du travail, ses résultats et ses droite, ne donnons accès dans la science qu'au salaire. Le salaire est le prix débattu sur le marché du revenu des facultés personnelles ; il est définissable et déterminable ; les frais de production ne sont ni l'un ni l'autre scientifiquement. En particulier, dans la théorie de la rente foncière, substituons à l'excédant dont s'occupe M. Proudhon celui du produit agricole sur le salaire agricole.

En second lieu, de cet excédant déduisons le prix du revenu du matériel d'exploitation également débattu sur le marché, je veux dire le profit des capitaux artificiels engagés dans l'exploitation agricole. Ayant ainsi diminué le résultat total de la production agricole du salaire des travailleurs et du profit des capitalistes, nous appellerons *rente* ce qu'il en restera.

En troisième lieu, rassurons définitivement M. Proudhon sur l'existence de la rente. Que le travail agricole soit fécond ou infécond, la rente existe toujours en théorie et en pratique. La fécondité naturelle du sol fait naître des herbes et des arbres, des fleurs et des fruits, là même où le travail agricole ne s'est jamais exercé. Là où le travailleur a passé, pour tant ou si peu qu'il ait fait, la nature s'est unie à lui pour féconder son travail. Les travailleurs et les capitalistes rémunérés, il reste toujours un excédant du produit total agricole sur la somme des salaires et des profits : c'est cet excédant qui est la rente foncière, Nous attribuions, nous, tout à l'heure, avec MM. Passy, Garnir, Walras, la création de cette rente au concours du sol dans l'œuvre de la production agricole, sa propriété conséquemment au propriétaire du sol. Notre opinion n'a point varié. Défendons-la contre l'opinion nouvelle de M. Proudhon qui réclamait tout à l'heure cette propriété pour le travailleur, et qui maintenant y veut faire participer la nature et la société.

1° *Conditions dans le travail : choix des instruments, méthode, talent, diligence.* Ces conditions seraient, au dire de M. Proudhon, un des éléments de création de la rente foncière : c'est une erreur. Le sophisme est habile mais restera sans succès. Au premier abord, il semble qu'en effet *choix des instruments, méthode, talent, diligence*, ce soient là des conditions en dehors du travail normal. Un examen plus approfondi nous fera reconnaître qu'il n'en est rien. Tout cela représente seulement le travail de l'entrepreneur de culture, du propriétaire faisant valoir ou du fermier, par opposition au travail du simple manouvrier. Or, travail d'entrepreneur ou travail de manouvrier, c'est toujours le travail. L'expérience, l'habileté de l'entrepreneur sont le revenu de ses facultés personnelles : tout cela se paye par un salaire. Le travail est rémunéré, les salaires sont mis à part : l'entrepreneur n'a plus rien à réclamer. Le choix des instruments, la méthode, le talent, la diligence n'ont aucune part à la création de la rente. Et ces conditions dans le travail, imaginées après coup par M. Proudhon, ne peuvent que faire monter le chiffre des salaires.

2° *Conditions dans le sol et dans le climat.* À la bonne heure ! ceci est un élément sérieux de création de la rente foncière. M. Proudhon commence à s'apercevoir enfin qu'on ne sème pas sur la mer, qu'on ne plante pas dans les airs, que la terre est un instrument indispensable de toute production agricole. Un peu plus, et peut-être consentirait-il à s'apercevoir aussi que la terre qui est utile a de la valeur, parce qu'elle est limitée dans sa quantité. Mais non ; M. Proudhon est encore bien loin de connaître ces vérités. Que nous parle-t-il, en effet, de conditions dans le sol et dans le climat, au lieu de nous parler généralement de la force naturelle de fécondité productive du sol, de la puissance coopérative du sol dans l'œuvre de la production agricole ? Que le sol soit plus ou moins fécond, il est toujours fécond, sous un climat rigoureux comme sous le climat le plus favorable. Dans le premier cas, la rente foncière et le salaire agricole peuvent être aussi élevés, plus élevés même que dans le second cas, si la terre et ses produits sont demandés par une population nombreuse, industrielle, commerçante et riche. Dans l'un et l'autre cas, il y a rente, comme il y a salaire, comme il y a profit.

3° Conditions dans la société : demande des produits, facilité de transport, sécurité du marché, etc. Pour qu'il y ait valeur, échange, richesse sociale, il faut qu'il y ait société ; il ne faut pas que l'huma nité se réduise à un seul homme ou à une seule famille. Cette condition ne s'applique point exclusivement à l'agriculture, elle s'applique à tous les travaux, elle intéresse également l'industrie et le commerce. Il faut refuser à la demande des produits, à la facilité de transport, à la sécurité du marché, etc., toute action coopérative directe dans la création de la rente, puisque toute ces conditions ont la même influence vis-à-vis des salaires et des profits.

De cette classification il résulte que, si la condition première, nécessaire, de toute rente est le travail, une autre série de conditions dépend de la nature, et une troisième appartient à la société. Cette classification est vicieuse. La condition première, la condition nécessaire, j'ajoute la condition suffisante de toute rente foncière, c'est la terre ; c'est qu'il y ait un sol utile et limité, susceptible d'appropriation et de valeur échangeable, dont le propriétaire nous fasse payer la location au prix fixé par le rapport de la demande à l'offre. Si l'atmosphère était limitée comme le sol, il y aurait des propriétaires de l'air, comme il y a des propriétaires fonciers, et nous payerions au prix d'une rente la respiration ; et si les rayons du soleil pouvaient aussi s'enfermer sous clef avec le soleil lui-même, nous en payerions également la jouissance et la consommation.

D'où il suit que la rente, en supposant toujours qu'elle existe, appartient pour une part au travailleur qui la rend perceptible ; pour une seconde part à la nature, et pour une troisième part à la société, qui y

Léon Walras

contribue par ses institutions, ses idées, ses instruments, ses marchés. La rente existe réellement, elle existe toujours et dans tous les cas : il ne faut donc pas s'obstiner à la considérer comme une hypothèse, comme une fiction, comme un concept. Cela posé, la rente appartient au propriétaire du sol. Il ne faut pas dire que le travailleur seul rend la rente perceptible : on conçoit très-bien qu'une terre sans culture pût produire quelques fruits naturels dont la cueillette donnât lieu à un revenu, par conséquent à un loyer, à une rente. Là où le travailleur unit ses efforts à ceux de la nature, il n'a nul droit sur la rente : il est payé de son travail par son salaire.

La nature n'a rien à prétendre sur la rente. C'est la nature qui nous a donné la terre ; elle nous l'a donnée gratuitement et ne nous en fait point payer l'usage ; nous ne connaissons ni son collecteur ni son trésorier.

Quant à la société qui contribue par son existence, par ses institutions, par ses lois, par ses marchés au développement de l'agriculture, du commerce et de l'industrie, et par cela même au développement de la rente, du salaire et du profit, il ne lui revient aucune part de la rente plus spécialement que du salaire ou du profit.

En résumé, la rente foncière se réduit à Une part unique qui représente le concours du sol dans l'œuvre de la production agricole, et qui, dès lors, doit appartenir tout entière au propriétaire du sol. Ni le travail leur, ni la nature, ni la société ne sauraient avoir aucun droit sur elle.

La part de rente revenant au travailleur lui sera donc payée avec le salaire, duquel, dans la pratique, elle ne se distingue pas ;

Dans la pratique, comme dans la théorie, la rente se distingué très-bien du salaire ; et le fermier ne fait pas la moindre confusion entre le fermage qu'il paye à son propriétaire et le salaire qu'il paye à ses manouvriers ou qu'il touche pour son compte. Le salaire rémunère le travail ; le fermage rémunère le concours de la terre. C'est la situation du marché qui fixe le chiffre de l'un et de l'autre ; et la loi du marché n'a jamais attribué et n'attribuera jamais une part de la rente au travailleur, non plus qu'une part du salaire au propriétaire foncier.

La part revenant à la nature est payée au propriétaire foncier, qui est censé le créateur et l'ayant-droit du sol.

L'ÉCONOMIE POLITIQUE ET LA JUSTICE

Ah ! par exemple, ceci est différent ! La nature est représentée par le propriétaire foncier ! La nature a donné sa procuration au propriétaire foncier ! Le propriétaire foncier est censé le créateur et l'ayant droit du sol ! Cette idée est trop ingénieuse ; et M. Proudhon qui n'aime pas les mystères eût bien dû nous faire grâce de celui-là. Malheureusement, M. Proudhon ne connaît ni capital ni revenu. Il ne sait donc pas qu'en principe le prix d'un revenu est dû par le locataire au propriétaire du capital. La rente est le prix du loyer du sol ; et elle est due par le fermier, locataire du sol, au propriétaire foncier qui perçoit la rente et la doit percevoir tout entière. Voilà ce qu'il eût fallu dire.

La part revenant à la société lui arrive, partie par l'impôt, partie par la réduction du prix des choses, résultant de la facilité des relations et de la concurrence des producteurs.

S'il revient à la société quelque fraction de la rente par la réduction du prix des choses, cette fraction lui revient avant la détermination précise du chiffre de la rente sur le marché : nous n'avons donc pas à nous en occuper. Nous n'avons à nous occuper que de la rente déterminée sur le marché.

De cette rente, une part, en effet, arrive à l'État ou à la société par l'impôt ; mais cette part, l'État la demande au propriétaire foncier comme il demande au travailleur une part de son salaire, au capitaliste une part de son profit. Tout impôt tombe en définitive sur le revenu du contribuable, capitaliste, travailleur ou propriétaire foncier. Cet impôt, l'État peut l'augmenter ou le diminuer ; l'État peut se faire sa part de rente plus ou moins grosse en augmentant ou en diminuant l'impôt foncier. Tout cela prouve surabondamment que l'impôt foncier payé à l'État n'est pas le prix du concours de la société dans l'œuvre de la production agricole, mais la quote-part du propriétaire foncier dans la somme des dépenses communes et des charges de la société.

Toute la question est donc de régulariser cette répartition, en faisant une balance exacte du doit et de l'avoir de chaque partie.

La rente appartient tout entière au propriétaire du sol. Il n'y a pas de répartition à faire là où il n'y a qu'une seule part. L'unique chance qu'ait à présent M. Proudhon de régulariser le partage de la rente, c'est que son inconséquence le pousse à jeter au panier sa seconde théorie avec sa première, et qu'il se décide à éliminer de la distribution de la rente foncière le travailleur et la société. Mais c'est précisément le contraire qu'il va faire : il va s'empresser d'oblitérer le propriétaire foncier en ne conservant pour parties prenantes de la rente que la société et le travailleur qui n'y ont aucun droit, dans les données de la question. Soit ! mais je ne suis pas peu désireux de voir alors quelle balance exacte il va nous faire du doit et de l'avoir de chaque partie. *Balance exacte !* je retiens le mot ; lecteur, ne l'oubliez pas non plus.

D'abord, il est un de ces comptes qui tend à disparaître : c'est le second, cette fiction légale par laquelle une part de la rente est assignée au sol, représenté par le tenancier ou propriétaire.

Si M. Proudhon n'était pas infatué de sa triste justice au point de se complaire dans la plus profonde ignorance de la science ; si, une fois dans sa vie, M. Proudhon avait pu songer à s'inquiéter de la théorie de la valeur d'échange, il se serait préoccupé d'abord de savoir si la terre a de la valeur ou n'en a pas, si elle est un capital, et si la rente est le prix du revenu de ce capital. Ensuite il se douterait peut-être aujourd'hui qu'il y a des lois qui lient en général la valeur du revenu à la valeur du capital ; en particulier le montant de la rente foncière à la valeur de la terre. Il saurait enfin qu'en pratique la rente foncière n'existe point hypothétiquement, mais très réellement, et, loin de tendre à disparaître, s'élève continuellement dans une société progressive, eu raison de la rareté croissante du sol, par suite de la multiplicité des usages pour lesquels on en réclame l'emploi, Reportons-nous à trois ou quatre siècles en arrière, le montant de la rente foncière en France était peut-être de 300 ou 400 millions ; il y a cent ans, elle pouvait atteindre 700 ou 800 million. En 1790, lorsque l'Assemblée constituante établit l'impôt foncier, la rente fut évaluée à 4200 millions. Personne, excepté M, Proudhon, n'ignore que la rente foncière atteint aujourd'hui si elle ne dépasse 2 milliards ou 2 milliards 200 millions ; et tout le monde, e^epté M. Proudhon, peut prévoir le jour où le revenu annuel du sol de la France vaudra 2 milliards et demi ou 3 milliards, si le pays continue à prospérer, si la population augmente, si les différents arts se développent.

Que peut donc vouloir prétendre M. Proudhon quand il affirme avec une assurance écrasante que *la part de rente assignée au sol, représenté par le tenancier ou propriétaire tend à disparaître ?* Cette part constitue la rente tout entière, et cette part grossit de jour en jour. N'est-ce pas une bien pauvre économie politique que celle de M. Proudhon ?

La propriété, avons-nous dit, est l'acte de préhension par lequel l'homme, antérieurement à toute justice, établit son domaine sur la nature, à peine d'être dominé par elle. Mais par cela même il implique contradiction que cet acte de préhension lui devienne un titre de redevance perpétuelle vis-à-vis du travailleur qu'il se substitue sur le sol, puisque ce serait lui attribuer vis-à-vie de celui-ci une action juridi que en vertu d'un titre qui n'a de rien de juridique, la préhension j puisqu'en outre ce serait subordonner de fait le travailleur à la terre, tandis que le propriétaire qui renonce à l'exploiter obtiendrait sur elle un domaine métaphysique, ou, comme disent les légistes, éminent, qui primerait l'action effective du travailleur : ce qui répugne. La société autorise la préhension, dans certains cas elle l'encourage, la récompense même ; elle ne la pensionne pas.

Ce pompeux galimatias ne dit rien ou il dit trop. Si vous croyez vous-même à votre théorie de la fatalité de la propriété, de la légitimation par le droit de la préhension, du conditionnement de la possession par les contrats, laissez une bonne fois tranquille le propriétaire foncier, et ne lui arrachez point ce qu'il s'est approprié. Si vous vous moquez vous-même de vos sophismes, attaquez directement et positivement la propriété foncière individuelle ; étudiez le droit naturel, prouvez-nous que la propriété individuelle du sol est antinaturelle ; informez-vous du droit social, établissez que la propriété individuelle des terres lèse le travailleur, va contre l'égalité, qu'elle est usurpatrice.

Au surplus, non. Cette attaque devait être faite ailleurs : elle est ici déplacée. Nous sommes sur le terrain de l'économie politique et nous ne devons pas en sortir. La science de la richesse peut éclairer la question de la propriété, elle ne peut pas la résoudre. Nous décrivons des faits naturels, nous n'analysons pas des faits moraux. La rente foncière ou le loyer du sol est, quoique vous en puissiez dire, un fait naturel Démontrez le contraire. Démontrez aussi que la valeur vient des frais de production, que la terre n'a pas de valeur ; ou convenez que la rente foncière existe fatalement et néces-

Léon Walras

sairement comme un revenu distinct du salaire et du profit. Nous l'attribuerons ensemble au légitime propriétaire du sol, quel qu'il puisse être, comme nous attribuons le salaire au travailleur et le profit au capitaliste. Voilà tout ce que nous pourrions vouloir établir en ce moment. Hors de là vous m'entraîneriez sur le terrain de la morale où je ne veux pas vous suivre.

Ajoutons qu'en suite de la balance qui a été faite entre le maître et le fermier, d'après les solutions précédentes,...

Oui, parlons-en de vos solutions précédentes ! Elles sont bonnes ! Elles jettent un beau jour sur les relations du maître et du fermier !

...Le propriétaire est devenu un producteur sut generis, dont les intérêts et les droits se confondent, vis-à-vis de la rente, avec ceux du fermier.

Non, jamais les intérêts et les droits du propriétaire ne pourront se confondre avec ceux du fermier. Le fermier est un travailleur et peut être un capitaliste, mais il n'est pas un propriétaire. Et le fermier fût-il propriétaire du sol qu'il cultive, cumulât-il les trois fonctions de propriétaire, de capitaliste et de travailleur, que ces trois fonctions n'en resteraient pas moins distinctes et parfaitement irréductibles, et que le cultivateur jouirait de trois revenus : rente, profit, salaire.

La rente foncière, le loyer du sol est un revenu *sui generis* comme le profit, comme le salaire ; et ce revenu, comme les deux autres, doit aller tout entier au propriétaire légitime du capital qui l'engendre et d'où il naît.

Resteraient donc en présence deux parties prenantes : l'exploitant, et la société.

Le propriétaire du sol une fois évincé, il est évident qu'il ne resterait plus qu'à se partager son lot. C'est ici le moment de dévoiler la balance exacte que vous devez nous montrer. Moi, je pense que voici l'heure où la taxe va paraître, le maximum se produire, l'arbitraire se donner carrière.

Quelle sera d'abord la part de l'un et de l'autre ?

Si *d'abord*, vous disiez un peu quel sera la base du partage ?

Et le partage fait, qui percevra pour la société ?

Oh ! cela importe peu. Eépondez plutôt à ma question. Dites-moi dans quel rapport le choix des instruments, la méthode, le talent, la diligence d'une part, la demande des produits, la facilité de transport, la sécurité du marché, etc., d'autre part, contribuent à la création de la rente, en supposant qu'elle existe. Dites-moi comment vous estimez les droits respectifs du travailleur et de l'État sur la rente foncière, toujours en supposant qu'elle existe. Ce n'est pas tout cle faire un partage ; il faut le justifier. Ce n'est pas tout d'affirmer que votre balance est exacte : j'aimerais à ce que l'exactitude m'en fût démontrée.

La rente étant définie conventionnellement *Ce qui excède la moyenne des frais d'exploitation*, mon opinion est que, cette moyenne étant connue, ou autant que possible approximée, l'exploitant doit prélever, en sus du remboursement de ses avances, une part de rente, variable, selon les circonstances… Selon quelles circonstances ?

…De 25 à 50 p. 0/0 de la rente, et le surplus appartenir à la société.

À merveille, en vérité ! Taxe, maximum, arbitraire, je vous attendais ! Mais où allons-nous, grand Dieu du ciel ? Voilà une rente foncière dont l'existence n'est pas à beaucoup près démontrée. Passons. Ce qu'il y a de sûr, c'est qu'elle est parfaitement indéfinissable et indéterminable. N'importe : nous la définissons *conventionnellement* et nous la déterminons *approximativement*. Très-bien. Nous nous retournons, en cette occurrence vers M. Proudhon qui, de par son omniscience, et dans sa transcendante sagesse, adjuge au travailleur une part de ce fantôme, de cette ombre, de cette apparence de rente, variable, suivant des circonstances mystérieuses que le seul M. Proudhon peut connaître et doit apprécier, de 28 à 50 p. 0/0. Le surplus appartiendra à l'État.

Pourquoi cette réserve de circonstances impénétrables à l'œil des simples mortels ? Et tandis que vous étiez en train de prophétiser l'absolu, que ne précisiez-vous davantage ? Pourquoi ne pas dire 37,1/2 p. 0/0 ? Auriez-vous quelques préventions contra le chiffre 37, 1/2 ? Ou bien, si vous craigniez de vous compromettre, pouquoi ne disiez-vous pas de 5 à 95 p. 0/0, ou de 0 à 100 p. 0/0 ?—Du tout ; c'est bien de 25 à 50 p. 0/0.—Mais encore, dans quelle balance, honnête fabricant de *balances exactes*, avez-vous pesé ces chiffres ? Vous les aurez trouvés apparemment un beau matin,

Léon Walras

en vous promenant ; oupeut-être vous sont-ils apparus en rêve, comme les numéros gagnants des loteries apparaissent aux bonnes femmes ?

-—Point, dit M. Proudhon : c'est mon opinion.—Vous ne sauriez vous figurer, Monsieur, combien je suis ravi de la connaître. Mais je me vois forcé de vousdire qu'une opinion, fût-ce la vôtre, ne fait pas de la science. Dites-moi, si votre opinion n'est pas celle de Pierre, ni celle de Paul, ni la mienne, que ferons-nous ? Nous nous battrons ensemble probablement ? Avouez, avouez plutôt qu'à votre investigation, le travailleur et l'État, comme deux bandits, s'en vont attendre le propriétaire foncier au coin d'uh bois pour l'égorger, et se partager sa défroque amicalement, l'un prenant sa montre, l'autre s'adjugeant sa bourse, et la tabatière se tirant à la courte-paille…

Il n'est pas possible de donner une formule absolue de partage pour un compte dont les éléments peuvent varier à l'infini.

Il est tout à fait impossible à vous, Monsieur, pour ne pas dire ridicule de vouloir faire la balance exacte et donner une formule quelconque de partage de la rente telle que vous l'entendez. Comment partager exactement, à quoi bon même partager d'une façon quelconque une pure hypothèse, une fiction fugitive, un concept insaisissable ?

Tout ce qu'il importe de dire, quant à présent, c'est que l'exploitant doit être servi le premier, conformément au principe du salaire ; et que le revenu social, ou l'impôt, doit se trouver principalement dans la rente.

Cela importe essentiellement. Mais alors ce qui ferait également assez important, ce serait de nous dire aussi pourquoi cela importe tant, et de nous justifier votre double assertion.

Pourquoi l'exploitant doit-il être servi le premier ? Pourquoi la société ne viendrait-elle qu'après lui ? Est-ce que d'abord la société n'est pas plus considérable que l'individu ? Ensuite, remarquez que l'exploitant perçoit son salaire, dans votre système, avant de toucher à la rente. Avec son salaire, il a déjà de quoi vivre ; ses frais sont remboursés ; sa part de rente est pour lui quelque chose comme un superflu. Mais la société, si vous lui défendez de prélever l'impôt sur le salaire, n'a plus pour toute ressource que la rente.

L'ÉCONOMIE POLITIQUE ET LA JUSTICE

Il me semble donc au contraire à moi que la société devrait être servie la première.

Enfin, pour que le revenu social ou l'impôt se trouve principalement dans la rente foncière, il serait désirable que la rente foncière fût quelque chose de réel et de palpable et non pas un spectre fantasmagorique. Remarquez encore que, selon vous, la rente pourrait être nulle, dans le premier des cas que vous avez prévus, ou même négative, dans le troisième. Que ferait l'État, le cas échéant ? Il se passerait de revenu, ou peut-être même il rapporterait à la masse ?

C'était la pensée des physiocrates que la rente foncière devait acquitter sinon la totalité, au moins la majeure partie de l'impôt ; c'est cette même pensée qui a fait commencer le cadastre.

M. Proudhon qui dit :—« Point de richesse sans travail. »—invoquant l'opinion des physiocrates me fait l'effet de vouloir nous jeter de la poudre aux yeux sans trop savoir ce qu'il dit. Les physiocrates étaient des gens qui considéraient la rente foncière comme la seule et unique richesse. Ils eussent dit :— « Point de richesse hors de la rente. »—Ils pensaient que la rente nourrissait l'État, les propriétaires fonciers et les classes laborieuses, ce qu'ils appelaient les salariés. Ils s'imaginaient que tous les impôts de quelque nature qu'ils fussent et qu'ils pussent être, de cascade en cascade, de ricochet en ricochet, tombaient toujours en définitive sur la rente foncière, sur la seule richesse que les hommes eussent à leur disposition. Voilà pourquoi ils pensaient que, pour constituer le revenu public, il valait mieux s'adresser directement à la rente que d'y arriver par mille chemins détournés et par cela même plus onéreux. Voilà pourquoi ils proposaient de remplacer tous les impôts par un impôt unique prélevé sur la rente foncière, laquelle n'était certes rien moins pour eux qu'un concept indéfinissable, indéterminable et insaisissable.—Les idées de M. Proudhon sur la rente auraient paru singulièrement étranges aux physiocrates de l'opinion desquels il s'autorise avec tant d'assurance.

Il n'y a point que les physiocrates qui aient cru trouver dans la rente foncière le revenu naturel de l'État. M. Proudhon aurait pu faire aussi l'honneur de les citer à ces réformateurs socialistes dont parle M. Joseph Garnier,[1] qui sont hostiles au principe de la propriété foncière individuelle, mais—« qui neconcluent pas au com-

1 Joseph Garnier, *Éléments de l'Économie politique*, p. 114.

munisme, à l'expropriation du sol sans indemnité, et qui ne proposent pas que l'État cultive, mais seulement qu'il loue le sol lui même, à l'avantage du trésor public. »—Toutefois M. Proudhon n'aurait pas lieu non plus de s'autoriser de cette doctrine, bonne ou mauvaise, que réfute M. Garnier. Dire que l'État louera le sol lui-même, à l'avantage du trésor public, c'est énoncer implicitement que l'État sera propriétaire des terres et en percevra la rente. Ou bien, en d'autres termes, trois espèces de capitaux étant définies comme éléments de la richesse sociale, c'est procéder à la répartition de la richesse sociale entre les personnes en société, en attribuant la terre à la communauté, les facultés personnelles et le capital artificiel à l'individu. Pour démontrer une pareille thèse il ne faudrait certes méconnaître ni la théorie de la valeur, ni la théorie du capital et du revenu, ni le droit naturel, ni la justice sociale. M. Proudhon ne doit pas plus être rangé parmi l'école d'économistes dont il est ici question, qu'il ne mérite d'être accepté comme un disciple des physiocrates.

Toutefois, il ne me semblerait pas bon que l'État absorbât chaque année pour ses dépenses la totalité de la rente, et cela pour plusieurs raisons : d'abord parce qu'il importe de restreindre toujours, le plus possible, les dépenses de l'État ;…

Quand est-ce donc que M. Proudhon voudra bien consentir à corroborer ses oracles d'autre chose que d'affirmations gratuites ? Et pourquoi pense-t-il donc qu'il importe si fort de restreindre toujours le plus possible les dépenses de l'État ? Les dépenses de l'État, ne sont-ce pas les dépenses faites en commun dans l'intérêt de la société ? Alors que les individus et les familles ne cherchent qu'à étendre la sphère de leurs jouissances et de leur bien-être, en quoi importe-t-il de réduire la société à la portion congrue ? S'il importe de restreindre le plus possible les dépenses de l'État, l'idéal du système serait de les réduire à zéro, ce qui nous ramène à l'enfance de la civilisation et de l'humanité. — Pour moi, je voudrais au contraire que l'État fût aussi riche qu'il pourrait l'être sans nuire à la richesse des particuliers fondée sur leur travail, et que l'État dépensât largement son revenu dans l'intérêt commun de tous les membres dont il se compose.

…En second lieu, parce que ce serait reconnaître dans l'État, seul rentier désormais et propriétaire, une souveraineté transcendante, incompatible avec la notion révolutionnaire de Justice, et qu'il est meilleur pour la liberté publique de laisser la rente à un certain nombre de citoyens, exploitant ou ayant exploité, que de la livrer tout entière à des fonctionnaires ;...

C'est-à-dire qu'au lieu de reconnaître dans l'État un domaine éminent, une souveraineté transcendante, il vaut mieux placer ce domaine et cette souveraineté sur la tête d'un certain nombre de particuliers. Et cela dans l'intérêt de la liberté publique, et sans doute aussi de l'égalité économique ? Quelle philosophie ! Quelle politique î M. Proudhon ne tient pas compte de ce que, en fait, si les citoyens sont propriétaires d'une partie du sol, l'État touche également une part de la rente foncière. Il y a aussi des communes, des établissements publics, des communautés qui sont proprié-taires fonciers. Et je ne sache pas que des per sonnes collectives comme l'État, comme les communes, comme les hospices abusent du domaine éminent, de la souveraineté transcendante qu'on leur reconnaît, d'une façon nuisible à la liberté publique ; ni que ces personnes collectives pussent être justement dépouillées des terres qu'elles possèdent du moment que le domaine et la souveraineté qui s'attachent à une telle possession peuvent aussi bien reposer sur la tête de personnes individuelles. Quelle singulière idée M. Proudhon entend-il nous donner de la justice révolutionnaire ?

...Enfin, parce qu'il est utile à l'ordre économique de conserver ce ferment d'activité qui, dans les limites et sous les conditions qui viennent d'être déterminées, ne parait pas susceptible d'abus, et fournit au contraire, contre les envahissements du fisc, le plus énergique contre-poids.

Quelles conditions ? Quelles limites ? Qu'avez-vous déterminé ? Puis sans compter les contradictions qui vous échappent à chaque ligne, et sans qualifier le galimatias dont vous couvrez votre igno-rance, que venez-vous nous dire encore ?

Conservez tous les ferments d'activité qu'il vous plaira, mais ar-rangez-vous pour que la société subsiste, et pour que l'État fasse honneur à ses affaires.

Vous repoussez l'impôt, et vous dites que le revenu public doit se trouver principalement dans la rente. Mais il ne vous semble pas bon que l'État absorbe toute la rente, et vous désirez que les

citoyens en conservent une bonne partie, ne fût-ce que pour opposer aux envahissements du fisc un énergique contre-poids. Savez-vous bien ce que vous voulez ? Savez-vous bien ce que vous
dites ? En quoi consistent en définitive les envahissements du fisc ?
En ce qu'il s'empare d'une portion de nos revenus privés pour former le revenu public. Or, de revenus privés, combien en connais-
sez-vous d'espèces ? J'en sais trois pour ma part : la rente foncière,
le salaire, le profit. Tout vient de là : il n'y en a pas une quatrième
ressource pour les consommations privées ou publiques. Ce que
l'État demande au salaire, il ne le demande pas à la rente ; ce qu'il
demande à la rente, il ne le demande pas au salaire. Si vous prétendez diriger son choix, il demandera d'autant plus à l'un qu'il
demandera moins à l'autre, et réciproquement. Avez-vous songé
seulement à vous demander où le fisc retrouverait et pourrait reprendre la portion de la rente foncière que vous prétendez dérober
à ses envahissements ? Avez-vous essayé de constituer cette théorie
de l'impôt que vous nous aviez annoncée et promise ? Non : vos
conditions et vos limites sont illusoires ; vos envahissements sont
des fantômes ridicules ; vos contre-poids ont l'efficacité de vos balances.

Sur les 50 ou 75 p. 0/0 restants de la rente, une part sera donc pré-
levée pour le budget ; l'autre appartiendra au propriétaire.

Bon ! voilà le propriétaire revenu sur l'eau. Nous l'avions noyé
tout à l'heure. Il a, paraît-il, la vie dure. Une part pour le budget,
une part pour le propriétaire. Soit ! Et quelle part, je vous prie,
pour chacun d'eux ? La question est assez grave et mérite d'être
résolue. Où sont à présent vos chiffres ? Qu'avez-vous fait de vos
balances ? Que l'on dise, si l'on veut, que la proportion suivant laquelle je propose de répartir la rente manque de précision,...

Vous me rendrez cette justice d'avouer que je n'ai pas attendu,
pour dire cela, votre permission.

...C'est un inconvénient que je reconnais d'autant plus volontiers
qu'il exprime le fait fondamental sur lequel repose toute la théorie,
à savoir l'indéfinissabilité de la rente.

À d'autres ! Ce que l'on dira, que vous y consentiez ou non,
avec juste raison, c'est que vous n'avez su ni définir ni déterminer
la rente, mais il ne s'ensuit pas que la rente soit indéfinissable et

indéterminable. La rente foncière est la chose du monde la plus facile à définir : elle est le prix du loyer du sol. La rente se détermine tout naturellement sur le marché par le rapport de la demande à l'offre de location des terres. La rente appartient tout entière au propriétaire légitime du sol. Et la part de rente qui tombe dans les caisses du trésor public y arrive par les mêmes moyens, et s'y trouve au même titre que la portion des salaires et des profits prélevés par les contributions publiques. Quant au travailleur, il n'a théoriquement aucun droit sur la rente ; et pratiquement il n'en touche pas un sol.

Mais ce que l'on ne me fera jamais regarder comme juste, c'est que, tandis que l'État n'accorde aux brevetés d'invention qu'une jouissance de quatorze ans, il livre à perpétuité la rente du sol ; c'est qu'il n'en réserve rien pour le fermier ; c'est qu'il écrase d'impôts l'industrie, le commerce, le travail, pendant qu'il se prosterne devant une prélibation trop souvent parasite, et qui ne peut invoquer en sa faveur que le préjugé des siècles, le silence de la multitude et la mythologie du culte.

Cette *prélibation trop souvent parasite* n'est autre chose que la propriété foncière individuelle. On comprend à présent pourquoi M. Proudhon s'est dispensé de nous donner le chiffre ou le montant de la part de la rente qu'il attribue au propriétaire. Mais qu'a fait M. Proudhon pour montrer qu'en quoi que ce fût le propriétaire pouvait être considéré comme un prélibateur parasite ? Rien, rien,—et rien. Le propriétaire foncier sort des mains de M. Proudhon fort injurié, mais physiquement et moralement sain et sauf.

Ce dernier passage couronne l'œuvre. Il est infiniment précieux et instructif : il est caractéristique de l'argumentation de M. Proudhon, laquelle est un mélange de principes erronés, de suppositions gratuites, de contradictions fatigantes, de vanteries de fausse érudition, d'invectives de mauvais goût. Cela est de l'insolence de tribun, si l'on veut ; de la science, jamais.

Mon opinion est qu'il serait meilleur pour l'avenir de la démocratie et pour le triomphe de l'égalité que les socialistes voulussent bien s'abstenir de dénoncer des abus qu'ils ne savent ni prouver ni redresser ; que les empiriques ne fissent point saigner à tous les regards, aux applaudissements de l'ignorance, de la sottise et de la

Léon Walras

cupidité, les plaies du corps social que leurs onguents enveniment et que guériront plutôt un jour les soins assidus et discrets de la science.

ISBN : 978-1517313593